高等学校"十一五"规划教材
钢结构焊接制造系列

钢结构焊接导论

主　编　王国凡
副主编　汤爱君　李守泉

哈尔滨工业大学出版社

内 容 简 介

本书共10章,主要内容包括气焊与气割、电焊条、焊条电弧焊设备与选用、焊条电弧焊、其他焊接方法、其他切割方法、碳钢低合金结构钢的焊接、焊条电弧焊焊接缺陷与检验、钢结构焊接应力与变形、焊接安全基本知识。本书是钢结构焊接制造系列丛书之一。

本书不仅是高等学校机械制造专业和材料、建筑、造船、桥梁等工程类专业的本科生教材,也是相关领域工程技术人员的培训教材和参考书。

图书在版编目(CIP)数据

钢结构焊接导论/王国凡主编.—哈尔滨:哈尔滨工业大学出版社,2009.1

(钢结构焊接制造系列)

ISBN 978-7-5603-2750-1

Ⅰ.钢… Ⅱ.王… Ⅲ.钢结构-焊接工艺 Ⅳ.TG457.11

中国版本图书馆 CIP 数据核字(2008)第 108940 号

责任编辑	张秀华
封面设计	张孝东
出版发行	哈尔滨工业大学出版社
社　　址	哈尔滨市南岗区复华四道街10号　邮编150006
传　　真	0451－86414749
网　　址	http://hitpress.hit.edu.cn
印　　刷	哈尔滨工业大学印刷厂
开　　本	787mm×1092mm　1/16　印张12　字数277千字
版　　次	2009年1月第1版　2009年1月第1次印刷
书　　号	ISBN 978-7-5603-2750-1
印　　数	1～4 000册
定　　价	18.00元

(如因印装质量问题影响阅读,我社负责调换)

前　言

《钢结构焊接导论》是一本介绍钢结构焊接制造工艺的综合技术类图书。本书不仅是高等学校机械制造专业和材料、建筑、造船、桥梁等工程类专业的本科生教材，也是相关领域工程技术人员的培训教材和参考书。

由于钢结构件具有综合力学性能高、刚度大、焊接密封性能好、重量轻、生产周期短、无污染、便于拆卸等优点，所以在机械制造、交通运输、通信、船舶、桥梁、起重设备、建筑等领域得到广泛的应用。特别是在我国钢产量跃居世界第一位的今天，钢结构的发展进入了最好最快的时期，像已经建成或正在建设的我国国家体育场"鸟巢"、高492 m的上海环球金融中心楼、高325 m的深圳帝王大厦、高249.9 m的北京银泰中心工程、高236.4 m的北京电视中心综合业务大楼、全长36 km的杭州湾跨海大桥等，都是采用钢结构制造的。目前钢结构正在向轻型化、高层化、大跨度预应力三个方向发展。

随着我国综合国力的不断提高，尤其是新材料、新工艺、新方法的不断涌现，对钢结构的应用及其焊接技术有了更高的要求。本书正是基于国民经济高速发展的需要，基于对钢结构焊接制造方面人才的需求而编写的。

本书是钢结构焊接制造系列丛书之一，共由10章组成，主要内容包括气焊与气割、电焊条、焊条电弧焊设备与选用、焊条电弧焊、其他焊接方法、其他切割方法、碳钢低合金结构钢的焊接、焊条电弧焊焊接缺陷与检验、钢结构焊接应力与变形、焊接安全基本知识。

本书第1~3章由王国凡编写，第4、7、10章由汤爱君编写，第5、6章由李守泉编写，第8章由石光才编写，第9章由赵冠玲编写。全书王国凡教授统定稿，由张元彬教授主审。

由于编者学识水平有限，书中不当之处在所难免，敬请读者提出宝贵意见。

编　者
2008年6月

目 录

第1章 气焊与气割 ... 1
1.1 气焊、气割用材料 ... 1
- 1.1.1 氧气(O_2) ... 1
- 1.1.2 可燃气体的性质(C_2H_2、C_3H_8、C_3H_6、CH_4、H_2) ... 3
- 1.1.3 气焊、气割气体的选用 ... 6
- 1.1.4 气焊丝 ... 6
- 1.1.5 气焊熔剂 ... 8

1.2 气焊、气割用设备 ... 10
- 1.2.1 气焊设备的组成 ... 10
- 1.2.2 可燃气体瓶与阀 ... 14
- 1.2.3 气焊、气割附件 ... 17
- 1.2.4 焊炬 ... 18
- 1.2.5 割炬 ... 21

1.3 气焊工艺 ... 23
- 1.3.1 火焰的性质 ... 24
- 1.3.2 气焊工艺参数的选择 ... 25
- 1.3.3 焊前清理和坡口的选择 ... 28

1.4 氧气切割工艺 ... 29
- 1.4.1 氧气切割的原理 ... 29
- 1.4.2 手工氧气切割技术及气割参数 ... 31
- 1.4.3 手工气割工艺 ... 33

思考题 ... 37

第2章 电焊条 ... 38
2.1 电焊条的分类 ... 38
- 2.1.1 按用途分类 ... 38
- 2.1.2 按熔渣的酸碱性分类 ... 38
- 2.1.3 按焊条药皮的主要成分分类 ... 39
- 2.1.4 按焊条特殊用途分类 ... 40

2.2 电焊条的构造 ... 40
- 2.2.1 焊芯 ... 40
- 2.2.2 药皮 ... 42

2.3 电焊条型号与牌号 ... 43
- 2.3.1 焊条型号 ... 43

2.3.2 焊条牌号 …………………………………………… 48
2.4 焊条的检验 …………………………………………………… 50
　　2.4.1 焊条外观质量检验 …………………………………… 51
　　2.4.2 焊条的焊接工艺性能检验 …………………………… 52
　　2.4.3 熔敷金属化学成分检验 ……………………………… 53
　　2.4.4 熔敷金属力学性能检验 ……………………………… 53
　　2.4.5 焊条抗裂性能检验 …………………………………… 53
2.5 焊条用量计算 ………………………………………………… 54
2.6 焊条的保管与烘干 …………………………………………… 55
　　2.6.1 焊条的保管 …………………………………………… 56
　　2.6.2 焊条使用前的烘干 …………………………………… 56
思考题 ……………………………………………………………… 58

第3章 焊条电弧焊设备与选用

3.1 焊接电弧 ……………………………………………………… 59
　　3.1.1 电弧的产生 …………………………………………… 59
　　3.1.2 焊接电弧的形成过程 ………………………………… 59
3.2 电弧的静特性和电源的外特性 ……………………………… 60
　　3.2.1 电弧的静特性 ………………………………………… 60
　　3.2.2 焊条电弧焊的电弧对电源的要求 …………………… 61
3.3 焊条电弧焊用焊机 …………………………………………… 63
　　3.3.1 焊条电弧焊电源的分类 ……………………………… 63
　　3.3.2 电焊机型号及编排 …………………………………… 68
　　3.3.3 焊条电弧焊机的选用 ………………………………… 70
3.4 直流电源焊接电弧的构造、温度分布和稳定性 …………… 72
　　3.4.1 焊接电弧的构造及温度分布 ………………………… 72
　　3.4.2 直流电源极性与应用及影响电弧稳定性的因素 …… 72
　　3.4.3 焊接电弧的偏吹 ……………………………………… 74
　　3.4.4 减小电弧偏吹的方法 ………………………………… 75
思考题 ……………………………………………………………… 76

第4章 焊条电弧焊

4.1 焊条电弧焊的焊接接头与焊缝 ……………………………… 77
　　4.1.1 焊条电弧焊的焊接接头形式 ………………………… 77
　　4.1.2 坡口 …………………………………………………… 77
　　4.1.3 焊缝分类 ……………………………………………… 79
4.2 焊缝符号表示方法及应用 …………………………………… 80
　　4.2.1 焊缝符号表示及位置 ………………………………… 80
　　4.2.2 焊接方法及焊缝缺陷代号 …………………………… 84
　　4.2.3 焊缝符号的简化标注 ………………………………… 85

4.3 焊条电弧焊工艺 85
4.3.1 焊接前的准备 85
4.3.2 焊接工艺参数 86
4.3.3 焊接后热与热处理 89
4.3.4 焊条电弧焊基本操作技术 90
思考题 92

第5章 其他焊接方法 94
5.1 埋弧焊的原理及特点 94
5.1.1 埋弧焊的工作原理 94
5.1.2 埋弧自动焊的特点 95
5.1.3 埋弧焊的焊接材料 96
5.1.4 埋弧焊焊接低碳钢和低合金钢的焊丝与焊剂 98
5.2 CO_2 气体保护电弧焊的原理及特点 99
5.2.1 CO_2 气体保护电弧焊的原理 99
5.2.2 CO_2 气体保护电弧焊的特点及应用 99
5.2.3 CO_2 气体保护电弧焊的焊接材料 101
5.3 氩弧焊的原理及特点 104
5.3.1 手工钨极氩弧焊的原理 104
5.3.2 TIG 焊的特点 105
5.3.3 TIG 焊的焊接材料 106
5.3.4 熔化极氩弧焊的原理与特点 108
5.3.5 熔化极氩弧焊使用的保护气体及焊丝 109
5.4 钢结构的电阻焊 110
5.4.1 点焊 110
5.4.2 缝焊 111
5.4.3 对焊 112
5.4.4 凸焊 113
5.5 栓钉(焊钉)焊接 113
5.5.1 栓焊工艺 113
5.5.2 栓焊工艺参数 116
思考题 117

第6章 其他切割方法 119
6.1 碳弧气刨 119
6.1.1 碳弧气刨与切割原理 119
6.1.2 碳弧气刨与切割特点 119
6.1.3 碳弧气刨工艺适合的钢种及应用范围 119
6.1.4 碳弧气刨电源 120
6.1.5 碳弧气刨工艺 121

6.2 等离子弧切割 123
6.2.1 等离子弧切割原理 123
6.2.2 等离子弧切割的特点 124
6.2.3 等离子弧切割设备 124
6.2.4 空气等离子弧切割特性 126
6.2.5 等离子弧切割工艺参数 126
6.3 数控切割 128
6.3.1 数控切割的原理及特点 128
6.3.2 数控切割设备 129
6.3.3 数控切割设备的选择 130
6.4 激光切割 131
6.4.1 激光切割方法及原理 131
6.4.2 激光切割特点 132
6.4.3 激光切割设备 133
6.4.4 激光切割工艺参数 134
思考题 136

第7章 碳钢低合金结构钢的焊接 137
7.1 金属材料的焊接性 137
7.1.1 金属的焊接性 137
7.1.2 钢的碳当量计算及预热温度的确定 137
7.2 低碳钢低合金钢的焊接 139
7.2.1 选择焊条的原则 139
7.2.2 低碳钢低合金结构钢的焊接 139
思考题 143

第8章 焊条电弧焊焊接缺陷与检验 144
8.1 焊条电弧焊焊接缺陷 144
8.1.1 焊缝形状缺陷 144
8.1.2 焊接裂纹 145
8.1.3 夹渣与夹杂物 147
8.1.4 未熔合与未焊透 147
8.1.5 气孔 148
8.1.6 烧穿 148
8.2 焊接缺陷对质量的影响 148
8.2.1 焊接缺陷的危害 148
8.2.2 焊接缺陷对质量的影响 149
8.3 焊接质量检验 151
8.3.1 非破坏性检验 151
8.3.2 破坏性检验 154

  思考题 ··· 157

第9章 钢结构焊接应力与变形 ·· 158

9.1 应力与变形 ··· 158
9.1.1 应力的概念 ··· 158
9.1.2 变形的概念 ··· 158
9.2 应力与变形产生的原因 ··· 159
9.2.1 自由杆件均匀加热和冷却时的应力与变形 ··· 159
9.2.2 受绝对刚性约束杆件均匀加热和冷却时的应力与变形 ··· 159
9.2.3 低碳钢板条一侧非对称加热时的应力与变形 ··· 160
9.3 常见的焊接变形及产生原因 ··· 161
9.3.1 焊接变形 ··· 161
9.3.2 焊接变形的原因及影响因素 ·· 163
9.4 控制焊接变形的措施 ··· 164
9.4.1 选择合理的焊接线能量 ·· 164
9.4.2 选择合理的装配焊接顺序 ··· 164
9.4.3 刚性固定 ··· 165
9.4.4 散热法 ··· 166
9.4.5 反变形 ··· 166
9.5 焊接变形矫正 ·· 167
9.5.1 冷加工矫正 ··· 167
9.5.2 火焰矫正法 ··· 167
  思考题 ··· 168

第10章 焊接安全基本知识 ·· 169

10.1 概述 ·· 169
10.2 预防触电 ··· 169
10.2.1 焊接触电原因 ··· 169
10.2.2 触电防护措施 ··· 170
10.3 电焊工安全技术 ·· 171
10.3.1 焊钳和电缆的安全要求 ··· 171
10.3.2 焊接电源使用的安全措施 ·· 172
10.3.3 安全操作 ·· 173
10.4 防弧光辐射、焊接烟尘、有毒气体及噪声 ·· 173
10.4.1 弧光辐射的危害及防护措施 ·· 174
10.4.2 焊接烟尘、有害气体的危害及防护措施 ··· 175
10.4.3 噪声的危害及防护措施 ··· 177
10.5 气焊(气割)的安全知识 ··· 178
  思考题 ··· 179

参考文献 ·· 180

第1章 气焊与气割

气焊、气割是利用氧气与可燃气体混合燃烧时，放出的大量热，形成热量集中的高温火焰(火焰中的最高温度一般可达 2 000～3 200℃)，进行焊接和切割金属的一种加工方法。

气焊发展至今已有近百年的历史，是一种通用的焊接方法。早期用于焊接的焊条表面没有药皮，焊缝质量很差。随着药皮焊条焊、埋弧焊、氩弧焊、二氧化碳气体保护焊、等离子弧焊等焊接方法的应用，气焊在多种金属材料焊接中逐渐被取代。但气焊与其他焊接方法相比，火焰温度低，加热均匀，金属熔化速度慢，焊接接头冷却缓慢，所以，在焊接不重要的碳素钢和低碳低合金结构钢的薄板、铸铁、熔点较低的铜、铝时仍有应用，特别是在黑色金属材料切割中，气割仍占重要部分。此外，钢结构厚板开坡口、焊接变形的矫正、复合材料的钎焊、金属材料的焊前预热、焊后缓冷、火焰喷涂、汽车维修等也广泛采用气焊。

此外，从设备投入和使用来看，气焊、气割设备具有结构简单、投资少、容易维修、气体灌装运输方便、便于保存、操作灵活等特点，目前仍是不可缺少的加工方法。

1.1 气焊、气割用材料

根据气体的性质，气焊、气割所用气体可分为两类，即助燃气体(O_2)和可燃气体。

1.1.1 氧气(O_2)

1. 氧气的性质

氧气是空气的组分之一，在常温常压下是一种无色、无味、无毒的气体。在标准状态下(即 0℃和 101.325 kPa 压力下)，1 m^3 氧气的质量为 1.43 kg，比空气稍重(空气为 1.293 kg)，不易溶于水。氧在 -182.962℃时呈淡蓝色的液体，降到 -218.4℃时变成雪花状的淡蓝色固体。1 L 的液态氧在 0℃、101.325 kPa 时，可蒸发成 0.79 m^3 的气态氧。

氧气本身不燃烧，但它是一种化学性质极为活泼的助燃气体。除了惰性气体，卤素中的氯、溴、碘以及一些不活泼的金属(如金、铂)之外，氧与绝大多数非金属和金属都能直接化合，生成氧化物。通常情况下把激烈的氧化反应称为燃烧，并且，随着温度的升高和压力的加大氧化变得越剧烈。因此，当氧压较高并与油脂等易燃物质相接触时，就会发生剧烈的氧化反应甚至产生爆炸。为此，氧气阀、氧气减压阀、焊炬、割炬等不能用油润滑，也不能沾染上油脂。

氧气的纯度对气焊焊缝的质量、气割割缝的质量、生产率以及氧气本身的消耗量有着直接的影响。氧气的纯度越高燃烧的火焰温度越高，其气焊、气割的质量越高，消耗气体量也越少。气焊与气割用氧气纯度技术要求，见表 1.1。对质量要求高的气焊可采用优等品或一等品氧气，为减少费用，气割可采用一等品或合格品氧气。

表1.1　气焊与气割用氧气纯度要求(GB/3863—1995)

指标名称		指标		
		优等品	一等品	合格品
氧含量(体积分数)≥/%		99.7	99.5	99.2
水分	游离水≤/mL	无游离水	100	100
	露点≤/℃	-43	—	—

2. 氧气的制取

制取氧气的方法很多,制取工业用氧气,都采用液化空气法。将空气压缩,并且冷却到-196℃以下,使空气变成液体,然后再升高温度,当液体空气的温度上升到-196℃时,空气中的氮蒸发变成气体,但温度继续升高到-183℃时,氧开始气化。用压缩机将气体氧压缩到压力为12.16~15.88 MPa,便可装入氧气瓶,供使用和储存。

3. 液态氧

液态氧是另一种供氧方式。液态氧与气态氧相比有制取液态氧所需的能量低,液态氧的纯度高(可达99.9%以上),运输效率高,使用的周期长,价格便宜等优点。目前,许多企业设置液态氧储罐和气化装置,供气焊、气割和焊接使用。

液态氧供应方式有三种,第一种在使用部门设置气态氧储罐,由装备气化装置和压缩装置的液态运输槽车向储罐充装气态氧。第二种用量比较大的企业可以设置液态储罐和气化装置,由液氧运输槽车向储罐充装液态氧。第三种是用氧量不大的企业可以直接采用小型液氧容器和相应的气化装置。

液态氧储罐有固定和移动式两种,固定和移动式液氧容器的规格和主要技术参数见表1.2和表1.3。

表1.2　固定式液氧容器的规格和主要技术参数

技术参数 \ 型号	CF-2000			CF-3500			CF-5000			CF-10000		
几何容积/m³	2.10			3.68			5.25			10.5		
有效容积/m³	2			3.5			5			10		
内筒内径/mm	1 200			1 400			1 400			2 000		
供气能力/(m³·h⁻¹)	按用户需求选配											
(外径×长度)/mm	1 712×3 245			2 016×3 800			2 024×5 000			2 620×4 318		
公称压力/MPa	0.196	0.784	1.568	0.196	0.784	1.568	0.196	0.784	1.568	0.196	0.784	1.568
空容器质量/kg	1.9	2.0	2.3	4.4	4.6	5.0	5.3	5.6	6.0	7.8	7.8	9.0

表 1.3 移动式液氧容器的规格和主要技术参数

技术参数 \ 型号	CD4-50	CD4-100	CD4-175
容器内容积/L	50	100	175
工作压力/MPa	1.372	1.372	1.372
空容器质量/kg	60	90	115
高度/mm	1 160	1 150	1 535
外径/mm	322	505	505
推车质量/kg	45	81	117

1.1.2 可燃气体的性质（C_2H_2、C_3H_8、C_3H_6、CH_4、H_2）

气焊、气割使用的可燃气体有乙炔气（C_2H_2）、液化石油气（以丙烷为主）、氢气（H_2）、天然气（以甲烷为主）、煤气等。

1. 乙炔（C_2H_2）

乙炔在常温下是一种无色气体，因含有硫化氢（H_2S）和磷酸氢（PH_3）等杂质，故带有特殊的臭味。在标准的状态下密度为 1.179 kg/m^3（比空气轻），沸点为 -82.4℃，温度在 -83.6℃时成为液体，温度低于 -85℃时成为固体。

乙炔在纯氧中燃烧所产生的火焰温度可达 3 000～3 300℃左右，热量比较集中，是目前在气焊和气割中应用最为广泛的一种可燃性气体。乙炔在纯氧中完全燃烧时的化学反应式如下：

$$C_2H_2 + 2.5O_2 \longrightarrow 2CO_2 + H_2O + 1\ 302.7\ kJ/mol \tag{1.1}$$

乙炔属于易燃易爆气体，当压力为 0.15 MPa、温度达 580～600℃时就会发生爆炸。特别是当乙炔与空气或氧气混合的比例达到一定范围，爆炸性会大大增加。所以，氧-乙炔焊设备的各管路中，乙炔的压力不得大于 0.13 MPa。

乙炔和空气混合气体的自燃温度为 305℃，乙炔与氧气混合气体的自燃温度为 300℃，所以灌装有氧气和乙炔的瓶不得在阳光下暴晒及不得放置在近火的位置；此外，乙炔与铜或银长期接触会生成爆炸性化合物乙炔铜（Cu_2C_2）或乙炔银（Ag_2C_2），当遇到剧烈震动或加热到 110～120℃时就会爆炸，因此，禁止采用紫铜或银制作储存、运输乙炔的容器，可采用含铜量小于 70% 的铜合金制作。

乙炔的爆炸性与储存乙炔的容器形状和大小有关。若乙炔储存在较小直径的容器中，发生爆炸的可能性就会大大减小。如果乙炔储存在毛细管状容器中，即使压力增加到 2.65 MPa 时也不会发生爆炸。

工业用乙炔主要由水与电石发生反应，生成气态乙炔和熟石灰，其化学反应式为：

$$CaC_2 + 2H_2O \Longrightarrow C_2H_2 \uparrow + Ca(OH)_2 + 127.3\ kJ/mol \tag{1.2}$$

气焊、气割用的电石质量应符合表 1.4 中的标准。

表 1.4　气焊、气割用电石的质量等级

名　　称	指　　标			
	一级品	二级品	三级品	四级品
乙炔发气量/(L·kg^{-1})	300	285	265	235
乙炔中 H_2S(体积分数)/%	0.15			
乙炔中 PH_3(体积分数)/%	0.08			

乙炔可溶解于水、丙酮中,在温度为 15℃,压力为 0.1 MPa 条件下,1 L 丙酮能溶解 23～25 L 乙炔;当压力增大到 1.42 MPa 时,1 L 丙酮能溶解约 400 L 乙炔。气焊、气割正是利用丙酮可以溶解大量乙炔的特性,将乙炔灌装在盛有丙酮溶液的乙炔瓶中储存、运输和使用。

2.液化石油气

液化石油气在常温加压或常压低温下很容易从气态转变为液态,便于运输及储存,故称液化石油气。

液化石油气是从石油生产过程中得到的副产品,主要成分有:丙烷(C_3H_8)、丙烯(C_3H_6)、丁烷(C_4H_{10})、丁烯(C_4H_8)和丁二烯(C_4H_6),同时还含有少量的甲烷(CH_4)、乙烷(C_2H_6)、戊烷(C_5H_{12})及硫化氢(H_2S)等。液化石油气的沸点都低于常温,所以,在常温常压下以气态存在。但它在低温或 0.8～1.5 MPa 压力下可以被压缩成液态,储存在耐压液化石油气瓶中,以便储存、运输和使用。

工业上使用的气态石油气是一种略带臭味的无色气体,在标准状态下,石油气的密度为 1.8～2.5 kg/m³,是空气的 1.5～2.0 倍。由于它比空气重,因而不易扩散掉,能长时间飘浮在地面或流向低洼处积聚。液化石油气的几种主要成分均能与空气或氧气构成具有爆炸性的混合气体。液体石油气与空气混合达到一定体积分数(或浓度)时,遇火源即能引起爆炸(着火点)。液化石油气的爆炸极限为 1.5%～9.5%,这就是说,当液化石油气在空气中的体积分数达到 1.5%～9.5% 时,混合气体遇火源就能爆炸,但爆炸混合比值范围较小(见表 1.6)。由于液化石油气燃点比乙炔高(液化石油气 500℃,乙炔 305℃),所以使用比乙炔安全。

液化石油气易挥发性和体积膨胀系数是水的 10～16 倍,且随温度升高而增大,其饱和蒸气压也随温度升高而急剧增加。温度升高 10℃,液化气液体体积膨胀约为 3%～4%。因此,液化石油气的储存灌装必须注意温度的变化,在灌装时绝对不能充满,而要留有足够的气相空间,最大灌装质量为 0.425 kg/m³,灌装体积一般为容积的 85%。

液化石油气达到完全燃烧需要的氧气量比乙炔量大,而火焰温度和燃烧的速度低于乙炔。例如,丙烷的燃烧速度是乙炔的 1/4 左右。因此,采用液化石油气气割时,应选用喷嘴截面较大的割炬,降低混合气体在喷嘴中的流出速度,保证燃烧充分。

3.天然气

天然气通常是低碳烃的混合物,一般不含 C_{10} 以上烃类,主要成分为甲烷(CH_4)。根据天然气中甲烷和其他烷烃的含量不同,天然气分为干气和湿气。一般干气是指甲烷含量大于90%的天然气,而湿气甲烷含量低于90%。湿气也称多油天然气,除了甲烷以外,还含有乙烷、丙烷、丁烷等气体。天然气的组成不仅与产地有关,而且与季节等条件也有关系。除以上成分以外,有的地区天然气中还含有硫化氢(H_2S)、氰化氢(HCN)等有毒气体,以及少量氮气和微量的氦、氩等惰性气体。

甲烷在常温下为无色有轻微臭味的气体,温度在-162℃时为液体,与空气或氧气混合也会发生爆炸。当甲烷的体积分数为5.4%~59.2%时,与氧的混合气体会发生爆炸。化学反应式为:

$$CH_4 + 2O_2 == CO_2 + 2H_2O \tag{1.3}$$

由公式可知,甲烷在纯氧中完全燃烧理论耗氧量为1:2,空气中燃烧时形成中性焰的实际耗氧量为1:1.5,火焰温度约为2 540℃,比乙炔低得多,因此气割时需要预热较长时间。

4. 氢气

在通常状态下氢气是一种无色、无味的可燃性气体。在标准状态下,密度为0.089 kg/m^3,密度是所有气体中最小的,因此扩散速度快,热导率比空气大7倍,在水中的溶解度很小。压强在1.01×10^5 Pa、温度为-252℃时,能变成无色液体,在-259℃时变成固体。

氢气极易泄漏,点火能量低,在空气中的自燃点为560℃,在氧气中的自燃点为450℃,其燃烧反应式如下:

$$H_2 + 0.5O_2 \longrightarrow H_2O + Q \tag{1.4}$$

当空气中所含氢气的体积分数占混合气体的4%~74.2%时,会产生爆炸,所以只有确保氢气的纯洁才能保证安全。

氢气与氧气反应时放出大量的热,氢氧燃烧产生的中性焰温度可达2 660℃。水通过电解分解成氢气和氧气,再配合部分氧气可用于焊接和气割金属。氢气有还原性质,在高温下可以夺取氧化铜中的氧生成水,对铜有保护作用。有时也用于铅的氢焊,熔化极气体保护焊时,在氩气中加入适量的氢,可增大对母材的热量输入,提高焊接速度和效率。表1.5是气焊、气割中对氢气的技术要求。

表1.5 气焊、气割中对氢气的技术要求

指标名称[①]	指标		
	超纯氢[②]	高纯氢	纯氢
$\varphi(H_2)/\% \geqslant$	99.999 9	99.999	99.99
$\varphi(O_2)(\times 10^{-6}) \leqslant$	0.2	1	5
$\varphi(N_2)(\times 10^{-6}) \leqslant$	0.4	5	60
$\varphi(CO)(\times 10^{-6}) \leqslant$	0.1	1	5
$\varphi(CO_2)(\times 10^{-6}) \leqslant$	0.1	1	5
$\varphi(CH_4)(\times 10^{-6}) \leqslant$	0.2	1	10
$w(H_2O)(\times 10^{-6}) \leqslant$	1.0	3	30

注:①表中体积分数用φ表示;质量分数用w表示。超纯氢、高纯氢中氧含量指氧和氩的总量。
②表中超纯氢系指管道氢,不包括瓶装氢。

1.1.3 气焊、气割气体的选用

不同的可燃气体与氧气混合燃烧时,放出的热量不同,所形成的火焰温度也不相同。单位体积燃烧气体完全燃烧放出的热量越大、燃烧时形成热量集中的火焰温度越高(火焰中的最高温度),气焊、气割的质量越好。目前使用的可燃气体有乙炔、丙烷、丙烯、液化石油气、天然气等。几种常用可燃气体的物理和化学性能见表1.6。

表1.6 气焊、气割用气体物化性能

气体		乙炔(C_2H_2)	丙烷(C_3H_8)	丙烯(C_3H_6)	天然气(CH_4)	氢(H_2)
密度(标准状态下)/($kg \cdot m^{-3}$)		1.17	1.85	1.82	0.71	0.08
着火点/℃		335	510	455	645	510
热值/($kJ \cdot m^{-3}$)		52 963	85 746	81 182	37 681	10 048
理论需氧量(氧-燃气体积比)		2.5	5	4.5	2.0	0.5
实际耗氧量(氧-燃气体积比)		1.1	3.5	2.6	1.5	0.25
氧气中的燃烧速度/($m \cdot s^{-1}$)		5.8	3.9	—	5.5	11
中性焰温度/℃		3 100	2 520	2 874	2 540	2 600
爆炸范围(可燃气体的体积分数/%)	氧气中	2.8~93	2.3~55	2.1~5.3	5.5~62	4.0~96
	空气中	2.5~80	2.5~10	2.4~10	5.3~14	4.1~74

选择可燃气体时应满足以下几个要求。

1.热量要大、火焰温度要高

可燃气体与氧气混合燃烧时,放出的热量越多,火焰温度越高对迅速加热和熔化金属越有利,所以希望可燃气体与氧气混合燃烧时,单位体积燃烧气体完全燃烧放出的热量要多,形成热量集中的火焰温度要高。

2.完全燃烧时需要氧气量要少

可燃气体完全燃烧时需要的氧气量越少,氧气运输的次数越少,经济效益越好。

3.储运要方便

从可燃气体生产、储存到使用需要经过多个阶段,所以可燃气体应便于灌装、储存和运输,满足不同地点储存、运输和使用的需要。

4.爆炸极限范围要小

可燃气体与空气混合后,当可燃气体的体积占空气体积一定比例时,遇火就会引起爆炸。这个能引起爆炸的数值叫做可燃气体的体积分数,也被称为爆炸极限。从安全角度考虑爆炸极限范围越小越好。

1.1.4 气焊丝

1.对气焊丝的要求

气焊焊缝是由气焊丝与母材共同熔化后形成的,焊丝的质量及化学成分直接影响着焊缝质量与性能,所以气焊丝应满足如下要求。

(1)气焊丝的熔点

气焊丝熔点的高与低直接影响着熔池的流动性,为保证焊接中焊缝不出现缺陷,焊丝的熔点应等于或略低于被焊金属的熔点。

(2)焊丝的成分

为满足气焊焊缝不同的力学性能、物理和化学性能要求,一般情况下,薄板碳素结构钢不重要结构的气焊焊丝的成分不要求与被焊母材的化学成分相同,但不能选择成分差异较大的焊丝;灰铸铁的气焊焊丝中的碳与硅应比母材多,硫和磷要少;有色金属气焊中,为防止焊缝氧化,在焊丝中应增加脱氧元素等。

(3)焊缝无缺陷

为保证焊缝的力学、物理和化学性能,不得因焊丝的原因使焊缝中产生裂纹、气孔、夹渣、弧坑裂纹等缺陷。焊缝表面应均匀光滑,不得有缺陷。

(4)表面质量

为保证焊丝熔化均匀、飞溅少、焊接稳定和焊缝内部的质量,焊丝表面应光滑,不得有毛刺、划痕、油脂、锈蚀氧化皮和其他影响使用的缺陷。

2.焊丝的型号和牌号

焊丝的型号或牌号通常可以反映其主要特征及类别。焊丝的型号是以国家标准(或相应组织制定的标准)为依据,不同特征、不同类型的焊丝表示方法也有所不同。

(1)碳素钢牌号及化学成分

气焊低碳钢、低合金钢可选用相同类型的二氧化碳焊。焊丝型号和牌号表示方法参见第5章。表1.7是常用碳素钢气焊焊丝的牌号及化学成分。

表1.7 常用碳素钢气焊焊丝的牌号及化学成分

钢种	牌号	主要化学成分(质量分数)/%							
		C	Mn	Si	Cr	Ni	Cu	S(≤)	P(≤)
碳素结构钢	H08A	≤0.10	0.35~0.60	≤0.03	≤0.20 H08C为 0.10	≤0.30 H08C为 0.10	≤0.20	0.03	0.03
	H08E							0.02	0.02
	H08C							0.015	0.015
	H08Mn		0.80~1.10	≤0.07				0.04	0.04
	H08MnA							0.03	0.03

(2)铸铁气焊焊丝型号

GB10044—1988《铸铁焊条及焊丝》中规定,铸铁焊丝型号中字母"R"表示焊丝,"Z"表示焊丝用于铸铁焊接,"RZ"字母后用焊丝主要化学元素符号或金属类型代号表示,"C"表示灰铸铁(RZC)、"CH"表示合金铸铁(RZCH)、"CQ"表示球墨铸铁(RZCQ),短线"-"后面的数字表示同一类铸铁元素含量不同。

焊丝型号 RZCH 举例说明:

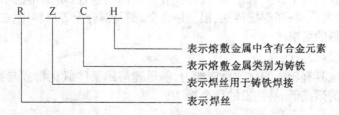

表1.8是各类铸铁气焊焊丝的型号、牌号及化学成分,其中铸铁焊丝的牌号(HS401)及化学成分,是根据《焊接材料产品样本》编入的。

表1.8 铸铁气焊焊丝的型号、牌号及化学成分

焊丝型号或牌号	化学成分(质量分数)/%								
	C	Si	Mn	S	P	Ni	Mo	Ce	球化剂
RZC-1	3.20~3.50	2.70~3.00	0.60~0.75	≤0.10	0.50~0.75	—	—	—	—
RZC-2	3.50~4.50	3.00~3.80	0.30~0.80	≤0.10	0.05	—	—	—	—
RZCH	3.20~3.50	2.00~2.50	0.50~0.70	≤0.10	0.20~0.40	1.20~1.60	0.25~0.45	—	—
RZCQ-1	3.20~4.00	3.20~3.80	0.10~0.40	≤0.015	≤0.05	≤0.50	≤0.20		0.04~0.10
HS401 冷焊焊丝	3.00~4.20	3.80~4.80	0.30~0.50	≤0.08					
HS401 热焊焊丝	3.00~4.20	2.80~3.60	0.30~0.80						

(3)铝及铝合金焊丝

铝及铝合金焊丝主要根据母材的种类、接头的抗裂性能、力学性能、抗腐蚀性能及经阳极氧化处理后焊缝与母材的色彩协调等方面的要求综合考虑选择。表1.9是铝及铝合金焊丝的化学成分及应用。

表1.9 铝及铝合金焊丝的化学成分及应用

牌号	型号	焊丝化学成分(质量分数)/%					熔点/℃	用途
		Si	Mn	Mg	Fe	Al		
HS301	SAl-3 (ER1100)	≤0.3	—	—	≤0.3	≥99.5	660	气焊纯铝或要求不高的铝合金
HS311	SAlSi-1 (ER4043)	4.5~6.0	—	—	≤0.6	余量	580~610	气焊除Al-Mg合金以外的铝合金
HS321	SAlMn	≤0.6	1.0~1.6	—	≤0.7		643~654	气焊LF21
HS331	SAlMg-5	≤0.4	0.2~0.6	4.5~5.7	≤0.4		638~660	气焊LF5

1.1.5 气焊熔剂

气焊过程中,母材中的易氧化元素不可避免地被氧化,生成熔点较高的氧化物,使焊缝产生夹杂和气孔。为了去除氧化物,改善被焊材料的润湿性,增加熔池中的流动性,消除气孔,提高焊缝的质量,在焊接铸铁、铝及铝合金、铜及铜合金等材料中,必须采用熔剂。

1. 对气焊熔剂的要求

(1)较强的化学反应能力

气焊中熔剂应具有较强的化学反应能力,能迅速溶解某些氧化物或与某些高熔点氧化物反应生成新的熔点低、易挥发的化合物。

(2)黏度要小,流动性要好

熔剂熔化后黏度要小,流动性要好,与氧化物生成的熔渣熔点要低、密度要小、形状最好是球形的,便于浮出熔池表面。

(3)能使熔池金属与被焊材料更容易熔合

熔剂能使熔化的金属润湿展开,使熔池金属与被焊材料更容易熔合。

(4)无腐蚀作用、便于清理

气焊后熔剂对被焊材料不应有腐蚀作用,生成的熔渣应溶于水,便于清理。

2.气焊熔剂的使用方法

焊前首先将熔剂和蒸馏水(无蒸馏水采用纯净水)按一定比例搅拌成糊状,涂抹在被清理的焊丝表面和焊件坡口两侧,熔剂层的厚度为 0.5~1.0 mm。气焊中也可采用加热焊丝直接沾上干熔剂进行焊接。如果涂抹和焊丝沾上的熔剂不足,还可将干熔剂直接撒到熔池中。调糊状熔剂时,尽量做到用多少调多少,以防糊状熔剂被玷污或失效。

3.气焊熔剂的牌号

气焊熔剂的牌号是以"CJ"表示气焊熔剂,"CJ"后面的第一位数字表示气焊熔剂的用途及适用材料。如 CJ1×× 用于不锈钢及耐热钢气焊熔剂;CJ2×× 用于铸铁气焊熔剂;CJ3×× 用于铜及铜合金气焊熔剂;CJ4×× 用于铝及铝合金气焊熔剂。"CJ"后面的第二、三位数字表示同一类型气焊熔剂的不同编号。

气焊熔剂 CJ301 牌号举例说明:

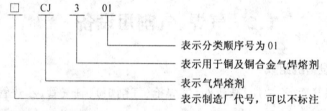

4.气焊熔剂的分类及作用

(1)气焊熔剂分类

气焊熔剂分为起化学作用的熔剂和起物理作用的熔剂。表 1.10 为气焊熔剂的分类及特点。

表 1.10 气焊熔剂的分类及特点

分类性质		化学反应式	特 点
气焊熔剂	化学作用 酸性熔剂	$FeO + SiO_2 \longrightarrow FeO \cdot SiO_2$(熔渣) (1.5) $Na_2BO_4 + CuO \longrightarrow (NaBO_2)_2 \cdot Cu(BO_2)_2$(熔渣) (1.6)	含氧化硅的熔剂熔点低、流动性好。但密度大,反应作用力较弱如式(1.5)。含硼化物熔剂弥补了氧化硅熔剂的不足,硼砂能溶解多种金属氧化物,形成硼酸盐,如 $ZnO \cdot B_2O_3$,$CuO \cdot B_2O_3$,$MnO \cdot B_2O_3$ 等如式(1.6)
	碱性熔剂	$2Na_2CO_3 + SiO_2 \longrightarrow (2Na_2O) \cdot SiO_2 + 2CO_2$ (1.7) $2K_2CO_3 + SiO_2 \longrightarrow (2K_2O) \cdot SiO_2 + 2CO_2$ (1.8)	碱性熔剂中的 Na_2CO_3 和 K_2CO_3 与灰铸铁中的 SiO_2 形成的复合熔渣密度小、熔点低、流动性好,很容易浮到熔池表面被清除

续表1.10

物理作用	$NaCl + NaHSO_4 \longrightarrow Na_2SO_4 + HCl$ (1.9) $NaF + NaHSO_4 \longrightarrow Na_2SO_4 + HF$ (1.10)	NaCl、NaF、KCl、LiCl、Na_3AlF_6(冰晶石)等碱性化合物与酸性 $NaHSO_4$ 合成后的熔剂起物理作用,式(1.9)、(1.10)中的 HCl、HF 在熔剂中能提高氧化物的溶解度,熔化时能溶解金属氧化物,冷却后分离析出

气焊时选用碱性或酸性熔剂,应根据被焊材料气焊时氧化生成的氧化物的性质来决定。如果被焊材料气焊形成的氧化物呈酸性,则焊接应选用碱性熔剂;如果形成的氧化物呈碱性,则焊接应选用酸性熔剂。

(2)气焊熔剂的作用

①气焊熔剂经物化反应后,形成的熔渣能全覆盖在熔池表面,将熔池与空气隔离,阻止空气中有害气体的侵入和有益元素的氧化,保证焊缝的质量。

②熔剂能溶解熔池中的金属氧化物和非金属夹杂物,并能相互化合降低熔点,浮在熔池的表面。

③改善熔池的润湿性。

1.2 气焊、气割用设备

1.2.1 气焊设备的组成

气焊设备由氧气瓶、乙炔瓶、减压阀、气焊枪(气割炬)、氧气管、乙炔管等组成,见图1.1。

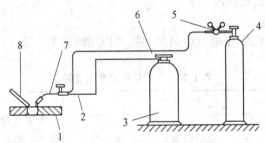

图1.1 气焊设备
1—焊件;2—乙炔管;3—乙炔瓶;4—氧气瓶;5—减压阀;6—氧气管;7—气焊枪;8—焊丝

1.氧气瓶

氧气瓶是储存和运输氧气的专用高压容器。图1.2是氧气瓶的结构,由瓶体1、防震橡胶圈2、瓶箍3、瓶阀4、瓶帽5等组成。瓶体外表面涂有天蓝色,并用黑色漆写有"氧气"两字。以区别于其他气瓶。瓶帽5主要用于在运输、搬运、储存中,保护瓶阀不被损坏而设置的;防震橡胶圈2是为防止搬运中瓶体的震动而设置的;为保证瓶体因压力过高而发生爆炸,在瓶体的一侧装有安全膜片,当瓶内压力超过规定值时,安全膜片自行爆破卸去瓶内的压力。表1.11是氧气瓶的规格。

表1.11 氧气瓶的规格

气瓶容积/L	瓶体尺寸/mm		质量/kg	工作压力/MPa	水压试验压力/MPa	名义装气量/m³	瓶阀型号
	外径	高度					
33		1 150±20	45±2		22.5	5	
40	219	1 370±20	55±2	15		6	QF-2铜阀
44		1 490±20	57±2			6.5	

2. 氧气瓶阀的类型

氧气瓶阀是用来开闭氧气的阀门。根据其结构可分为隔膜式氧气钢瓶阀和活瓣式氧气钢瓶阀两种。隔膜式氧气钢瓶阀的特点是气密性好,但开启和关闭需要用专用扳手,使用不方便,易损坏。活瓣式氧气钢瓶阀气密性虽然不如隔膜式氧气钢瓶阀好,但可以直接用手开启和关闭,使用方便。所以,目前普遍采用型号为QF-2活瓣式氧气钢瓶阀,其结构如图1.3所示。

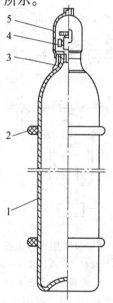

图1.2 氧气瓶结构
1—瓶体;2—防震橡胶圈;3—瓶箍;4—瓶阀;5—瓶帽

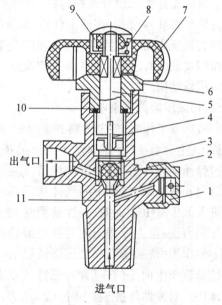

图1.3 活瓣式氧气钢瓶阀的结构
1—安全装置;2—密封垫;3—活门;4—开关板;5—阀杆;6—压紧螺母;7—手轮;8—弹簧;9—弹簧压帽;10—密封垫圈;11—阀体

由图中看出,活瓣式钢瓶阀工作部分由活门3、开关板4、阀杆5、手轮7、阀体11等组成。工作时手轮7反时针旋转,阀杆5上移,通过开关板4带动活门上移,打开出气口,开启气门,控制气体流量。安全装置中装有青铜薄膜,当瓶内压力超过其极限值时,铜膜被击穿,使高压气体泄出,保证瓶体的安全。

3. 对氧气减压器的要求

氧气瓶灌装压力一般为 15 MPa，而气焊、气割使用的气体压力为 0.1～0.4 MPa。氧气减压器是将氧气瓶中的高压气体降低到工作需要的低压气体的装置。因此，减压器应满足以下要求：

(1) 能将高压气体降到工作压力

减压器正常工作时，能使氧气瓶中的高压气体降低到工作需要的低压气体。

(2) 保证工作时气压基本不变

工作中，气体的工作压力不随气瓶中气体的压力大小变化而变化，保证工作时的气体压力基本不变。

(3) 方便观察气体压力

工作中随时能观察到气瓶中气体的压力大小和工作的气体压力。

(4) 能自动卸压

当气瓶输出的气体压力超过许用值时能自动卸压，保证工作、气焊和气割设备的使用安全。

4. 氧气减压器

减压器分类方法有多种，其中按照构造分为单级式和双级式；按照工作原理分为正作用式和反作用式。目前使用最多的是单级反作用式氧气减压器。图 1.4 是单级反作用式减压器结构。

(1) 减压器减压原理

减压器工作时，首先将调节螺丝 13 顺时针旋入，主弹簧 12 受压缩产生向上的推力，通过弹性薄膜 1、传动杆 2、副弹簧 4 使受压缩活门 6 被顶开，气瓶中的气体从活门缝隙中进入低压室 10。此时，弹性薄膜受到了三个作用力，一是主弹簧压缩对弹性薄膜产生向上的作用力；二是副弹簧压缩通过活门对弹性薄膜产生向下的作用力；三是气瓶中的气体压力对弹性薄膜产生向下的作用力。由

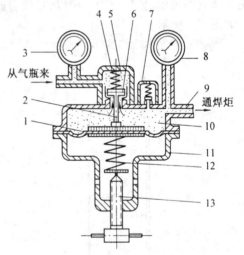

图 1.4　单级反作用式减压器结构
1—弹性薄膜；2—传动杆；3—高压表；4—副弹簧；5—高压室；6—活门；7—安全阀；8—低压表；9—氧气出口；10—低压室；11—壳体；12—主弹簧；13—调节螺丝

于低压室 10 的体积大于高压室 5，从高压室进入低压室的气体发生膨胀而压力降低。当低压表 8 显示的压力达到气焊、气割对气体压力的要求时，主弹簧 12 压缩对弹性薄膜 1 产生向上的作用力与副弹簧 4 压缩和低压室中的气体压力对弹性薄膜 1 产生向下的作用力平衡。气焊或气割即可进行工作。

(2) 减压器稳压原理

工作中，当气瓶中气体的压力增高时（不考虑气体对活门的影响），低压室 10 的气体压力和副弹簧 4 压缩产生向下的作用力大于主弹簧 12 压缩对弹性薄膜 1 产生向上的作用力，此时，弹性薄膜 1 向下移动，导致活门 6 开启度减小，甚至关闭，气瓶中进入低压室

的气体压力减少,其压力逐渐降低,保证工作压力不变;当气瓶中的气体压力不足,低压室10的压力降低,此时主弹簧12压缩对弹性薄膜1产生向上的作用力大于低压室的气体压力和副弹簧4压缩产生向下的作用力,导致副弹簧4压缩活门开启度增大,气瓶中的气体进入低压室10数量增多,压力保持原工作压力不变,这种自行调节功能可保证工作压力与气瓶中气体压力大小无关。

由于单级反作用式减压器气焊、气割的气体压力不随着气瓶中气体的消耗而变化,有自行调节功能,因此这类减压器具有升压特性,如图1.5曲线2。

正作用式减压器使用的方法与反作用式基本相同,工作原理也相似。不同之处是正作用式减压器内高压气体的压力促使减压活门开启,由于气瓶中的气体压力随着气体的消耗而逐渐降低,因此,在正作用式减压器的工作过程中,促使减压活门开启的作用力必然是逐渐减小的,所以输出的气体压力会逐渐下降,故正作用式减压器具有降压特性,如图1.5曲线1。

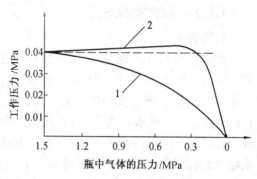

图1.5 单级减压器的工作压力曲线
1—正作用式;2—反作用式

(3)阀门的安全控制

从低压室输出的气体压力保持不变是保证气焊、气割正常工作的前提。工作中,如果因副弹簧4失效或因其他机械事故使活门不能自行调节,使低压室10的气体压力不断升高,当压力达到临界值时,安全阀7自行打开卸压,保证减压器安全。减压器两端分别设置高压表3和低压表8,以便分别反映气瓶的气体压力和气焊、气割的气体压力。

5.使用氧气瓶注意事项

(1)氧气瓶禁止与带油脂的物质接触。

搬运和使用中不能穿有过多油污的工作服,不能用带油的手、手套和带油的工具接触氧气瓶,尤其是瓶阀。搬运氧气瓶时必须轻拿轻卸,不得与其他金属件相互碰撞,不得平置在地面滚动,运输中装上防震橡胶圈和瓶帽。

(2)保持瓶中具有一定压力

使用氧气时,不得将气瓶中的氧气全部用完,最少使瓶中的压力保持在0.1 MPa以上,以便再次充装氧气时,用余压阻止其他气体倒流进入瓶内,导致气体纯度降低。

(3)定期检查

为确保使用安全,根据劳动部《气瓶安全监察规程》的规定,氧气瓶每3年检验一次,及时查清氧气瓶的安全状况,发现及消除隐患以避免发生事故。严禁使用超期的气瓶。

(4)与易燃易爆物品保持安全距离

储存氧气瓶时应远离易燃易爆物品,远离明火与热源,其使用安全距离应在10 m以上,与乙炔瓶的距离应不少于3 m,且不能同室存放。

(5)避免暴晒

夏季露天作业和运输时,氧气瓶应放在阴凉处,或用石棉瓦等遮阳,防止暴晒。冬季使用氧气瓶时,应放在暖室内,离暖气片和暖气管道 1 m 以上、离火炉 5 m 以上。如遇瓶阀气嘴或减压器冻结,严禁用明火烘烤,可用开水或蒸汽解冻。

(6)正确使用

开启氧气瓶时,不要用力过猛,打开即可,不要旋转超过 1 圈。对损坏的附件要及时更换和修理,防止在漏气下使用。

1.2.2 可燃气体瓶与阀

1.乙炔瓶

乙炔瓶是储存和运输乙炔气的专用容器。它由瓶帽 2、瓶阀 3、瓶体 6、溶剂和多孔物质 7、瓶底座 8、易熔安全塞 1 等组成,如图 1.6 所示。瓶体外表面为白色,并用红色标注"乙炔"和"不可近火"字样。为保护瓶阀在运输、搬运、储存中不被损坏而设置了瓶帽;为保证瓶体使用安全,在瓶体的一侧装有易熔安全塞,当瓶体的温度超过其极限值时,安全塞自行熔化保护瓶体不发生爆炸;瓶体内装有浸满丙酮的多孔性填料(由活性炭、木屑、浮石以及硅藻土等组成),使乙炔得以稳定并且安全地储存在乙炔瓶内。使用时,溶解在丙酮内的乙炔就会均匀地分解出来,通过过滤材料 5、瓶阀和乙炔减压器供给气焊和气割,而丙酮留在瓶内,以备再次溶解乙炔。表 1.12 是乙炔瓶的规格。

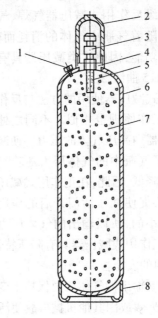

图 1.6 溶解乙炔瓶
1—易熔安全塞;2—瓶帽;3—瓶阀;4—瓶颈;5—过滤材料;6—瓶体;7—溶剂和多孔物质;8—瓶底座

表 1.12 乙炔瓶的规格(GB11638—2003)

公称容积/L	10	16	25	40	63
公称直径/mm	180	200	224	250	300

2.乙炔瓶阀

图 1.7 是乙炔瓶阀结构,由阀杆 10、防漏垫圈 9、压紧螺母 8、活门 7、密封垫 6、阀体、过滤件 2 等组成。使用气体时,用专用方形套筒扳手逆时针旋转带动密封垫上移,开启活门,控制乙炔的流量;在进气口内设置了净化乙炔的过滤件。瓶阀两侧出气口 5°和 120°角的位置是用来安装带夹环 3 的乙炔减压器,如图 1.8 所示。由图看出,当旋转夹环上的紧固螺栓 4 套入瓶阀,使紧固螺栓的一端固定在瓶阀的 120°角处,连接管 2 对准瓶阀的出气口,旋紧夹环的紧固螺栓,即可将乙炔减压器连接在乙炔瓶阀上,使乙炔通过减压器供给气焊和气割。

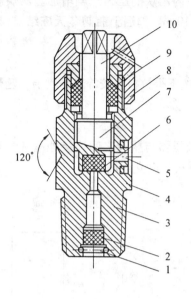

图 1.7 乙炔瓶阀
1—进气口；2—过滤件；3—锥形尾；4—阀体；5—出气口；6—密封垫；7—活门；8—压紧螺母；9—防漏垫圈；10—阀杆

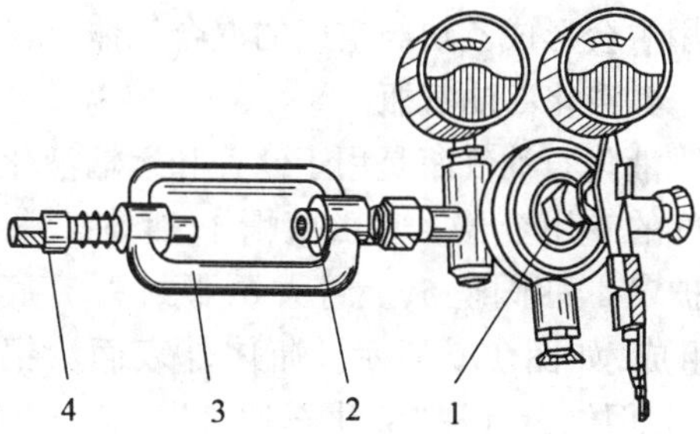

图 1.8 带夹环的乙炔减压器
1—减压器；2—连接管；3—夹环；4—紧固螺栓

3.使用乙炔瓶注意事项

(1)乙炔瓶应直立放置

乙炔瓶应直立放置，严禁因卧放使用导致瓶内的丙酮随乙炔流出，甚至通过减压器而流入乙炔橡胶管内。

(2)防止乙炔瓶剧烈的震动或撞击

乙炔瓶不应遭受剧烈的震动或撞击，以免瓶内的多孔性填料下沉而形成空洞，影响乙炔的储存。

(3)合理使用

使用乙炔时，应预先将调压螺钉旋松后，才能打开乙炔瓶阀，开启乙炔瓶阀时要缓慢进行，不要用力过猛，以防高压气体损坏减压器及高压表。开启乙炔阀要用专用扳手。调节工作压力时，应缓慢地旋转调压螺钉，以防高压气体冲坏弹性薄膜装置或使低压表损坏。乙炔瓶使用压力不得超过 0.15 MPa，输出流量不应超过 1.5~2.5 m³/h。

(4)保持气瓶最低压力

使用乙炔时，不得将气瓶中的乙炔气全部用完，当高压表读数为零，低压表读数为 0.01~0.03 MPa 时，应将瓶阀关紧换气。冬天应保持瓶内压力不得小于 0.1~0.2 MPa，夏天不得小于 0.3 MPa，以便再次充装乙炔时，用余压防止其他气体倒流进入瓶内，导致气体纯度降低。

(5)限制乙炔瓶体温度

夏季露天使用和运输时，乙炔瓶要遮阳防止暴晒，瓶体温度不应超过 30~40 ℃，防止因瓶内温度过高降低丙酮对乙炔的溶解度,而使瓶内乙炔的压力急剧增加。乙炔瓶不得靠近热源和电气设备。与明火的距离一般不小于 10 m。如遇上瓶阀冬天冻结,严禁用火烘烤,必要时可用 40 ℃以下的热水解冻。

(6)正确使用

气焊气割时,应在四周通风良好的场合,乙炔瓶不得放在橡胶等绝缘物上。乙炔瓶和氧气瓶之间距离应在 10 m 以上。

(7)及时更换和修理损坏的附件

对损坏的附件要及时更换和修理,严禁乙炔减压器与瓶阀之间连接处漏气。否则在使用中会形成乙炔与空气的混合气体,一旦触及明火就会立刻爆炸。

4.液化石油气瓶

液化石油气瓶是用于储存和运输液化石油气的专用容器。它由瓶帽 1、瓶体 2、瓶阀 3、护罩 4、瓶阀座 5、上封头 6、下封头 7、底座 8 组成,如图 1.9 所示。瓶体外表面涂银灰色,并用红色标注"液化石油气"字样。护罩 4 是为搬运而设置的。瓶帽 1 是在运输、搬运、储存中保护瓶阀而设置的。气瓶鉴定后,在瓶体的标牌上应注明制造厂家、编号、重量、容量、制造日期、试验日期、工作压力、试验压力等,同时要有检验部门的钢印。表 1.13 是液化石油气瓶的规格参数。

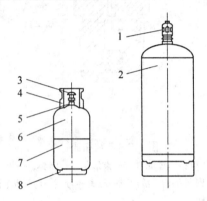

图 1.9 液化石油气瓶
1—瓶帽;2—瓶体;3—瓶阀;4—护罩;5—瓶阀座;
6—上封头;7—下封头;8—底座

表 1.13 液化石油气瓶的规格参数(GB5842—1996)

材 质	容量/kg	水压试验压力/MPa	气体工作压力/MPa	备 注
优质碳素钢或 Q345A	15	3	1.6	民用
	20			工业气割用
	25			
	40			根据需要也可制造大型储气容器
	45			
	50			

5.液化石油气调压器

图 1.10 是液化石油气调压器(也称减压器)基本结构,由压隔膜金属片、橡胶隔膜、橡胶阀垫、喷嘴、支柱轴、滚柱、横阀杆、纵阀杆、安全阀座、网、安全孔、安全弹簧、调压弹簧、调压螺丝等组成。

工作时,气瓶中的高压气体由高压气口进阀,经过喷嘴 14 推开橡胶阀垫 1,进入低压气室,由于气体膨胀和克服喷嘴的阻力使高压气体降至工作时所需的压力,起到降压作

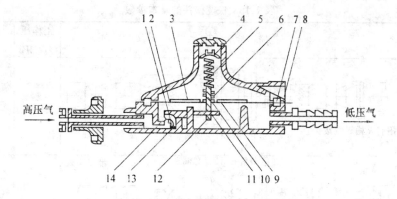

图 1.10 液化石油气调压器基本结构
1—橡胶阀垫；2—橡胶隔膜；3—压隔膜金属片；4—调压螺丝；5—调压弹簧；6—安全弹簧；7—安全孔；
8—网；9—安全阀座；10—纵阀杆；11—横阀杆；12—滚柱；13—支柱轴；14—喷嘴

用。当低压室的压力升高时,橡胶隔膜2向上鼓起,通过纵阀杆10带动滚柱12,关闭喷嘴14。当进行气焊、气割时,低压室的气体压力降低,在调压弹簧5的作用下打开喷嘴14,气瓶中高压气体进入低压室。如此反复循环,达到稳定和均匀输送气体的作用。由于气瓶中的高压气体是直接作用在橡胶阀垫1下部促使活门打开的,所以是正作用式调压器。

1.2.3 气焊、气割附件

输气胶管 包括氧气胶管和乙炔胶管。根据 GB9448—1999 的规定,氧气胶管和乙炔胶管的参数见表1.14。氧气胶管与乙炔胶管不能相互调换使用,只能用于一种气体。使用的胶管长度不能小于5 m,但也不能太长,胶管太长会增加气体流动阻力。允许用接头将胶管连接成大于5 m以上任意长度,满足不同距离气焊、气割使用。此外,乙炔管也可以为气焊、气割输送石油气。

表1.14 氧-乙炔胶管参数

胶管名称	颜色	实验压力/MPa	工作压力/MPa	内径/mm	胶管最短长度/m
乙炔胶管	红色	—	0.5~1.0	10	5(10~15为宜)
氧气胶管	黑色	3.0	1.0	8	

气焊护目镜 主要用来保护气焊、气割工人的眼睛在火焰强光照射下不受伤害,同时在气焊、气割中能仔细观察熔池金属的变化和防止液态金属颗粒飞溅,保护工人眼睛不受烫伤。护目眼镜片的颜色有深绿色和浅绿色。选用何种颜色的护目镜应根据气焊工的需要和被焊材料的性质决定。颜色太深不利于气焊、气割中对熔池的观察,颜色太浅容易伤害工人的眼睛。

图1.11 护目镜

气体胶管快速接头 包括氧气和燃气胶管快速接头,基本参数如表1.15所示。快速接头即卸下氧气和燃气管实现快速插接,省去用扳手拧紧螺钉螺母。

表1.15 快速接头的基本参数

名称	型号	简图	工作压力/MPa	用途
氧气快速接头	JYJ	附有R槽氧气接头　蓝色塑料布　锁紧套圈　带接头处	≤1	氧气及其他无腐蚀性气体
燃气快速接头	JRJ	附有R槽乙炔接头　红色塑料布　锁紧套圈　带接头处　六角螺母中间倒60°角表示乙炔	≤0.15	乙炔、石油气、煤气、天然气等各种燃料气体

点火枪 气焊、气割时的点火工具,最为安全的应采用手枪式打火机,也可采用火柴点燃,但要防止点燃火焰后手被烧伤。

除了以上辅助工具外还有清理工具,包括焊嘴和割嘴通针、钢丝刷、錾子、锤子、锉刀等。

1.2.4 焊炬

焊炬又称焊枪,是气焊的主要工具。通过焊炬调节可燃气体和氧气的混合比,点燃产生稳定燃烧的火焰。根据可燃气体与氧气在焊炬中的混合方式,焊炬可分为射吸式和等压式(也称中压式)两种。

1. 射吸式焊炬

图1.12是常用的一种射吸式焊炬结构,由乙炔阀、焊嘴、混合管、射吸管、喷嘴、氧气阀等组成。

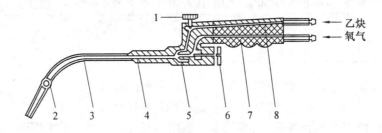

图1.12 射吸式焊炬结构
1—乙炔阀;2—焊嘴;3—混合管;4—射吸管;5—喷嘴;6—氧气阀;7—氧气管;8—乙炔管

工作时,先打开氧气阀6,减压后的氧气经氧气管7进入喷嘴5,并以高速喷入射吸管4中,并在喷嘴周围空间形成真空,此时打开乙炔阀1,氧气将喷嘴周围的乙炔带入混合管3内,并与氧进行混合后由焊嘴2喷出。根据氧与乙炔体积混合比的多少,点燃后可形成不同性质的火焰。由此看出,射吸式焊炬是靠氧气在喷嘴周围形成真空吸入乙炔,并射入射吸管来工作的,因此,不论乙炔的压力大与小,都能保证焊炬的正常工作,这是射吸式焊炬的优点。不足的是随着工作时间增长,焊炬的温度升高,混合室内的混合气体的温度和压力也相应升高,结果喷嘴周围的真空度降低,使乙炔的吸入量减少,造成氧和乙炔混合比增加,火焰性质发生变化,使焊接质量下降。因此,射吸式焊炬工作一段时间后,应重新调整火焰,或者用冷却水为焊炬降温。表1.16是国产常用的射吸式焊炬的规格和参数。

除标准焊炬外,我国还生产H02-1型换管式微型焊炬、HG01-3/50、HG-12/200型射吸式焊割两用炬和B05-200型平面淬火炬等通用和专用焊炬。

表1.16 射吸式焊炬的规格和参数(JB/T6969—1993)

焊炬型号	焊接低碳钢厚度/mm	焊嘴孔径/mm	氧气工作压力/MPa	乙炔使用压力/MPa	可换焊嘴个数	焊炬长度/mm
H01-2	0.5~2	0.5、0.6、0.7、0.8、0.9	0.1、0.125、0.15、0.2、0.25	0.001~0.1	5	300
H01-6	2~6	0.9、1.0、1.1、1.2、1.3	0.2、0.25、0.3、0.35、0.4			400
H01-12	6~12	1.4、1.6、1.8、2.0、2.2	0.4、0.45、0.5、0.6、0.7			500
H01-20	12~20	2.4、2.6、2.8、3.0、3.2	0.6、0.65、0.7、0.75、0.8			600

注:焊炬型号表示:H—焊炬;0—手工;1—射吸式;2、6、12、20—分别表示焊接最大厚度。

2. 等压式焊炬

图1.13是等压式焊炬结构图,由分别设置的氧气管、氧气阀、乙炔管、乙炔阀、混合室等组成。工作时,要求氧气和乙炔的压力相等或接近,乙炔靠本身的压力与氧气在混合室混合,形成稳定的气流,点燃后产生稳定的火焰。

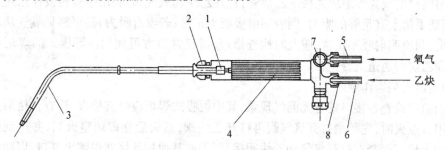

图1.13 等压式焊炬结构

1—混合管接头;2—混合管螺母;3—焊嘴;4—混合室;
5—氧气管;6—乙炔管;7—氧气阀;8—乙炔阀

由于等压式焊炬中乙炔与氧气压力基本相等,所以焊炬不受温度的影响,而且由于乙炔的压力高,产生回火的可能性比射吸式焊炬小得多,但等压焊炬必须使用中压或高压乙炔。表1.17是等压式焊炬的规格和参数。

表 1.17　等压式焊炬的规格和参数

焊炬型号	焊嘴型号	焊嘴孔径/mm	焊接低碳钢的厚度/mm	压力/MPa 氧气	压力/MPa 乙炔
H02-12	1#	0.6	0.5~12	0.2	0.02
	2#	1.0	0.5~12	0.25	0.03
	3#	1.4	0.5~12	0.3	0.04
	4#	1.8	0.5~12	0.35	0.05
	5#	2.2	0.5~12	0.4	0.06
H02-20	1#	0.6	0.5~20	0.2	0.02
	2#	1.0	0.5~20	0.25	0.03
	3#	1.4	0.5~20	0.3	0.04
	4#	1.8	0.5~20	0.35	0.05
	5#	2.0	0.5~20	0.4	0.06
	6#	2.6	0.5~20	0.5	0.07
	7#	3.0	0.5~20	0.6	0.08

注：焊炬型号表示：H—焊炬；0—手工；2—表示等压式；12、20—分别表示焊接最大厚度。

3. 焊炬使用规则

(1) 检查射吸能力

使用前对射吸式焊炬应先拔下乙炔管，打开乙炔和氧气阀门，用手指轻按住乙炔进气口，若感到手指上有足够的吸力，则表明射吸能力正常；若没有吸力，甚至感觉氧气从乙炔出口流出，则说明射吸不正常，应及时检查修理，待正常后方可使用。等压式的焊炬应检查氧气和乙炔的通道是否正常。

(2) 点燃火焰操作顺序

使用前应检查各接口处有无漏气现象，其中射吸式焊炬应经常检查，检查合格后方可点火使用。点火时，先稍稍打开氧气阀再打开乙炔阀，点火后立即调整火焰，并达到焊接所要求的火焰。严禁在打开氧气和乙炔阀后，用手或其他物品堵塞焊嘴出气口，以防氧气倒流进入乙炔瓶。

(3) 停止使用操作顺序

停止工作时首先关闭乙炔阀，再关闭氧气阀，防止火焰倒流和产生黑烟。当发生回火时，应先关闭乙炔阀切断可燃气体的通道，并及时关闭氧气阀。经回火后的焊炬应将焊嘴放入水中，打开氧气阀，用氧气吹除焊炬内的烟灰，方可再使用。

(4) 禁止油脂污染气路

禁止使用带油脂的棉纱、手套和工作服沾染焊炬中的气路，以防氧气与油脂接触发生爆炸。工作中发现有漏气，应及时停止工作，待修好后再使用。

(5)安全放置焊炬与胶管

使用完焊炬后,将焊炬连同橡胶管一起放在适当的位置,或拔下橡胶管将焊炬放入工具箱。避免将焊炬连同橡胶管一起放入工具箱,以防焊炬漏气,橡胶管中的余气进入工具箱,当遇到明火时发生爆炸。

1.2.5 割炬

割炬俗称割枪,是气割金属的工具,按形成预热火焰原理可分为射吸式和等压式两种。

1. 氧-乙炔用射吸式割炬

氧-乙炔用射吸式割炬的结构如图1.14所示,由割嘴、混合气管、射吸管、喷嘴、预热氧气阀、乙炔阀、气割氧气阀、气割氧气管通道等组成。

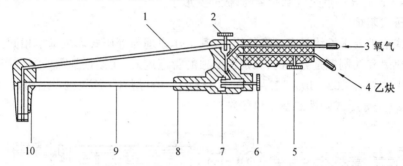

图 1.14 射吸式割炬结构

1—气割氧气管通道;2—气割氧气阀;3—氧气进口;4—乙炔进口;5—乙炔阀;
6—预热氧气阀;7—喷嘴;8—射吸管;9—混合气管;10—割嘴

工作时,首先打开预热氧气阀6和乙炔阀5,氧气沿着氧气进口3进入喷嘴7、射吸管8,吸入从乙炔进口4来的乙炔气并在混合气管9处混合,点燃后将预热火焰调整到中性焰,割嘴对准金属,将被气割的金属预热到燃点,随即打开气割氧气阀2,氧气通过气割氧气管通道1、割嘴10中心的孔喷出,进行气割。

射吸式氧-乙炔割炬有三种不同的型号,同一型号中又各自配备带三个或四个孔径不等的割嘴,以满足气割不同厚度板材的需要。表1.18是射吸式割炬的型号及参数。

表 1.18 射吸式割炬的型号及参数

型号	气割厚度/mm	氧气压力/MPa	乙炔压力/MPa	可换割嘴个数	割嘴孔径/mm	割嘴形状
G01-30	3~30	0.2, 0.25, 0.3	0.001~0.1	3	0.7, 0.9, 1.1	环形
G01-100	10~100	0.3, 0.4, 0.5		3	1.1, 1.3, 1.6	梅花形和环形
G01—300	100~300	0.5, 0.65, 0.8, 1.0		4	1.8, 2.2, 2.6, 3.0	梅花形

注:焊炬型号:G—割炬;0—手工;1—射吸式;30、100、300—分别表示最大气割厚度。

2. 氧-石油气用割炬

石油气在氧气中的燃烧速度(3.9 m/s)比乙炔(5.8 m/s)慢。氧-乙炔中性焰实际耗氧量(氧-乙炔体积比)为1.1,而氧-石油气为3.5,是氧-乙炔的3倍多。因此,要达到最佳气割效果,在氧-乙炔射吸式割炬的基础上,对其割嘴孔径、射吸管、混合室孔径分别作了增大至1.0 mm、2.8~3.0 mm、4.0 mm,进气孔孔径缩小至1.2 mm的处理,其他结构与氧-乙炔割炬一样。专用于氧-石油气割炬的型号及参数如表1.19所示。

表1.19 氧-石油气割炬的型号及参数

型 号	割嘴型号	割嘴孔径/mm	可换割嘴/个	氧气压力/MPa	石油气工作压力/MPa	气割厚度/mm
G07-100	1#~3#	1~1.3	3	0.7	0.03~0.05	≤100
G07-300	1#~4#	2.4~3.0	4	1.0		≤300

除此之外还专门为气割薄板设计制造了BG01-0.5型薄板射吸式手工割炬,气割厚度为0.5~3 mm,其特点是气割质量高,板的变形小。

3.等压式割炬

等压式割炬要求乙炔具有较高的压力,其工作原理与等压式焊炬基本相同。等压式割炬中预热氧和气割氧是分开的,分别由单独的管道进入,在接近割嘴处混合产生火焰。等压式割炬型号有G02-100、G02-300,其中G02-100型氧-乙炔割炬结构如图1.15所示。表1.20是等压式割炬的型号和参数。

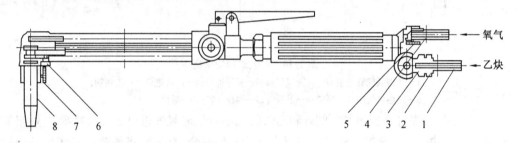

图1.15 G02-100型氧-乙炔割炬结构
1—乙炔进口;2—乙炔螺母;3—乙炔接头螺母;4—氧气进口;5—氧气接头螺母;
6—割嘴接头;7—割嘴螺母;8—割嘴

表1.20 等压式割炬的型号和参数

型 号	G02-100	G02-300
割嘴型号	1#,2#,3#,4#,5#	1#,2#,3#,4#,5#,6#,7#,8#,9#
气割氧孔径/mm	0.7,0.9,1.1,1.3,1.6	0.7,0.9,1.1,1.3,1.6,1.8,2.2,2.6,3.0
氧气工作压力/MPa	0.2,0.25,0.3,0.4,0.5	0.2,0.25,0.3,0.4,0.5,0.5,0.65,0.8,1.0
乙炔工作压力/MPa	0.04,0.04,0.05,0.05,0.06	0.04,0.04,0.05,0.05,0.06,0.06,0.07,0.08,0.09
割炬总长度/mm	550	650

4.割嘴

焊嘴与割嘴的结构不同,焊嘴只有中心一个混合气体喷射孔,而所有的割嘴不仅中心有一个孔,而且中心孔周围分布着圆形或槽形的预热气体孔道。割嘴的类型很多,按预热气体混合方式的不同可分为射吸式、等压式和外混合式;按用于燃气的不同类型又可分为液化石油气、乙炔、天然气等;按混合气体喷射孔结构的不同可分为环形(又称组合型)和梅花形(又称整体形)等。图 1.16 除了焊嘴外,其余是混合气体喷射孔不同的割嘴。中心孔专供气割氧使用,其气割氧孔道的结构形式如图 1.17 所示,外沿孔专门用来预热。

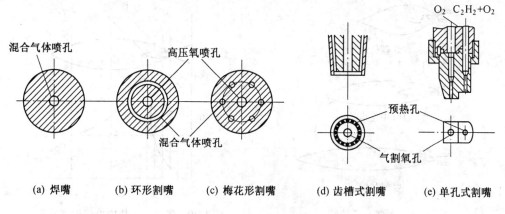

(a) 焊嘴　　(b) 环形割嘴　　(c) 梅花形割嘴　　(d) 齿槽式割嘴　　(e) 单孔式割嘴

图 1.16 焊嘴和割嘴的截面图

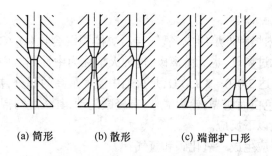

(a) 筒形　　(b) 散形　　(c) 端部扩口形

图 1.17 气割氧孔道的结构形式

环形割嘴制造容易,但火焰不稳定、气体消耗量大,适合气割厚板。梅花形割嘴没有环形割嘴的缺点,小孔均匀分布在高压氧气孔周围,预热火焰均匀分布,但制造难度较大,适合于中、薄板的气割。此外梅花形割嘴火焰集中,对提高气割速度非常有利。

射吸式割炬主要用于低压乙炔,也可用于中压乙炔,目前在手工气割金属中得到广泛应用。由于射吸式割炬易产生回火,在机械化切割和自动化气割中已基本不用。

1.3　气焊工艺

气焊是利用可燃气体与助燃气体通过焊炬进行混合后喷出,经点燃而发生剧烈的燃烧,以此燃烧所产生的热量熔化工件接头部位的母材和焊丝而达到金属牢固的连接。

气焊的火焰温度较其他熔焊方法低、热量分散、焊件受热面积及变形大、生产率低,但气焊、气割具有设备简单、运输方便、不需要电源、操作灵活、通用性大,并且具有加热速度慢,焊接薄板不易烧穿等优点,所以在金属加工中被广泛应用。

气焊、气割质量的关键是选择正确的火焰性质,气焊不同金属材料选择不同的火焰性质。

1.3.1 火焰的性质

根据氧气-乙炔气体混合比不同,火焰可分为中性焰、碳化焰和氧化焰,如图1.18所示。图1.19是中性焰的温度线分布。

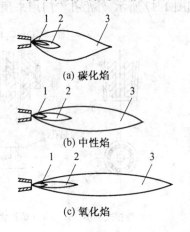

图1.18 氧气-乙炔焰
1—焰心;2—内焰;3—外焰

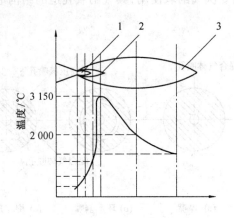

图1.19 氧气-乙炔中性焰温度分布
1—焰心;2—内焰;3—外焰

1. 中性焰

中性焰由焰心、内焰和外焰组成,氧气与乙炔体积混合比(O_2/C_2H_2)为1.1~1.2时,燃烧后的气体中既无过剩氧,也无游离碳,这种火焰称为中性焰。中性焰离焰心末端2~4 mm处,火焰温度高达3 050~3 150 ℃,是火焰中温度最高的部分,被气焊时采用。

焰心呈尖锥形,色白而明亮,轮廓清晰,有轻微闪动,其长度与混合气体的喷射速度成正比。焰心主要发生以下反应。

部分乙炔与氧反应生成一氧化碳和氢气:

$$C_2H_2 + O_2 = 2CO + H_2 \tag{1.11}$$

另一部分乙炔受热分解成碳和氢气:

$$C_2H_2 \longrightarrow 2C + H_2 \tag{1.12}$$

总反应式如下:

$$2C_2H_2 + O_2 \longrightarrow 2CO + 2H_2 + 2C \tag{1.13}$$

由此看出,焰心亮度很高是由于碳微粒燃烧所发出的。虽然焰心亮度很高,但温度却不很高,大约在800~1 200 ℃之间。

在焰心外轮廓,紧靠着焰心右侧是内焰,形状呈杏核形。内焰呈蓝白色并带有深蓝色线条,在此区乙炔和氧剧烈燃烧生成还原性气体一氧化碳和氢,因此,在气焊中还原性气体与氧化的金属相互作用时,使氧化物还原。离焰心2~4 mm处温度最高,约为3 050~3 150 ℃,气焊低碳钢时主要用内焰加热焊件。

外焰与内焰没有明显的界限,从颜色上观察有所区别。火焰由内焰向外焰颜色由蓝色变为淡紫色和橙黄色。外焰与空气接触,使乙炔达到完全燃烧,反应如下:

$$4CO + 2H_2 + 3O_2 = 4CO_2 + 2H_2O \tag{1.14}$$

由此看出,外焰具有氧化性,并有氢气、氧气、二氧化碳和水,温度比内焰低,约 1 200～2 500 ℃。

由于中性焰内焰具有还原性、温度高,对气焊形成的液态金属熔池有保护作用,所以气焊低碳钢、低碳合金结构钢、纯铜、铝及铝合金等都采用中性焰。

2. 碳化焰

氧气与乙炔体积混合比(O_2/C_2H_2)小于 1.1 时,火焰燃烧后的气体中有一些乙炔没有完全燃烧,这种火焰称为碳化焰。

碳化焰的焰心呈蓝白色,内焰呈淡白色,外焰呈橙黄色,温度为 2 700～3 000 ℃。整个火焰长度比中性焰长而软。

由于碳化焰存在过剩的游离碳和氢,气焊中碳会渗入到熔池金属中,提高焊缝中的含碳量和扩散氢的含量,使焊缝产生裂纹和产生氢气孔的倾向增加。因此,因碳和氢的增加而产生裂纹的金属材料,不得选用碳化焰气焊。

3. 氧化焰

氧气与乙炔体积混合比(O_2/C_2H_2)大于 1.2 时,火焰燃烧后的气体中有过剩的氧存在,这种火焰称氧化焰。

氧化焰中因有过剩的氧,所以火焰燃烧剧烈,焰心、内焰和外焰尺寸都缩短,火焰层次不清,呈紫蓝色,最高温度高达 3 100～3 300 ℃。

氧化焰中有过剩的氧,气焊时会使金属中有益元素氧化和烧损,产生气孔和夹杂,使焊缝的力学性能和耐蚀性能下降。所以除了采用轻微氧化焰气焊黄铜外,很少采用氧化焰气焊金属。表 1.21 是不同火焰适用的金属。

表 1.21 不同火焰适用的金属

火焰种类	气焊金属	火焰种类	气焊金属
中性焰	低碳钢、低碳合金结构钢、纯铜、铅、锡等	中性或微弱的氧化焰	青铜
中性或微弱的碳化焰	铝及铝合金、镍、不锈钢等	碳化焰	高碳钢、高速钢、蒙乃尔合金、硬质合金、铸铁等
氧化焰	黄铜、锰钢、镀锌铁皮等		

1.3.2 气焊工艺参数的选择

1. 气焊焊丝的牌号和型号

气焊焊丝一般是没有药皮的金属焊丝。金属焊丝作为填充金属与焊件坡口部位一起熔化形成焊缝,所以气焊焊丝的成分直接影响到气焊焊缝的力学性能和物理性能。因此应根据焊件的化学成分和技术要求选择焊丝的牌号和型号。例如,选择钢和铸铁焊丝时应根据母材的化学成分进行选择;选择铝及铝合金和铜及铜合金焊丝时不仅考虑化学成分,还要考虑其产生缺陷的倾向。各种金属焊丝的牌号和型号见表 1.7、1.8、1.9 和第 5 章的相关内容。对于受力不大、结构不重要、无特殊性能要求的薄板焊件,也可直接从同成分的薄板上用机械方法裁成宽为 1～3 mm 的焊丝进行焊接。

2. 焊丝直径

焊丝的直径主要是根据焊件的厚度进行选择,如果焊丝直径选择相对焊件的厚度过细,气焊时焊件坡口尚未熔化,而焊丝很快熔化,容易造成未熔合;如果焊丝直径选择得过粗,焊件坡口熔化而焊丝未熔化,增加加热时间,会造成 HAZ 增大出现过热组织。多层焊时,第一、二层焊缝可选择较细的焊丝,以后各层可采用较粗的焊丝。小于 1 mm 的焊件可采用卷边接头,不用焊丝;1~5 mm 的焊件,可选用直径为 1~3 mm 的焊丝。表 1.22 是焊件厚度与焊丝直径的参考值。

表 1.22　焊件厚度与焊丝直径的参考值

焊件厚度/mm	1.0~2.0	2.0~3.0	3.0~5.0	5.0~10
焊丝直径/mm	1.0~2.0	2.0~3.0	3.0~4.0	4.0~5.0

3.气焊熔剂

气焊含铬的合金钢、铸铁、铝及铝合金时,其铬、硅、铝很容易氧化,在熔池中容易形成熔点高且稳定的 Cr_2O_3、SiO_2、Al_2O_3 氧化物,如果不及时清除会使焊缝中产生夹杂。故在焊接时适当加一些熔剂,使这些氧化物结成低熔点的熔渣浮出熔池,减小焊缝中产生夹杂的倾向。因为 Cr_2O_3、Al_2O_3 氧化物呈碱性,所以一般都用酸性熔剂,如硼砂、硼酸等。而 SiO_2 呈酸性,焊铸铁时通常又会采用碱性焊剂,如碳酸钠和碳酸钾等。焊接低碳钢前,将坡口两侧的油污和氧化皮清理干净,就可以不使用熔剂。

表 1.23 是铸铁、铜及铜合金、铝及铝合金气焊熔剂的化学成分和用途。

表 1.23　气焊熔剂化学成分和用途

牌号	化学成分(质量分数)/%	熔点/℃	用途及性能
CJ201	H_3BO_3(18)、Na_2CO_3(40)、$NaHCO_3$(20)、MnO_2(7)、$NaNO_3$(15)	650	铸铁气焊熔剂:呈碱性,具有潮解性;去除在气焊时产生的硅酸盐和氧化物
CJ301	H_3BO_3(76~79)、$Na_2B_4O_7CO_3$(16.5~18.5)、$AlPO_4$(4~5.5)	650	铜气焊熔剂:系硼基盐类,易潮解;呈酸性反应,有效地溶解氧化铜和氧化亚铜
CJ401	KCl(49.5~52)、NaCl(27~30)、LiCl(3.5~15)、NaF(7.5~9)	560	铝气焊熔剂:属卤族元素的碱金属化合物,呈碱性,能有效地溶解 Al_2O_3;对铝有腐蚀作用

4.气焊方向

按照气焊焊炬移动方向,气焊可分为左焊法和右焊法。

左焊法如图 1.20(a)所示,是指焊炬和焊丝都是由右向左移动,焊丝位于焊接火焰之前。

由于左焊法的火焰始终指向未焊焊件部分,对焊件未焊部分有预热作用,便于观察熔池中液态金属的变化和随时填加焊丝及熔剂,所以这种方法操作简单,容易掌握,应用比较普遍。但左焊法焊缝冷却速度快,热量利用率低,只适合于气焊对接或卷边薄壁焊件。

右焊法如图 1.20(b)所示,是指焊炬和焊丝都是由左向右移动,焊丝位于焊接火焰的后面。如果采用中性焰气焊,对熔池又可起到机械保护作用,避免液态金属氧化。火焰指向熔池,热量损失较左焊法小、熔深较大,焊缝冷却速度较慢,所以右焊法有改善焊缝金属的组织和力学性能,减少气孔和夹渣的可能性。

右焊法内焰距离焊缝较近,热量较集中,可焊接较厚的焊件,但气焊中焊丝挡住了焊工观察熔池的视线,操作起来不方便,所以基本不采用。对于厚板基本采用焊条电弧焊、二氧化碳焊或其他焊接方法。

5.气焊焊炬和焊丝的横向摆动

为了控制火焰对焊件的热量输入,避免焊缝金属出现过热组织或防止母材烧穿,保证焊缝的力学性能。气焊过程中,焊炬和焊丝应做横向摆动。通过摆动还可获得具有一定宽度的焊缝,使焊缝美观均匀。在焊接有色金属过程中,不断地用焊丝搅动熔池金属,有利于熔池中的各种氧化物和有害气体上浮或排除。

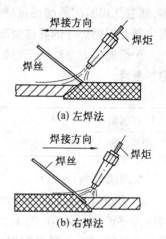

图 1.20 气焊焊炬操作示意图

图 1.21 是左焊法和右焊法焊丝焊炬的摆动轨迹,其中实线部分是焊炬的摆动轨迹,虚线是焊丝的摆动轨迹。由图看出,焊炬与焊丝的摆动是相互交叉的,同时向一个方向移动。

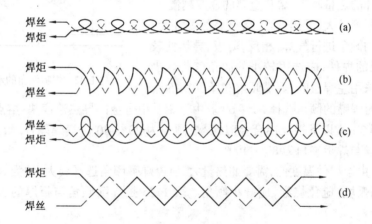

图 1.21 焊炬和焊丝的操作
(a)、(b)、(c)—左焊法;(d)—右焊法

气焊中焊炬有两个方向的动作,一个是沿着焊接方向的移动,另一个是垂直于焊缝的横向摆动。对于焊丝来说,除了与焊炬有同样的两个动作外,还有焊丝不断地向熔池中送进的动作,同时焊丝熔化端不断均匀协调地上下摆动,以保证焊缝的宽窄和厚薄均匀。

6.火焰能率

所谓火焰能率是指单位时间内可燃气体(乙炔)所提供的能量。选择火焰能率的大小主要根据焊件的厚度、焊件的物理性能、焊缝的空间位置等。对于厚度较大、熔点较高、导热性较好、比热容大的金属材料,应选用较大的火焰能率。例如平焊较厚的焊件、熔点较高的金属、导热性能好的铜及其合金、铝及其合金等,应选用较大的火焰能率;反之,在焊接薄板、立焊、横焊、仰焊等情况下,火焰能率应适当减少。选择火焰能率的原则是,在保证焊缝质量的前提下,应尽量选择较大的火焰能率,保证最大的生产率。此外,焊接过程中焊件需要的火焰能率随气焊的时间长短而变化。开始气焊时,焊件温度低,需要的热量多,随着气焊时间的增长,焊件的温度不断升高,则需要的热量相应减小。因此,在焊接过程中需要根据焊件的具体情况随时变化焊嘴的倾角,控制热量的输入。

火焰能率大小取决于焊炬型号和喷嘴中心孔的直径,表 1.24 是焊件板厚与焊嘴型号的参考值。

表 1.24 板厚与焊嘴型号的参考值

焊嘴型号	1#	2#	3#	4#	5#
焊件板厚/mm	小于 1	1~3	2~4	4~7	7~11

7.焊嘴倾角(α)

焊嘴倾角(α)也称焊嘴的倾斜角度,是指焊嘴与焊件平面间的夹角,图 1.22 是焊嘴倾角的示意图。倾角的大小主要根据焊件的厚度、导热性能、熔点等进行选择。倾角越大,火焰输送给焊件的热量越多,熔化金属的速度越快;相反,倾角越小,火焰输送给焊件的热量越少,熔化金属的速度越慢。

在气焊厚度较大、导热性好、熔点高的焊件时,应选择较大的倾角进行气焊;相反,薄板、导热性较差、熔点较低的焊件,应选用较小的倾角气焊。当气焊低碳钢采用左焊法时,焊嘴倾角选择 30°~50°,

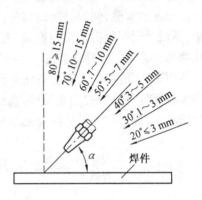

图 1.22 焊嘴倾角的示意图

采用右焊法时焊嘴的倾角选择 50°~60°。由于铝及铝合金的导热速度快、熔点低、比热容大,所以气焊 3 mm 以下铝及铝合金时,焊炬倾角为 20°~40°。气焊厚件时,焊炬倾角为 40°~80°,焊丝与焊炬夹角为 80°~100°。

始焊时,由于焊件温度低,需要的热量大,所以焊嘴倾角选择要大,约为 80°~90°。收弧时,为填满弧坑,避免烧穿,应减小倾角。表 1.25 是焊嘴倾角与板厚的关系(仅供参考)。

表 1.25 焊嘴倾角与板厚的关系

焊嘴倾角/(°)	10	20	30	50	60
焊件厚度/mm	<1	1~3	3~5	5~7	7~10

8.焊接速度

焊接速度是指焊嘴在焊件上移动的速度。焊接速度快和慢直接影响着焊缝的质量和生产率。焊接速度过快,焊缝填充的金属少,厚度太薄,能承受拉应力小,产生裂纹的倾向大。此外,焊接速度快还容易产生未熔合、夹渣等缺陷。如果焊接速度太慢,送丝速度也慢,容易产生咬边,所以在焊接过程中要随时观察焊缝的情况。焊接速度选择的原则是在保证焊接质量的前提下,尽可能提高焊接速度。

1.3.3 焊前清理和坡口的选择

对于碳素钢、低合金结构钢、铸铁、铝及铝合金、铜及铜合金等金属材料,焊缝中产生的气孔、夹杂,除了母材本身存在的缺陷之外,多数是由于焊件焊丝表面上的油污、铁锈和氧化物引起的,所以焊前清理坡口是保证获得高质量焊缝的前提。

清理焊件表面的油污、铁锈、氧化膜可采用机械方法和化学清洗方法,也可采用化学和机械相结合的方法。如清理油污采用丙酮,清理氧化膜采用机械刮削或钢丝刷清理,具体方法可根据生产和产品的技术要求而定。

气焊焊件的坡口形式主要选择对接接头。板厚较大时,必须开坡口,否则采用其他方法进行焊接。焊接薄板时一般采用卷边接头和角接接头。因搭接接头和T形接头产生焊接变形比较大,所以应用较少。坡口形式可参考焊条电弧焊接头形式。

1.4 氧气切割工艺

1.4.1 氧气切割的原理

氧气切割简称气割,是利用可燃气体与氧气混合燃烧产生的热能,将工件切割处加热到燃烧点,喷出高速气割氧气流,使其剧烈燃烧将工件分开的加工方法。

氧气切割所用可燃气体有乙炔、液化石油气、天然气、氢气等。

1. 氧气气割过程的三个阶段

第一阶段预热:气割开始时,开启预热氧和乙炔阀,利用预热火焰将工件的待切割处预热到该种金属材料的燃烧温度(即燃点)以上(对于碳钢约为1 100~1 150 ℃)。

第二阶段燃烧:开启切割氧阀,向被加热到金属燃点的部位喷射高纯度、高速的切割氧流,使高温固态金属在氧流中产生激烈的燃烧,并生成铁的氧化物熔渣,同时放出热量。气割中的余热和放出的热量对待切割处产生预热作用,使切割速度加快并达到稳定。

第三阶段吹渣:用高纯高速氧流吹除金属燃烧生成的氧化物,形成切口,使工件分离,完成气割过程。气割原理如图1.23所示。

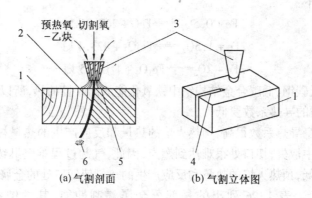

图1.23 气割原理

1—割件;2—气割氧;3—割嘴;4—割缝;5—预热火焰;6—氧化渣

2. 金属气割满足的条件

由气割的三个阶段可知,气割低碳钢是铁被激烈氧化形成 FeO、Fe_3O_4、Fe_2O_3 熔渣,而不是铁被熔化形成液态铁。因此,不是所有金属都能被气割,只有符合下列条件的金属才能被气割。

(1)金属的燃点必须低于熔点

如果金属的熔点低于燃点,预热过程中金属首先熔化,熔化的金属短时间内不能全部形成氧化物熔渣,因此,液态金属的温度很难再升高,高纯氧气不与铁发生激烈氧化,即便使金属分离也是熔割,气割质量很难保证。金属在固态下发生剧烈的氧化,割口齐、表面平整、割口背面残留的熔渣容易清理。因此,金属的燃点低于熔点是保证正常气割的必要条件。纯铁、低碳钢、低碳合金结构钢的燃点低于其熔点,可以满足此条件,气割质量好。随着碳的质量分数的增加,钢的熔点下降而燃点上升。当碳素钢中碳的质量分数为0.7%时,熔点与其燃点基本相等,采用气割方法使金属分离就比较困难。纯铁、低碳钢、中碳钢和普通低合金钢都能满足上述条件,具有良好的气割性能。高碳钢、铸铁、不锈钢,以及铜、铝等有色金属都难以进行氧气切割。

(2)金属燃烧生成氧化物的熔点应低于金属的熔点,且流动性好

如果金属燃烧生成氧化物的熔点高于金属的熔点,高熔点的金属氧化物就会是固态或氧化物黏度较大,覆盖在切口处,阻碍金属继续氧化,使切割难以继续进行;相反,金属燃烧生成氧化物的熔点低于金属的熔点,预热中金属氧化物首先被熔化成液体,而且流动性好,在切割氧吹力的作用下,很容易被吹除,脱离切口。因铸铁、高铬钢、镍铬不锈钢、铝及铝合金等氧化物的熔点高于其本身的熔点,因而不能采用氧气切割这种方法分离工件。目前这些材料常用的切割方法是等离子弧切割。

(3)金属在氧流中燃烧时能放出大量的热量

金属与氧能发生剧烈氧化的同时,必须放出大量的反应热,因为气割过程中先切割的金属燃烧放出的热量对下层金属的补充预热作用是十分重要的。据有关数据统计,预热火焰的热量约占气割总热量的30%,而氧气切割金属燃烧产生的热量约占气割总热量的70%。金属在氧流中燃烧放出的热量越多,预热的效果越好,气割的质量越好。铁与氧反应产生的热量如下:

$$Fe + 0.5O_2 = FeO + 267.8 \text{ kJ} \tag{1.15}$$

$$2Fe + 1.5O_2 = Fe_2O_3 + 823.4 \text{ kJ} \tag{1.16}$$

$$3Fe + 2O_2 = Fe_3O_4 + 1\,120.5 \text{ kJ} \tag{1.17}$$

由于纯铁、低碳钢、低碳合金结构钢中铁氧化能放出大量的热,所以气割质量好。

(4)金属本身的导热系数要低

如果金属本身导热系数很高,预热火焰的热量和反应产生的热量被迅速传导到金属的内部或在空气中散失,切口处很难达到燃点,因此,气割过程难以继续进行;相反,金属本身导热系数很低,预热火焰的热量和反应产生的热量使切口处的金属能迅速达到燃点,使气割顺利进行。表1.26列出的是部分金属气割性能,其中纯铜的导热系数为391 W(m·K)$^{-1}$,是纯铁的4倍多,纯铝在25℃时的导热系数为221.9 W(m·K)$^{-1}$,是纯铁的2倍多,所以不能应用氧气切割。

表1.26 部分金属气割性能

名称	熔点/℃	导热系数/W(m·K)$^{-1}$	金属氧化物名称	氧化反应热/kJ	氧化物熔点/℃	气割性
纯铁	1 538	83.5(供参考)	FeO	267.8	1 370	良好(很少使用)
			Fe$_2$O$_3$	1 120.5	1 560	
			Fe$_3$O$_4$	823.4	1 597	
低碳钢	1 500左右	43(供参考)	同上	267.8~1 120.5	1 370~1 560	良好
灰铸铁	1 200左右	46.4~92.8	同上+SiO$_2$		1 713	差
铬	1 550	铬钢36.3	Cr$_2$O$_3$	1 142.2	2 297	很差
纯铝	660	236(供参考)	Al$_2$O$_3$	1 645.6	2 050	不能气割
纯铜	1 082	410(供参考)	Cu$_2$O	2 230	1 230	不能气割
			CuO	1 447	1 336	

(5)金属中的杂质对气割过程影响要小

金属中如果含有的杂质元素熔点高,而且形成的氧化物熔点也高,会使金属氧化物熔点升高,甚至会妨碍金属燃烧,有的则使割缝处金属组织和性能发生变化,如出现淬硬组织则割缝周围金属产生裂纹的倾向增加。对于碳质量分数≥0.7%的钢,首先将其预热到400~700℃时再进行气割,否则会在割缝表面产生淬硬组织,甚至出现裂纹。

由以上条件分析看出,低碳钢、低合金结构钢适合采用气割,纯铁一般不会采用氧割。为了避免产生裂纹和淬硬组织,对于淬硬倾向大的中碳高碳钢、强度级别高的低合金结构钢,氧气切割应采用小的切割速度、大的火焰能率、适当的预热配合。铸铁和不锈钢中易形成熔点高流动性差的SiO$_2$和Cr$_2$O$_3$,有色金属导热系数大,形成的氧化物熔点高,所以不易采用氧气切割,可以采用其他方法切割。

1.4.2 手工氧气切割技术及气割参数

1.割嘴孔径大小和预热火焰能率

割嘴孔径越大预热火焰的能率也越大,选择割嘴孔径和预热火焰能率的大小主要根据割件的厚度。对于厚度较大的低碳钢、低碳合金结构钢,应选用较大割嘴孔径和预热火焰能率。选择的割嘴孔径和预热火焰能率过大或过小都会使切割质量下降。

此外,预热火焰能率大小与切割速度有关,火焰能率过大时,在割缝上会产生连续珠状钢粒,切割速度过慢会使割缝边缘熔化。表1.27是板厚与割嘴孔径和气体消耗量的关系。

2.切割氧压力

当板厚和割嘴型号一定就有一个最佳的切割氧的压力,其气割的速度最佳、而且割缝的质量最好。当切割氧压力不足时,就会造成金属燃烧不充分,必然导致气割速度下降、不能割透、熔渣不能全部从割缝吹除等问题,此外,残留在割缝背面的渣又多又厚,而且很难清除干净;当压力过大时,过剩的氧对割缝有冷却作用,不仅影响了气割速度,而且割缝加宽、表面粗糙,同时氧的消耗量也增加。表1.28是板厚与切割氧压力的选择范围。

表1.27 板厚与割嘴孔径和气体消耗量的关系

型号	割件厚度/mm	割嘴型号	气割氧孔径/mm	气体消耗量/(m³·h⁻¹)	
				氧气	乙炔
G01–30	3~10	1#	0.6	0.8	0.21
	10~20	2#	0.8	1.4	0.24
	20~30	3#	1.0	2.2	0.31
G01–100	10~25	1#	1.0	2.2~2.7	0.35~0.40
	25~30	2#	1.3	3.5~4.2	0.40~0.50
	30~100	3#	1.6	5.5~7.3	0.50~0.61
G01–300	100~150	1#	1.8	9~10.8	0.68~0.78
	150~200	2#	2.2	11~14	0.80~1.10
	200~250	3#	2.6	14.5~18	1.15~1.20
	250~300	4#	3.0	19~26	1.25~1.60

表1.28 板厚与切割氧压力的选择范围

板厚/mm		3~30	30~100	100~200	200~300
气体压力/MPa	氧气	0.2~0.35	0.35~0.49	0.49~0.64	0.64~0.98
	乙炔	≥0.01			

3.气割速度

气割速度与板厚、焊嘴的形式、割炬原理(射吸式、等压式)、使用的气体种类有关。当板厚一定,割嘴的形式、割炬、使用的气体种类、割嘴孔径、气割氧压力、氧气的纯度等选定后,就有一个最佳的气割速度,其割缝的质量和生产率达到最佳。如果气割速度过慢不仅影响了生产率的提高,而且导致割缝边缘熔化,使割缝质量下降;相反,气割速度过快,则会产生很大的后拖量或割不透,气割产生的后拖量 L,见图1.24。后拖量 L 的大小与板厚和气割速度有关。当板厚一定时,气割速度越大,后拖量越大,割缝表面越粗糙。正常的气割速度产生的后拖量尺寸小,沟纹之间间距和倾斜小而且均匀。

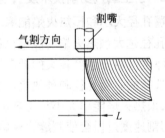

图1.24 气割产生的后拖量 L

此外,割嘴孔径和气割氧压力都大,气割速度也大;使用的氧气纯度越高,气割的速度也越快等。气割速度的选定往往与焊工的操作技能有着直接的关系。在保证割缝质量的前提下,加快气割速度对提高生产率是非常有利的。

4.割嘴与工件的前倾角、后倾角

割嘴与割件的倾角包括前倾角、后倾角和垂直角。所谓前倾角是指割嘴与气割同方向倾斜,并与割件垂直方向构成的角度α,如图1.25所示;相反,后倾角是指割嘴与气割相反方向倾斜,并与割件垂直方向构成的角度α。气割采用后倾,能将氧割燃烧产生的熔渣吹向气割线的前缘,利用燃烧反应产生的热量减少后拖量,从而提高气割速度。气割时应充分利用倾角的作用,提高气割质量和生产率。割嘴的倾角大小和方向与割件厚度有关。当气割厚度小于4 mm的钢板时,割

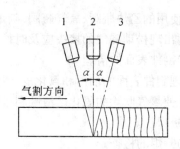

图1.25 割嘴的倾角
1—前倾;2—垂直;3—后倾

嘴前倾角应控制在25°~45°,尽量减少因燃烧形成的熔渣,为割件提供过多的热量,而使气割质量下降;气割厚度在4~20 mm的钢板时,割嘴的后倾角应控制在20°~30°;气割厚度在20~30 mm的钢板时,割嘴应垂直于割件,如图1.25中间的位置;在气割厚度大于30 mm的钢板时,应先将割嘴后倾20°~30°,待倾斜方向割穿后,将割嘴逐渐旋转成垂直位置,厚度方向割穿后,即可进入正常气割。

5. 割嘴与割件之间的距离

割嘴与割件之间的距离是以焰心末端至割件表面的距离确定。当距离为2~4 mm时,预热火焰中最高温度区正好处于气割面上,使预热时间最短;而且周围空气对气割氧的污染较小,保证气割氧的纯度;同时充分利用高速氧流的动能,提高气割速度和气割质量。

如果割嘴与割件之间的距离过小,焰心至割件表面的距离太近,导致割件上缘熔化或增加割件表面渗碳的可能性,甚至因氧化皮堵塞割嘴孔出现回火。距离过大,预热温度下降,周围空气进入气割氧使气割氧的纯度降低,导致气割压力不足而割不透。

正常的情况下,割嘴与割件之间的距离根据板厚来确定。当气割板厚小于20 mm的钢板时,距离适当大一些,火焰长一些。而气割大于20 mm以上的钢板时,距离适当小一些,火焰短一些,气割速度慢一些。同时应避免因选择大直径的割嘴、高火焰能率和短距离而将割嘴熔化。

6. 氧气的纯度

氧气的纯度是保证气割质量和生产率的重要因素。氧气的纯度越低、杂质越多,燃烧产生的热量越小,火焰温度越低,预热金属达到燃点的时间越长,气割速度越慢。而且割口表面粗糙下缘黏渣严重,同时氧气消耗量增加。甚至因气割速度慢,导致割口周围的晶粒出现过热或过烧。实践证明,氧气纯度只要大于99.5%,割口容易获得光滑平整表面,割纹粗细均匀,氧化铁挂渣少,容易脱落,钢板边缘熔化现象少,棱角完整等。因此尽量不采用纯度小于99.2%的氧气。

1.4.3 手工气割工艺

1. 气割前准备

(1)气割工作场所的安全

气割前应仔细检查气割工作场所是否安全,对不安全的因素要及时排除,避免在不安全的工作场所中工作。

对使用的乙炔瓶阀、氧气瓶阀、割炬的各个接口都应仔细检查,还要检查橡胶管是否正常,对出现松动漏气的接头应及时拧紧,对已损坏阀门和漏气橡胶管及时更换。

(2)割件表面的清理

清理割件表面的油污和氧化皮。将割件平稳且垫平安置在离地面具有一定距离的胎具上,以便氧气吹除的氧化熔渣顺利排除,同时防止熔渣和氧化物飞溅伤害工人,必要时加遮挡板保护。

(3)割炬的检查

根据板厚、割炬、割嘴调节氧气和乙炔压力的大小,并达到要求。对射吸式割炬检查其射吸能力。检查时首先拔下乙炔橡胶管并折弯,再打开乙炔阀门和预热氧气阀门。这时采用小纸屑放在乙炔进口观察纸屑是否被吸附,如果纸屑贴在了乙炔进口处说明割炬正常,对于不正常的割炬检查修理后,再做射吸实验,达到正常时再使用。一切正常后方可点燃预热火焰,并调整到中性焰进行操作。

(4)气割顺序的选择

气割中,金属在气割热源的作用下局部会发生塑性变形,由此产生应力使割件发生变形。选择合适的气割顺序是控制和减小割件变形的重要措施,因此气割顺序应遵循以下原则:

①在割件上既有边角又有中间需要气割时,因边角部位的金属加热膨胀冷却收缩时自由度相对较大,而中间的金属自由度较小,所以应先气割边角后再气割中间。

②对于大中型零件的气割,应先从短边开始。如果割件上只有一条长气割缝,应从操作比较方便的一端开割直至割完,不得从中间分别向两端气割;如果直缝上需要开槽,应先割直缝后开槽。

③在同一张钢板上气割不同尺寸的零件时,应先割小件后割大件。气割不同形状的零件时,应先割较复杂的零件后割较简单的零件。如果是垂直形割缝应先割底边后割垂直边。

④同一图形既有直线也有曲线气割时,应先割变形较小的直线后割变形较大的曲线。如果同一图形中分别有大块、小块和孔时,应先割小块再割大块,最后割孔。

2.气割产生的问题及对策

(1)气割薄钢板产生的问题及对策

由于 4 mm 以下钢板较薄,刚度小,在热气割中容易失稳而产生波浪变形;此外,因板材较薄,气割速度快氧化铁渣不易被吹掉,冷却后氧化铁渣黏在钢板的背面不易被清除;如果气割速度过慢或火焰控制不当时,会出现前面割后面又黏合在一起的现象,而且正面棱角同时被熔化的现象。气割薄钢板的对策:

①选用的割嘴孔径和预热火焰能率要小;

②割嘴与割件之间的距离应保持在 10~15 mm 范围内;

③割嘴应采用前倾角并形成 25°~45°角;

④尽可能采用较快的气割速度;

⑤尽可能选用孔径较小的割嘴等。

(2)气割大厚度钢板产生的问题及对策

钢板的厚度越厚导热速度越快,气割中割件正面与反面受热不均匀一致,会出现正面金属比背面金属燃烧的速度快,而产生较大的后拖量,甚至割不透。气割大厚度钢板的对策:

①尽可能选用气割能力大的割炬和大号的割嘴,配合高的气体压力和大的气体流量,并保持气体压力稳定,提高预热火焰能率。为提高气割质量和气割效率选用超音速割嘴。

②首先从割件的边缘棱角处开始预热,如图1.26所示。当预热温度达到割件燃烧温度时,缓慢打开气割氧阀门,同时割嘴与割件前倾20°~30°,当边缘全部被割穿时,增大气割氧的流量,并使割嘴垂直于割件,割嘴沿割线向前移动时呈横向月牙形摆动。

③割嘴在向前移动时,应不断调节预热氧阀门,尽可能地使火焰能率的变化范围要小,同时气割速度始终要保持均匀一致,若遇到未割穿的部位,应立即停止气割,以免发生气体涡流,使熔渣在气割面处产生凹坑,如图1.27所示。

④气割临近结束时应缓慢地将割嘴后倾20°~30°角,同时放慢气割速度以减小割件断面上的后拖量,并保证全部割断。

气割大于300 mm的厚板时,可选用G02-500型割炬,将割嘴内嘴和外套直径扩大,并将气割氧直孔道改为缩放式孔道,如图1.28所示。为了提高气割质量和气割效率,可采用超音速割嘴。

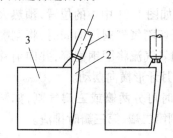 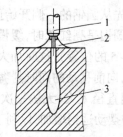 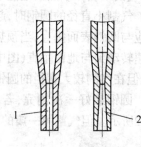

图1.26 预热示意图　　　　　图1.27 未割穿　　　　　图1.28 割嘴内孔对比
1—割嘴;2—预热火焰;3—割件　1—割嘴;2—预热火焰;3—凹坑　1—直孔道;2—缩放式孔道

(3)气割固定碳钢管产生的问题及对策

固定管子气割和开坡口是结构件常遇到的。管子固定不能转动气割时,关键是底部观察和起割比较困难,割缝难以平齐。因此起割应从管子底部开始分成两半,如图1.29(1)(2)的位置,分别沿箭头所示方向进行气割。采用此种方法操作人员移动范围小,便于随时调整割嘴角度,可以较全面观察割口的变化,调节预热火焰能率,方便地移动割炬控制割线走向,最后切断口正好在水平面位置便于调整。

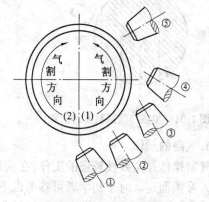

图1.29 气割固定管示意图

(4)气割转动管产生的问题及对策

气割转动管一般是分段进行,即管子在静止状态下气割一定长度后停止气割,转动管子到气割位置再进行气割。

气割转动管通常从管子侧面开始,预热时割嘴与管壁表面基本垂直,如图1.30气割位置1,割穿后割嘴摆动到图示2的位置与管子表面接触点的切线成70°~80°角,上移割嘴中割嘴应不断改变位置,并始终保持与管子表面构成的气割角度,图1.30中2~4的位置。在不便气割时停止,并将管子转动一定角度后继续进行气割,直至将管子分离。气割中尽量减少管子的转动次数,气割3次能完成的,尽量不要采用4次,由此保证气割质量和气割生产率。

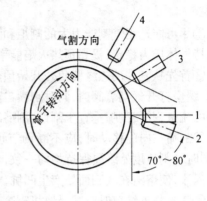

图1.30 气割转动管示意图
1—预热位置;2~4—割炬转动位置

(5)气割圆钢产生的问题及对策

气割直径较大的圆钢时,应选择大型号的割炬和割嘴,并且保证氧气和乙炔供应充足,气割中确保预热火焰能率保持不变。

气割小直径的圆钢时,起割先从圆钢的一侧开始预热,如图1.31中1的位置,预热火焰应与圆钢表面垂直,当预热使圆钢呈亮红色时,缓慢打开切割氧气阀门的同时,将割嘴迅速转动到与地面垂直(图中2~5的位置),这时加大切割氧气流将圆钢割穿,并向前移动,但在气割较大直径的圆钢时,向前移动的同时割嘴稍作月牙形横向摆动。

圆钢最好一次割完,若圆钢直径太大,无法一次割完时可分两瓣或三瓣气割,如图1.32所示。但气割第一瓣的横向摆动适当增加,以利于气割第二瓣、第三瓣时排渣。

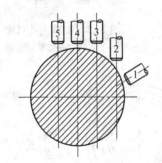

图1.31 预热与气割割嘴的位置

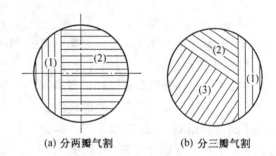

(a)分两瓣气割　　(b)分三瓣气割

图1.32 气割大直径圆钢

3.气割的操作

气割操作是实践性较强的工作,在满足气割质量和生产率的前提下工人的操作姿态,因本人习惯而定。对于初学者可参考以下步骤,双脚之间留有一定距离呈外八字在割件旁蹲稳,并调整好与割口的距离;右手握住割炬手把,拇指和食指靠住手把下面的预热氧气调节阀。左手的拇指和食指把住切割氧气阀的开关,其余三指平稳托住割炬,并且在气割中控制方向。为保证平稳气割,右臂靠住右膝盖,左臂悬空在两膝盖中间,便于移动割炬和气割。身体略微向前倾斜,保持呼吸均匀,眼睛注意前面的割线和割嘴,达到手、眼、脑协调配合。

起割时,将割件画线边缘首先预热到发红的状态,表面有零星飞溅物飞溅时,开始缓慢启动切割氧气阀,当铁水被氧气流吹掉时,迅速加大氧气流,气割出现"啪、啪"的声音时,表明割件已被切透。割炬向前移动的速度应根据割件的厚度和气割质量灵活掌握。

在气割过程中,割炬移动要平稳均匀,割嘴与割件之间的距离应保持不变。当割缝较长需要调整操作位置时,应先关闭切割氧阀,将割炬火焰离开割件,调整好身体位置后再重复进行预热切割。

切割临近结束时,割嘴应沿气割方向略向后倾斜一定角度,将割件下部提前割透,保证收尾的割缝质量。在气割过程中割炬发生回火时,应先关闭乙炔阀,再关闭氧气阀,割嘴冷却到室温时,再重新进行气割。切割结束时,先关闭切割氧气阀,再关闭乙炔阀和预热氧气阀。

思 考 题

1. 氧气瓶为什么严禁沾染油脂?
2. 乙炔、天然气、氢气的性质及如何安全使用?
3. 如何选择可燃气体?
4. 焊丝型号和牌号如何表示?
5. 气焊金属材料对熔剂的要求及气焊中的作用?
6. 乙炔瓶使用中的注意事项?
7. 什么叫气焊的左焊法和右焊法,它们的特点是什么?
8. 减压器的作用及工作原理。
9. 什么叫射吸式焊炬和等压式焊炬,它们的特点是什么?
10. 说明液化石油气减压器原理。
11. 说明气焊工艺参数的选择。
12. 说明射吸式割炬的工作原理。
13. 金属气割应满足什么条件?
14. 什么叫割嘴与工件的前倾角、后倾角,如何应用?
15. 气割工艺参数有哪些?如何选择?

第2章 电焊条

2.1 电焊条的分类

焊条可以从不同角度进行分类，分类方法差异较大。按照用途、熔渣的碱度、焊条药皮的主要成分、焊条特殊用途等分类如下。

2.1.1 按用途分类

根据现行国家标准和原机械工业部编制的《焊接材料产品样本》，焊条型号按国家标准分为8大类。在焊条牌号编制方法中，根据焊条的用途将焊条分为10大类，如表2.1所示。

表2.1 按照焊条型号和牌号分类

焊条型号				焊条牌号		
焊条大类（按化学成分分类）				焊条牌号（按用途分类）		
名称	代号	国家标准	类别	名称	汉字代号	字母代号
碳钢焊条	E	GB/T5117—1995	一	结构钢焊条	结	J
低合金钢焊条	E	GB/T5118—1995	二	钼及铬钼耐热钢焊条	热	R
			三	低温钢焊条	温	W
不锈钢焊条	E	GB/T983—1995	四	不锈钢焊条		
				铬不锈钢焊条	铬	G
				铬镍不锈钢焊条	奥	A
堆焊焊条	ED	GB984—1985	五	堆焊焊条	堆	D
铸铁焊条	EZ	GB10044—1988	六	铸铁焊条	铸	Z
镍及镍合金焊条	ENi	GB/T13814—1992	七	镍及镍合金焊条	镍	Ni
铜及铜合金焊条	TCu	GB3670—1995	八	铜及铜合金焊条	铜	T
铝及铝合金焊条	TAl	GB3669—1983	九	铝及铝合金焊条	铝	L
			十	特殊用途焊条	特	Te

各大类焊条按主要性能的不同可分为若干小类，如低合金钢焊条又可分为低合金高强钢焊条、低温钢焊条、耐热钢焊条、耐海水腐蚀用焊条等。

2.1.2 按熔渣的酸碱性分类

熔渣是指焊条药皮、焊剂或药芯焊丝中的药芯，受热熔化后形成的焊接熔渣。熔渣的酸碱度是以渣中酸性氧化物与碱性氧化物的比值来划分，可将焊条分为酸性焊条和碱性焊条（又称低氢型焊条）。

1. 酸性焊条

以 E4303 钛钙型焊条为例,其药皮中含有大量酸性造渣物金红石(TiO_2)、钛铁矿(TiO_2、FeO)、赤铁矿(F_2O_3)、石英砂(SiO_2)等氧化物,按照分子理论碱度的定义计算,熔渣中碱性氧化物的摩尔分数与熔渣中酸性氧化物的摩尔分数比值小于1,因此为酸性渣。熔渣的氧化性强,焊缝中的氧含量较高,有益的合金元素氧化较多,合金过渡系数较小,熔敷金属中含氢量也较高,热裂和冷裂倾向高,因此焊缝金属的力学性能不如低氢型焊条高。但这类焊条的工艺性好,电弧稳定,脱渣性好,焊缝外表面成形美观波纹细密,飞溅小,对油污、铁锈不敏感,焊接时对焊条烘干要求低,可采用交流或直流电源。

2. 碱性焊条(又称低氢型焊条)

以 E5015 为例,其药皮中含有较多的大理石、萤石等碱性造渣物,以及硅、钛脱氧剂、渗合金剂。其中大理石($CaCO_3$)受热分解出 CO_2 和 CaO,CO_2 作为保护气体,CaO 作为造渣剂与 SiO_2 形成熔点较低的复合盐,同时 CaO 又有脱硫的作用,对熔池、熔滴和焊缝起到联合保护作用(渣气联合保护),因此焊缝中的有害杂质含量少,力学性能尤其是冲击韧性优良,抗热脆性和冷脆性良好。此外,在药皮中加入的 CaF_2 与氢能形成稳定性好的 HF,高温不易分解,也不溶于液态金属中。CaF_2 与 SiO_2 联合脱氢,可形成易挥发的气体 SiF_4,SiF_4 与氢或水作用,生成稳定的 HF,所以碱性焊条焊缝中的氢含量很少。但碱性焊条焊接工艺差,萤石的存在使电弧的稳定性降低,因此 E5015 焊条必须采用直流反接,而 E5016 焊条是在 E5015 焊条的基础上添加了一些稳弧剂,因此可交流和直流电源两用。此外,碱性焊条在焊接前要严格进行烘干,烘干后放入 100~200℃ 保温筒内随用随取。碱性焊条主要用于比较重要的钢结构焊接。

2.1.3 按焊条药皮的主要成分分类

焊条药皮的类型是按药皮主要成分进行划分的。不同类型的药皮,原材料组成和配方不同,因此熔渣的特性也不相同,焊接工艺性能、适用的电源种类、主要特点以及焊缝的力学性能也不相同。其主要成分及适用的电源种类,如表 2.2 所示。

表 2.2 焊条药皮类型

序号	药皮类型	主要成分	适用电源种类及符号	
1	钛型	氧化钛≥35%	直流或交流	DC 或 AC
2	钛钙型	氧化钛 30%以上,碳酸盐 20%以下	直流或交流	DC 或 AC
3	钛铁矿型	钛铁矿≥30%	直流或交流	DC 或 AC
4	氧化铁型	多量氧化铁及较多的锰铁脱氧剂	直流或交流	DC 或 AC
5	高纤维素钠型	有机物 15%以上,氧化钛 30%左右	直流	DC
6	高纤维素钾型	有机物 15%以上,氧化钛 30%左右	直流	DC
7	低氢钠型	钙、镁的碳酸盐和萤石	直流	DC
8	低氢钾型	钙、镁的碳酸盐、萤石和适量的稳弧剂	直流或交流	DC 或 AC
9	铁粉低氢型	钙、镁的碳酸盐、萤石和铁粉	直流或交流	DC 或 AC
10	石墨型	多量石墨	直流或交流	DC 或 AC
11	盐基型	氯化物和氟化物	直流	DC

2.1.4 按焊条特殊用途分类

这种分类主要是根据特殊性能要求所使用的焊条,如超低氢型焊条、低尘低毒焊条、立向下焊条、躺焊焊条、打底层焊条、防潮焊条、水下焊条、高效铁粉焊条、重力焊条等。

2.2 电焊条的构造

焊条是由焊芯和药皮两部分组成,其结构如图2.1所示。在焊条的焊芯(焊丝)表面压涂上适当厚度的药皮,焊芯是焊条电弧焊的电极。各种焊条的药皮都有一定的厚度,通常用药皮重量系数来表示药皮与焊芯的相对重量比,即 K =(药皮的重量/相同药皮部分的焊芯重量)× 100%。

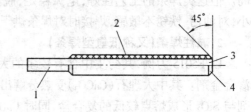

图2.1 焊条的结构
1—夹持端;2—药皮;3—焊芯;4—引弧端

如果 $K = 30\% \sim 50\%$ 称为厚药皮焊条,$K = 1\% \sim 2\%$ 称为薄药皮焊条。目前市场上使用的都是厚药皮焊条。

2.2.1 焊芯

焊芯作为电极在焊接中有两个作用,一是传导焊接电流,产生焊接电弧把电能转变成热能;二是焊芯本身熔化作为填充材料与母材一起形成焊缝。一个优质的焊缝中,焊芯所占的比例约为50% ~ 70%,因此焊芯的成分直接影响到焊缝的力学性能、耐蚀性能和焊条的工艺性能等。

焊条中的焊芯采用的都是专用焊丝。根据不同的焊条所用的焊芯成分与药皮组成配合,焊芯成分与母材成分可以是同质,也可以是异质的。常用各种焊条所用的焊芯(钢丝)如表2.3所示。实心焊丝的牌号以 H08A 为例,分别表示如下。

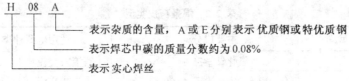

表2.3 焊条所用焊芯

序号	焊条种类	所用焊芯	序号	焊条种类	所用焊芯
1	低碳钢焊条	低碳钢(H08A)	5	堆焊焊条	低碳钢或合金钢
2	低合金高强钢焊条	低碳钢或低合金钢	6	铸铁焊条	低碳钢、铸铁或非铁合金
3	低合金耐热钢焊条		7	有色金属焊条	有色金属
4	不锈钢焊条	不锈钢或低碳钢			

熔化焊用碳钢和低合金钢焊条的焊芯均采用国家标准的低碳钢焊条用钢,其焊芯的牌号和化学成分,如表2.4所示。

表 2.4 常用焊芯的牌号和化学成分(GB/T14957—1994)

钢类	钢号	化学成分(质量分数)/%							
		碳	锰	硅	铬	镍	铜	硫	磷
碳钢	H08A	≤0.10	0.35~0.60	≤0.030	≤0.20	≤0.30	≤0.20	≤0.030	≤0.030
	H08E	≤0.10	0.35~0.60	≤0.030	≤0.20	≤0.30	≤0.20	≤0.020	≤0.020
	H08C	≤0.10	0.35~0.60	≤0.030	≤0.10	≤0.30	≤0.10	≤0.015	≤0.015
	H08MnA	≤0.10	0.80~1.10	≤0.07		≤0.30	≤0.20	≤0.030	≤0.030
	H15A	≤0.11~0.18	0.35~0.65	0.30				≤0.030	≤0.030
低合金钢	H10Mn2	≤0.12	1.50~1.90	≤0.07	≤0.20	≤0.30	≤0.20	≤0.035	≤0.035
	H08MnSi	≤0.11	1.20~1.50	0.40~0.07	≤0.20	≤0.30	≤0.20	≤0.035	≤0.035
	H10MnSi	≤0.14	0.60~0.90	≤0.07	≤0.20	≤0.30	≤0.20	≤0.035	≤0.035
	H11MnSiA	0.07~0.15	1.00~1.50	0.65~0.95	≤0.20	≤0.30	≤0.20	≤0.025	≤0.035

焊条标准 GB/T5117—1995(碳钢焊条)、GB/T5118—1995(低合金钢焊条)和 GB983—1995(不锈钢焊条)分别规定了焊条的基本尺寸,如表 2.5 所示。

焊芯的直径即为焊条直径,如 $\phi2$、$\phi3.2$、$\phi4$、$\phi5$(或 $\phi4.8$)、$\phi5.6$(或 $\phi5.8$)、$\phi6.0$、$\phi8.0$ 等,单位为 mm,生产中用量最多的是 $\phi3.2$、$\phi4$ 和 $\phi5$ 焊条。JB/T6964—1993《特细碳钢焊条》,规定了有 $\phi0.6$、$\phi0.8$、$\phi1.0$、$\phi1.2$、$\phi1.4$、$\phi1.6$ 等焊条。

表 2.5 焊条直径与焊条长度范围/mm

焊条直径	焊条直径极限偏差	碳钢焊条长度	低合金钢焊条长度	不锈钢焊条长度	焊条长度极限偏差
1.6	±0.05	200,250	—	220~240	±2.0
2.0		250,300	250~300		
2.5				220~240 或 290~310	
3.2		350,400	340~360	300~320 或 340~360	
4.0			390~410	340~360 或 380~400	
5.0		400,500		340~360 或 380~400	
5.6、6.0(5.8)			400~450	340~360 或 380~400	
6.4、8.0		500,650	—	—	

在低氢型焊条药皮中碱性氧化物占主导地位,电离电位高的物质多,所以引弧较酸性焊条药皮困难。为了克服低氢型焊条的这一不足,可以在焊条前端涂引弧剂和减小焊芯前端的截面积来增加引弧电流密度,如图 2.2 所示,由此提高焊条的引弧性能。

普通焊条的断面有两层结构,中间是实心焊丝外面涂有药皮。对于一些有特殊性能要求的焊条可以制作成图 2.3 所示断面形状,图 2.3(a)是为了改善低氢型焊条的工艺性能而设计的,两层药皮的配方不同,作用也不同;图 2.3(b)的焊芯为管状焊条,外表面涂

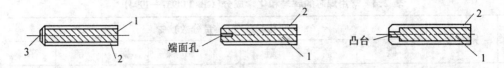

图 2.2 焊芯前端结构
1—焊芯;2—药皮;3—引弧剂

有药皮,而中心添加按不同比例配制成具有一定粒度的合金粉末、涂料、耐磨合金粉末等,管状焊条应用最多的地方是耐磨堆焊焊接;图 2.3(c)为双焊芯焊条,外表面涂有药皮,双焊芯焊条可以提高熔敷率,节约电能。

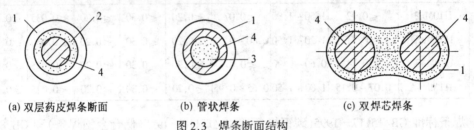

(a) 双层药皮焊条断面　　(b) 管状焊条　　(c) 双焊芯焊条

图 2.3 焊条断面结构
1—药皮Ⅰ;2—药皮Ⅱ;3—合金剂;4—焊芯

2.2.2 药皮

仅焊丝焊接时,由于焊丝端部、熔滴、熔池等没有保护,在高温电弧的作用下金属氧化严重,使有益元素被氧化,空气中的有害气体进入熔池产生气孔,导致引弧困难,焊接电弧不稳,飞溅严重,焊缝成形不好等。为此,焊条药皮必须具备以下作用。

一是利用药皮在熔化后形成气体和熔渣对焊条端部、熔池、焊缝起机械保护作用。防止有害气体的浸入,如 $CaCO_3(大理石) \xrightarrow{加热} CaO + CO_2\uparrow$,其中 CO_2 可以起机械保护作用;

二是熔渣与液态金属进行物、化反应除去有害杂质,如 CaO 可以脱掉 S、P,除去 O_2、N_2、H_2 等,补充有益元素,提高抗气孔和裂纹能力,保证焊缝的成分和性能;

三是改善焊接工艺性能,保证电弧在焊接中能稳定燃烧,飞溅少,焊缝成形好,易脱渣,适用各种位置的焊接等。

根据药皮组成在焊接过程中所起的作用,每种焊条药皮中的组成物大约在七、八种以上。各种原材料根据其在药皮中的作用可分为稳弧剂、造气剂、造渣剂、脱氧剂、合金剂、增塑剂、黏结剂等,其原材料和作用如表 2.6 所示,而常用原材料的主要成分如表 2.7 所示。

表 2.6 焊条药皮原材料及作用

名 称	原 材 料	作 用
稳弧剂	长石、水玻璃、金红石、钛白粉、纯碱、大理石、云母、钛铁矿、还原钛铁矿、木粉、纤维素、水玻璃等	主要使焊条引弧容易并且保持焊接中电弧稳定燃烧
造渣剂	大理石、萤石、白云石、菱苦土、长石、白泥、白土、云母、石英、金红石、钛白粉、钛铁矿、还原铁等	形成具有一定物理性能熔渣保护熔滴、熔池金属不受空气影响,改善焊缝成形

续表 2.6

名称	原材料	作用
造气剂	碳酸盐(大理石、白云石、菱苦土、碳酸钡等);有机物(木粉、淀粉、纤维素、树脂等)	碳酸盐和有机物在焊接电弧作用下分解出气体,隔离空气,保护焊接区
脱氧剂	锰铁、钛铁、硅铁、钼铁、铝铁、钨粉、金属铬等	焊接过程中,通过化学冶金反应,降低焊缝金属中的氧含量,提高焊缝金属的力学性能
合金剂	铁合金(锰铁、铌铁、硅铁、钼铁、钒铁、硼铁等);纯金属(金属锰、金属铬、镍粉、铁粉等)	用于补偿焊接过程中焊缝金属中有益元素的烧损及向焊缝中过渡有益合金元素
增塑剂	云母、白泥、钛白粉、滑石粉、粘土、膨润土、纤维素等	用于提高药皮涂料在焊条压涂过程中的塑性、弹性及流动性,提高焊条的压涂质量
黏结剂	水玻璃、酚醛树脂、树胶等	用于把药皮原材料牢固黏结在焊芯表面,并且焊条烘干后具有一定的强度,同时对焊条工艺性影响较小,对冶金过程中无有害作用

表 2.7 常用原材料的主要成分

原材料名称	主要成分	原材料名称	主要成分	原材料名称	主要成分
大理石	$CaCO_3$	金红石	TiO_2	钛铁	Ti,Fe
长石	$SiO_2, Al_2O_3, K_2O + Na_2O$	钛白粉	TiO_2	金属铬	Cr
萤石	CaF_2	云母	SiO_2, Al_2O_3, K_2O	镍粉	Ni
钛铁矿	TiO_2, FeO, Fe_2O_3	菱苦土	$MgCO_3$	钾水玻璃	$K_2O \cdot mSiO_2 \cdot nH_2O$
赤铁矿	Fe_2O_3	锰铁	Mn,Fe	钠水玻璃	$Na_2O \cdot mSiO_2 \cdot nH_2O$
白泥	SiO_2, Al_2O_3	硅铁	Si,Fe	木粉、淀粉、纤维素	C,O,H

2.3 电焊条型号与牌号

2.3.1 焊条型号

焊条型号是以国家标准为依据,主要反映焊条、焊条类型、焊条特点(包括熔敷金属抗拉强度及化学组成、使用温度范围、焊芯金属类型等)、药皮类型及焊接电源种类。各种类型的焊条其型号都有不同的表示方法。

1.碳钢与低合金钢焊条型号的划分及编排方法

(1)主体代号及含义

根据 GB/T5117—1995《碳钢焊条》和 GB/T5118—1995《低合金钢焊条》标准规定。碳钢焊条型号根据熔敷金属的力学性能、药皮类型、焊接位置和焊接电流种类进行划分。碳钢焊条型号编排方法以字母 E 后加四位数字表示。"E"表示焊条;前两位数字表示熔敷金属抗拉强度的最小值,单位为 MPa,如表 2.8 所示;第三位数字表示焊条的焊接位置,"0"及"1"表示焊条适用于全位置焊接(平焊、立焊、仰焊、横焊),"2"表示适用于平焊及平角焊,"4"表示焊条适用于向下立焊;第三、四位数字组合表示焊接电源种类和药皮类型,如表 2.9 所示。

表2.8　部分焊条熔敷金属抗拉强度

焊条类别	国　标	"E"后面的前两位数字	熔敷金属抗拉强度不小于/MPa
碳钢焊条	GB/T5117—1995	43	420
		50	490
低合金钢焊条	GB/T5118—1995	50	490
		55	540
		60	590
		70	690
		90	880

表2.9　焊条第三、四位数字组合表示的含义

焊条后第三、四位数字组合	药皮类型	焊接位置	电源种类	备　注
00	特殊型	平、立、仰、横	交流或直流正、反接	1.平—平焊 2.立—立焊 3.仰—仰焊 4.横—横焊 5.平角焊—水平角焊 6.立向下—向下立焊 7.立焊和仰焊的焊条直径不大于4.0 mm
01	钛铁矿型			
03	钛钙型			
10	高纤维素钠型		直流反接	
11	高纤维素钾型		交流或直流反接	
14	铁粉钛型		交流或直流正、反接	
15	低氢钠型		直流反接	
16	低氢钾型		交流或直流反接	
18	铁粉低氢钾型			
20	氧化铁型	平	交流或直流正接	
22		平角焊		
23	铁粉钛钙型	平、平角焊	交流或直流正、反接	
24	铁粉钛型			
27	铁粉氧化铁型	平、平角焊	交流或直流正接	
28	铁粉低氢型		交流或直流反接	
48	铁粉低氢型	平、低、横、立向下		

(2)附加代号及含义

如果四位数字后面有附加代号"R"字母则表示耐吸潮焊条,附加"M"字母则表示对吸潮和力学性能有特殊规定的焊条,附加"－1"则表示冲击性能有特殊规定的焊条。JB/T6964—1993规定,附加"－S"则表示特细焊条。如 E5018-1、E5018M、E5018R、E4313-S 等。

低合金钢焊条第四位数字后的字母与前面数字用短线"-"分开,字母 A1、B1、B2、D1 等为熔敷金属化学成分分类代号,如果还有其他附加化学成分,则直接用元素符号表示,并以短线"-"与后缀字母分开。

低合金钢焊条举例:

```
EXXXX - △ - △
            │   └─ 表示附加成分,以元素符号表示
            └───── 表示熔敷金属的化学成分分类代号以字母表示,如表2.10
```

表2.10 低合金钢焊条熔敷金属

型号	化学成分(质量分数)/%											
	C	Mn	Si	Ni	Cr	Mo	V	Nb	W	B	P	S
碳钼钢焊条												
E5010 - A1	0.12	0.06	0.41			0.40~0.65					0.035	0.035
E5015 - A1	0.12	0.90	0.60			0.40~0.65					0.035	0.035
E5027 - A1	0.12	1.00	0.40			0.40~0.65					0.035	0.035
铬钼钢焊条												
E5500 - B1	0.05~0.12	0.90	0.60			0.40~0.65					0.035	0.035
E5516 - B2	0.05~0.12	0.90	0.60			0.40~0.65					0.035	0.035
E5518 - B2L	0.05	0.90	0.80			0.40~0.65					0.035	0.035
镍钢焊条												
E5515 - C1	0.12	1.25	0.60	2.00~2.75							0.035	0.035
E5016 - C1L	0.05	1.25	0.50	2.00~2.75							0.035	0.035
E5516 - C2	0.12	1.25	0.60	3.00~3.75							0.035	0.035
镍钼钢焊条												
E5518 - NM	0.10	0.80~1.25	0.60	0.80~1.10	0.05	0.40~0.65	0.20		Cu 0.10		0.02	0.03
锰钼钢焊条												
E6015 - D1	0.12	1.25~1.75	0.60			0.25~0.45					0.035	0.035
E7015 - D2	0.15	1.65~2.00	0.60			0.25~0.45					0.035	0.035

注:E5518-NM型焊条铝的质量分数不大于0.05%

2.不锈钢焊条型号的划分及编排方法

按 GB/T983—1995《不锈钢焊条》标准规定,不锈钢焊条型号由首字母"E"表示焊条、"E"后面的数字表示熔敷金属的化学成分分类代号、焊接位置、焊接电源种类划分。对有特殊要求的化学成分,用该元素符号表示并放在数字的后面。短线"-"后缀的两位数字

表示焊条的药皮类型、焊接位置及焊接电源种类,如表 2.11 所示。

按 GB/T983—1995 不锈钢焊条型号含义举例说明:

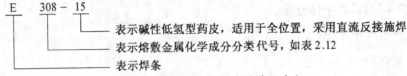

表 2.11 不锈钢焊条后两位数字表示含义

后两位数	药皮类型	电源种类	焊接位置	特　　点
-15	碱性低氢型	直流反接	全位置	25 型焊条的焊芯可用低碳钢等焊芯,通过药皮过渡合金元素,25 型焊条药皮外径尺寸一般较 15 型焊条大
-25	碱性低氢型	直流反接	平焊、横焊	
-16	低氢型、钛型或钛钙型	交、直流两用	全位置	16 型焊条可以是碱性药皮,也可是钛型或钛钙型药皮
-17	低氢型、钛型或钛钙型	交、直流两用	全位置	17 型药皮是 16 型的变形,通常是用 SiO_2 代替部分 TiO_2,表示为钛钙型药皮,焊接熔化速度快,抗发红性能优良
-26	低氢型、钛型或钛钙型	交、直流两用	平焊、横焊	26 型与 16 型药皮相似,但 26 型焊条的焊芯可用低碳钢等焊芯,通过药皮过渡合金元素,26 型焊条药皮外径一般较 16 型焊条粗

```
E  317  MoCu-25
│   │    │    │
│   │    │    └─ 表示碱性低氢型药皮,适合于平、横焊,采用直流反接施焊
│   │    └───── 表示熔敷金属中 Mo 和 Cu 的含量有特殊要求
│   └────────── 表示熔敷金属化学成分分类代号
└────────────── 表示焊条
```

表 2.12 部分不锈钢焊条的熔敷金属的化学成分(质量分数)/%

型　号	C	Cr	Ni	Mo	Mn	Si	P	S	其他
E308-××	0.08	18.0~21.0	9.0~11.0	0.75	0.5~2.5	0.9	0.040	0.030	Cu:0.75
E308H-××	0.04~0.08								
E308L-××	0.04								
E308 Mo-××	0.08		9.0~12.0	2.0~3.0					
E317 Mo Cu L-××	0.04		2.0~14.0	2.0~2.5			0.035		Cu:2.0
E320 LR-××	0.03	19.0~21	32.0~36.0	2.0~3.0	1.5~2.5	0.30	0.020	0.015	Cu:3.0~4.0 Nb:8×C~0.40
E11 MoV Ni-××	0.19	9.5~11.5	0.6~0.9	0.6~0.9	0.5~1.0	0.50	0.035	0.030	Cu:0.5 V:0.20~0.40

注:1.表中单值均为最大值;
    2.焊条型号中的字母 H 表示碳的质量分数较高,L 表示碳的质量分数较低,R 表示碳、磷、硅的质量分数较低。

3. 铸铁焊条型号的划分及编排方法

按 GB/T10044—1988《铸铁焊条及焊丝》标准规定，铸铁焊条型号由首字母"E"表示焊条，字母"Z"表示焊条用于铸铁焊接，在"EZ"后面用熔敷金属主要化学元素符号或金属类型代号表示，如表 2.13 所示。

表 2.13 铸铁焊条的类别及型号

焊条类别	焊条型号	焊条名称	主要特点
铁基焊条	EZC	灰铸铁焊条	焊芯可以是碳钢或铸铁芯，强石墨化型药皮的铸铁焊条，组织、性能、颜色与灰铸铁相近，铸铁焊芯可以冷焊
	EZCQ	球墨铸铁焊条	焊芯可以是钢芯或铸铁芯，强石墨化型药皮的球墨铸铁焊条，焊缝具有良好的力学性能，抗裂性能良好
镍基焊条	EZNi	纯镍铸铁焊条	纯镍芯，强石墨化型药皮的铸铁焊条，适用于铸铁冷焊，其焊缝的塑性、韧性、抗裂性能、切削加工性能均好于其他铸铁焊条
	EZNiFe	镍铁铸铁焊条	镍铁芯，强石墨化型药皮的铸铁焊条，适用于铸铁冷焊，焊缝的强度高、塑性好、抗裂性能优良。与灰铸铁熔合良好
	EZNiCu	镍铜铸铁焊条	镍铜合金铁芯，强石墨化型药皮的铸铁焊条，适用于铸铁冷焊，其工艺性能和切削加工性能与以上两种镍基焊条接近，但收缩率大，抗拉强度较低
	EZNiFeCu	镍铁铜铸铁焊条	镍铁铜合金铁芯或镀铜镍铁芯，强石墨化型药皮的铸铁焊条，适用于铸铁冷焊，具有强度高、塑性好、抗裂性能优良，与灰铸铁熔合良好
其他焊条	EZFe	纯铁及碳钢焊条	纯铁及碳钢焊芯，熔合区白口严重，容易开裂，不能机械加工
	EZV	高钒铸铁焊条	低碳钢焊芯、低氢型药皮焊条，药皮中含有大量的钒铁，碳化钒可均匀地分布在基体上，焊缝的强度较高，致密性好，熔合区白口较严重，加工困难

按 GB/T10044—1988 铸铁焊条型号含义举例说明：

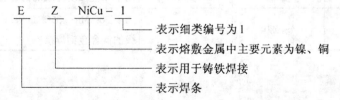

2.3.2 焊条牌号

凡属同一药皮类型符合相同焊条型号性能相似的焊条产品统一命名焊条牌号。每一种焊条产品只有一个牌号,多种牌号的焊条可以同时对应一个型号。我国最早焊条牌号按照 GB980—1976《焊条分类及型号编制方法》制订的,现行国家标准有 GB/T5117—1995、GB/T5118—1995、GB/T983—1995 和 GB984—1985 等。

1. 结构钢焊条(包括低合金高强钢焊条)

结构钢焊条牌号采用以一个汉语拼音字母或汉字打头与后面三位数字串联表示。其中拼音字母或汉字表示焊条各大类,而后面的三位数字中,前两位数字表示各大类中的若干小类,第三位数字表示各种焊条牌号的药皮类型及焊接电源种类。以 J422 为例,焊条牌号表示如下:

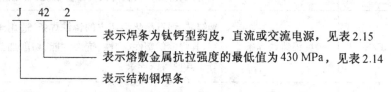

表示焊条为钛钙型药皮,直流或交流电源,见表 2.15
表示熔敷金属抗拉强度的最低值为 430 MPa,见表 2.14
表示结构钢焊条

表 2.14 部分结构钢焊条的力学性能及用途

焊条牌号	焊条牌号举例	熔敷金属 σ_b /MPa	熔敷金属 σ_s /MPa	用途
J42×	J420G	≥412	≥340	用于高温高压电站碳钢管道全位置焊接
J50×	J502	≥490	≥410	用于 Q345 及相同强度等级及低合金钢的一般结构焊接
J55×	J557 MoV	≥540	≥440	用于中碳钢及低合金钢重要结构的焊接,如 15MnV、15MnVN、14MnMoVN 等
J60×	J607	≥590	≥530	用于 15MnVN 等合金钢的焊接
J70×	J707RH	≥690	≥590	具有良好的低温韧性、塑性和抗裂性能,用于相应强度等级的低合金钢重要产品和船体结构的焊接
J75×	J757	≥740	≥640	用于相应强度等级的低合金钢焊接
J80×	J807	≥780	—	用于 14MnMoNbB 等相应强度等级的低合金钢焊接
J85×	J857	≥780	≥740	用于相应强度等级的低合金钢焊接
J10×	J107Cr	≥980	—	用于 30CrMnSi、35CrMo 等 $\sigma_b \geq 980$ MPa 等级的低合金钢焊接

表 2.15 焊条牌号第三位数字的含义及举例

序号	焊条牌号	药皮类型	焊接电源种类	
1	□××0	不定型	不规定	
2	□××1	氧化钛型	直流或交流	DC 或 AC
3	□××2	钛钙型	直流或交流	DC 或 AC
4	□××3	钛铁矿型	直流或交流	DC 或 AC
5	□××4	氧化铁型	直流或交流	DC 或 AC
6	□××5	纤维素型	直流或交流	DC 或 AC
7	□××6	低氢钾型	直流或交流	DC 或 AC
8	□××7	低氢钠型	直流	DC
9	□××8	石墨型	直流或交流	DC 或 AC
10	□××9	盐基型	直流	DC

注：盐基型主要的有色金属焊条。

对有特殊性能和用途的结构钢焊条，在牌号后面标注起主要作用的元素或主要用途的拼音字母，如 J557MoV、J707NiW 等，如表 2.16 所示。

表 2.16 焊条牌号后各种字母符号表示的含义

字母	焊条	表示的含义	字母	焊条	表示的含义
D	J507D	底层焊条	LMA	J506LMA	低吸潮焊条
DF	J507DF	低尘焊条	R	J507G	压力容器用焊条
Fe	J507 Fe	铁粉焊条	RH	J556RH	高韧性超低氢焊条
Fe15	J422 Fe15	铁粉焊条，其名义熔敷率150%	SL	J507SLA	渗铝钢焊条
Fe16	J502 Fe16	铁粉焊条，其名义熔敷率160%	X	J421X	向下立焊用焊条
G	J505G	高韧性焊条	XG	J507XG	立向下管道焊条
GM	J506GM	盖面焊条	Z	J503Z	重力焊条
GR	J507GR	高韧性压力容器用焊条	CuP	J502 CuP	耐大气腐蚀焊条
H	J507H	超低氢焊条	CrNi	J507 CrNi	耐海水腐蚀焊条

2.不锈钢焊条

不锈钢焊条牌号采用以一个汉语拼音字母"G"（或汉字"铬"）或"A"（或汉字"奥"）打头与后面的三位数字串联表示。其中拼音字母或汉字表示铬不锈钢焊条或奥氏体铬镍不锈钢焊条。牌号后的第一位数字表示熔敷金属主要化学成分(质量分数)；牌号后的第二位数字表示同一焊缝金属主要化学成分组成等级中的不同牌号；牌号后的第三位数字表示药皮类型及焊接电源种类，如表 2.15 所示。表 2.17 为不锈钢焊条牌号含义。

表 2.17 不锈钢焊条牌号

代号(汉字)	第一位数字(质量分数)	第二位数字	举 例
G(铬)	2 表示 Cr≈13%； 3 表示 Cr≈17%	同一组成等级的焊条，有十个序号，按 0,1,2,3,4,5,6,7,8,9 顺序编排，以区别铬、镍之外的其他成分	G 3 0 2 — 钛钙型药皮，交直流两用 — 牌号编号为 0 — 熔敷金属铬的质量分数约为17% — 铬不锈钢焊条
A(奥)	0 表示 C≤0.04%超低碳； 1 表示 Cr≈19%、Ni≈10%； 2 表示 Cr≈18%、Ni≈12%； 3 表示 Cr≈23%、Ni≈13%； 4 表示 Cr≈26%、Ni≈21%； 5 表示 Cr≈16%、Ni≈25%； 6 表示 Cr≈16%、Ni≈35%； 7 表示 Cr-Mn-N 不锈钢； 8 表示 Cr≈18%、Ni≈18%； 9 表示待发展		A 3 0 2 — 钛钙型药皮，交直流两用 — 牌号编号为 0 — 熔敷金属铬的质量分数约为23%，Ni 的质量分数约为13% — 奥氏体不锈钢焊条

3.铸铁焊条

铸铁焊条牌号采用以一个汉语拼音字母"Z"(或汉字"铸")打头与后面的三位数字串联表示。其中拼音字母或汉字表示铸铁焊条，牌号后的第一位数字表示熔敷金属主要化学成分(质量分数)组成类型；牌号后的第二位数字表示同一熔敷金属主要化学成分组成类型中的不同序号；牌号后的第三位数字表示药皮类型及焊接电源种类，如表 2.15 所示。表 2.18 为铸铁焊条牌号含义。

表 2.18 铸铁焊条牌号

代号(汉字)	第一位数字(质量分数)	第二位数字	举 例
Z(铸)	1 表示碳钢或高钒钢； 2 表示铸铁(包括球墨铸铁)； 3 表示纯镍； 4 表示镍铁合金； 5 表示镍铜合金； 6 表示铜铁合金； 7 表示待发展	同一成分组成类型焊条，有十个牌号，按 0,1,2,3,4,5,6,7,8,9 顺序编排	Z 5 0 8 — 石墨型药皮，交直流两用 — 牌号编号为 0 — 熔敷金属主要化学成分组成类型为镍铜 — 铸铁焊条

2.4 焊条的检验

为了保证焊接质量，首先要检查焊条外包装上是否有牌号、型号、国标号、规格、数量、批号、制造厂名、商标、厂址、出厂日期、检验标记、生产许可证号、检验号印章等，每包焊条包内应有生产厂家的质量合格证。凡包装无合格证的焊条一律不宜使用，对有合格证但对质量有怀疑的，应按批抽查实验，合格后方可使用。焊条的检验应依照相应的国家标准、部颁标准。焊条成品检验包括焊条外观质量、焊接工艺性能、焊缝的理化性能检验等。

2.4.1 焊条外观质量检验

焊条的外观质量包括焊条偏心度、焊条直径、焊条长度、焊条弯曲度、焊条药皮长度、药皮强度、耐潮性、裂纹、气泡、竹节、损伤、破头、包头、磨尾长度和印字等。下面就焊条偏心度、焊条药皮强度、焊条药皮耐潮湿性、焊条弯曲度、焊条药皮外表检验方法做简要介绍。

1. 焊条偏心度的检验方法

焊条偏心度示意图如图2.4所示，其计算方法如下：

$$焊条偏心度 = \frac{T_1 - T_2}{\frac{1}{2}(T_1 + T_2)} \times 100\% \tag{2.1}$$

式中　T_1——焊条断面药皮最大厚度与焊芯直径之和；

　　　T_2——焊条断面药皮最小厚度与焊芯直径之和。

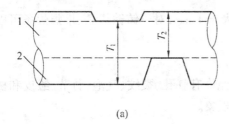 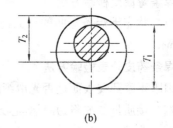

(a)　　　　　　　　　　　　　　(b)

图2.4　焊条偏心度示意图
1—焊芯；2—药皮

凡冷拔加工焊芯的焊条，如碳钢焊条、不锈钢焊条、铸铁焊条和堆焊焊条等，其偏心度应符合表2.19的规定。对于非冷拔焊芯，如铸芯、锻造芯，其偏心度应符合表2.20的规定。

表2.19　冷拔焊芯焊条

焊条直径 /mm	碳钢、低合金钢、不锈钢焊条偏心度≤/%	堆焊焊条偏心度≤/%
≤2.5	7	7
3.2~4.0	5	7
≥5.0	4	5

表2.20　非冷拔焊芯焊条

焊条直径 /mm	铸铁焊条偏心度≤/%	堆焊焊条偏心度≤/%
≤4.0	15	10
5.6	10	10
≥8.0	7	10

焊条偏心度的测量应在专用偏心仪上进行，由偏心仪直接读出焊条的 $T_1 - T_2$ 的偏心值。同时也可在距焊条端头25 mm以上，刮去焊条表面药皮，用测量精度高的测量工具测量出 T_1 和 T_2 的值。检测中，同一根焊条至少应检测2处，而且要求2处之间的距离应大于100 mm，用尺寸大的再按公式(2.1)进行计算得出焊条偏心度。

2. 焊条药皮强度检验方法

将焊条平置0.3~1 m高(根据焊条类型和直径选择)，自由平行落到光滑的、厚度不小于14 mm水平放置的钢板表面。被检测的焊条药皮破裂只允许发生在焊条两端，碳钢焊条、低合金钢焊条、不锈钢焊条、铸铁焊条强度实验参数及规定如表 2.21 所示。

表 2.21 焊条强度实验参数

焊条类型	焊条直径/mm	焊条自由落下高度/m	焊条两端药皮破裂总长≤/mm
碳钢焊条、低合金钢焊条、不锈钢焊条	<4	1	30
	≥4	0.5	40
铸铁焊条	<4	0.7	30
	4~5	0.5	
	≥6	0.3	

3. 焊条药皮耐潮湿性检验方法

将焊条在 15~25 ℃的水中浸放 4 h(铸铁焊条 0.5 h)后观察,药皮不应有胀开或剥落现象。

4. 焊条弯曲度检验方法

在自由状态下焊条弯曲的最大挠度不大于 1 mm,对于铸铁焊条、堆焊焊条可以不大于 1.5 mm。

5. 焊条药皮外表检验方法

用肉眼观察药皮表面是否光滑细腻,不允许有气孔、裂纹、气泡、竹节、皱皮和机械损伤等影响焊接质量的缺陷,并且焊芯无锈蚀现象。

2.4.2 焊条的焊接工艺性能检验

质量好的焊条焊接中电弧燃烧稳定,再引弧性好,焊条药皮和焊芯熔化均匀同步,飞溅少,焊缝表面熔渣薄厚覆盖均匀,保护性能好,焊缝成形美观,脱渣容易,焊条适应全位置焊接,焊接烟尘少等。下面就电弧燃烧稳定性、电弧的再引弧性、焊条脱渣性检验方法做简要介绍。

1. 电弧燃烧稳定性检验方法

电弧的稳定性包括电弧的持续性、集中性和吹力大小。电弧的稳定性可以通过示波器或数字式电弧电压分析仪等来测定,也可采用断弧长度和灭弧次数来表示。

(1)断弧长度检验

断弧长度检验是通过断弧长度测定仪检验的,其工作原理将焊条垂直装夹在特制的胎架上,焊条下方水平放置一块钢板,焊条与钢板分别接电源两极。开启电源后用碳棒引燃电弧,随着焊条的熔化,其长度缩短,电弧长度逐渐增加。当电弧达到一定长度不能维持燃烧时,电弧自行熄灭,测量从焊缝顶端至焊芯端头的距离即为断弧长度。一般以 3 次的平均值为该焊条的断弧长度,断弧长度大者表明电弧的稳定性为优。

(2)平均断弧次数检验

在相同的胎架和实验条件下,将焊条倾斜并与钢板成 70°夹角。用直线运条,施焊一整根焊条,观察记录灭弧、喘息的次数,以平均断弧次数 = (断弧次数 + 0.5×"喘息"次数)来评定电弧的稳定性,次数多则为电弧稳定性差。

2.电弧再引弧性能检验方法

在同等实验条件下,将同类数种焊条分别在试板上施焊,当焊至焊条 1/2 处时,立即断弧,待停弧一定时间(如 3 s、4 s、5 s、6 s、7 s 等)后,再将焊条分别移至另一块冷钢板上轻轻接触,观察电弧可否引燃。如此反复不断延长停弧时间,直至不能再引弧为止(停弧时间不超过 30 s)。断弧间隔时间越长,亦能引燃者表明再引弧性能越好。

3.焊条脱渣性检验方法

采用 400 mm × 110 mm × 14 mm、坡口角度 70°±1°、钝边 1 mm、不留间隙的试板,进行焊条电弧焊。施焊时试板两端空出不焊,第一层焊缝长为 250~300 mm,第二层焊缝长为 200 mm。每焊完一层焊缝停 1 min 后,开始做锤击实验。

锤击实验方法:将质量为 1 kg 的钢球,置于离焊接试板 2m 的支架上,使钢球自由跌落到焊接试板的背面,连击预定的次数(一般为 1 min 内 10 次),观察并测量脱渣长度,然后按公式(2.2)计算脱渣率:

$$脱渣率 = \frac{焊缝总长(mm) - 未脱渣的焊缝长度(mm)}{焊缝总长(mm)} \times 100\% \tag{2.2}$$

脱渣率越大表明焊条的脱渣性能越好。

2.4.3 熔敷金属化学成分检验

熔敷金属的化学成分直接影响到焊缝金属组织、耐蚀性能、力学性能等。制备碳钢焊条、低合金钢焊条和不锈钢焊条熔敷金属化学成分检验试板,应进行多层堆焊。每道焊缝的宽度约为焊芯直径的 1.5~2.5 倍,每焊一层焊缝,应将试板及时在水中冷却到室温。在焊下一道焊缝前应清除第一道焊缝的熔渣并对试板进行干燥处理。堆焊试板处理、最小尺寸及取样距离如表 2.22 所示。化学成分检验也可从其他熔敷金属上取样。

表 2.22 堆焊试板处理、最小尺寸及取样距离

名 称	焊条直径/mm			备 注
	≤2.5	3.2~5.0	>5.0	
堆焊金属最小尺寸/mm	25×25×13	40×40×16	50×50×20	焊前对试板表面除油去锈处理,机械加工取样速度不宜过快
取样位置距试板表面最小距离/mm	6	8	10	

熔敷金属化学成分分别符合 GB/T5117—1995《碳钢焊条》、GB/T5118—1995《低合金钢焊条》、GB/T983—1995《铬不锈钢焊条》、GB/T983—1995《铬镍不锈钢焊条》中相对应型号的熔敷金属化学成分的规定。

2.4.4 熔敷金属力学性能检验

焊缝金属拉伸实验、焊条熔敷金属拉伸实验、焊缝金属冲击实验是碳钢焊条、低合金钢焊条和不锈钢焊条力学性能的重要技术性能指标,其试板的制备、试样的尺寸和实验应符合国家焊条标准的规定。

2.4.5 焊条抗裂性能检验

焊条抗裂性能是焊条最重要的质量指标之一,抗裂试验可以用来确定母材与焊条的裂纹敏感性。抗裂实验以低合金钢焊条为主要研究对象,包括冷裂纹和热裂纹实验。如

"斜 Y 型坡口裂纹试验法"、"插销试验法"是焊条冷裂纹实验方法,"可调拘束裂纹试验法"、"压板对接(FISCO)焊接裂纹试验法"是焊条的热裂纹实验方法。

焊条裂纹的敏感性除了与焊缝金属的化学成分、扩散氢含量及焊接冶金因素有关外,还与热处理制度、焊条强度级别、焊接工艺参数、焊工操作技能、钢结构的拘束度、接头形式等有关。有关规定可参考相应国家标准。

2.5 焊条用量计算

正确估算焊条用量是搞好工程预算、做好生产前准备、焊条采购、焊条消耗定额、焊条发放等所必须的工作。焊条的用量主要与焊接接头形式、接头的坡口形式、坡口角度、坡口间隙大小、焊缝长短、焊接层数等有关。焊条用量可通过计算也可通过查阅焊条用量定额手册等进行估算。下面介绍焊条用量的计算公式:

$$W = \frac{1.2AL\rho}{\eta} \tag{2.3}$$

式中 W——所需要焊条质量,g;
A——坡口横截面积,mm²;
L——焊缝长度,mm;
ρ——焊条熔敷金属密度,g/cm³;
η——熔敷率,%,焊条为 55;TIG、MIG 焊实芯焊丝为 95 等;
1.2——焊缝与余高常数,其中设余高占焊缝的 20%。

例 1 焊条电弧焊对接接头,熔敷金属密度 $\rho = 7.85$ g/cm³;设焊缝长度 $L = 1\,000$ mm,$\eta = 0.55$,求每米焊缝所需用焊条量?

解 已知 $L = 1\,000$ mm;$\rho = 7.85$ g/cm³;$\eta = 0.55$,将已知数代入公式(2.3),即为

$$W = \frac{1.2 \times 1\,000 \times 7.85 \times 10^{-3}}{0.55} \times A \approx 17.13A \approx 0.017A \text{ kg}$$

答:每米焊缝所需焊条量约为 $0.017A$ kg。

常用坡口焊缝横截面积 A 的计算如表 2.23 所示。

例 2 焊条电弧焊,T 形接头,熔敷金属密度 $\rho = 7.85$ g/cm³;设焊缝长度 $= 1\,000$ mm 时,焊脚尺寸 $K = 10$ mm,$\eta = 0.55$,求所需多少公斤焊条?

解 已知 $L = 1\,000$ mm、$\rho = 7.85$ g/cm³、$K = 10$ mm、$\eta = 0.55$,将已知数代入公式(2.7),求出焊脚横截面积,再代入公式(2.3),即为

$$W = \frac{1.2AL\rho}{\eta} = \frac{1.2 \times \frac{1}{2} \times 100 \times 1\,000 \times 2 \times 7.85 \times 10^{-3}}{0.55} \approx 1\,712.73 \text{ g} \approx 1.713 \text{ kg}$$

答:需要焊条 1.713 kg 焊条。

表 2.23 常用坡口横截面计算

坡口形式	简 图	计算公式	
不带钝边 I 形单面对接焊缝		$A = \delta b + \dfrac{2}{3}hc$	(2.4)
不带钝边 I 形双面对接焊缝		$A = \delta b + \dfrac{4}{3}hc$	(2.5)
钝边 V 形坡口对接焊缝		$A = b\delta + (\delta - p)^2 \cdot \tan \alpha/2$	(2.6)
不开坡口角接接头焊缝		$A = K_1 K_2 / 2$	(2.7)
单边 V 形坡口 T 形接头焊缝		$A = \delta b + \dfrac{(\delta - f)^2 \tan \alpha}{4} + \dfrac{2}{3}hc$	(2.8)
双边 V 形坡口 T 形接头焊缝		$A = \delta b + \dfrac{(\delta - f)^2 \tan \alpha}{4} + \dfrac{4}{3}hc$	(2.9)

2.6 焊条的保管与烘干

制造的钢结构必须安全可靠,高质量的钢结构必须有高质量的焊条作保证。只有高质量的焊条才能加工出高质量的焊缝,才能确保钢结构产品安全可靠。高质量的焊条不仅与焊条的配方设计、焊条制造有关,而且与正确的保管使用也有直接的关系。

2.6.1 焊条的保管

1. 焊条入库前的工作

焊条入库前,应首先检查入库通知单(生产厂库房)或生产厂的质量证明书(用户库房),并检查包装无损坏、无受潮等时方可入库。焊条搬运及摆放时,做到小心轻放,以免损坏包装或将药皮碰掉。

2. 堆放焊条有次序

焊条应按种类、型号(牌号)、批次、规格、焊条生产日期、入库时间等分类摆放,并且应有明确的标识,避免焊条混乱堆放。

3. 仓库内通风良好

焊条贮存应在干燥通风良好的室内仓库(地面和墙壁最好是水泥或瓷砖面),仓库内不允许有带腐蚀性的介质。焊条应摆放在离地面高度不小于 300 mm、离墙壁距离不小于 300 mm 的架子上,架子下应放置干燥剂,保持室内干燥,防止焊条受潮。

4. 保持仓库内温度和湿度

贮存焊条仓库内应设置温度计和湿度计,按照焊条质量管理规程规定,低氢型焊条贮存仓库室温不得低于 5 ℃,相对湿度应小于 60%。

5. 控制贮存焊条的数量

焊条购置要根据每年产品的使用量来确定,仓库内不应过多的贮存焊条,以免焊条过期。对贮存时间超过 1 年以上的焊条,应请质检部门进行复检,合格后方可使用,否则应报有关部门及时处理。

6. 发放焊条遵守的原则

仓库内的焊条应遵循先入库先发放的原则,每一次发放量不得超过 2 天焊接的使用量。对已出库而且当天没有使用完的焊条,焊工应妥善保管防止损害和吸潮。

7. 特种焊条贮存与保管

特种焊条贮存与保管要求应高于一般性焊条,特种焊条应单独堆放在专用仓库或仓库隔开的区域内。

8. 仓库管理人员应精通业务

仓库管理人员应精通业务会管理,工作认真负责,账、物、卡相符,防止焊条错存、错发、错用,造成质量事故。

2.6.2 焊条使用前的烘干

焊条药皮原材料中含有许多易吸潮的物质,所以出厂时焊条都已经经过烘干,并用塑料袋、纸盒、塑料盒等防潮材料进行了包装,在一定程度上缓解药皮吸潮。实践证明,在贮存中,这些物质仍然会吸收周围空气中的潮气。焊接前如果对焊条中的潮气不进行清除,会使焊接工艺性能变坏,焊条中的水分受热分解的氢气会使焊缝中产生气孔的倾向大大增加,甚至会产生裂纹,因此焊条在使用前应进行严格的烘干,各种药皮类型再烘干温度及相关参数如表 2.24 所示。

表 2.24 药皮类型再烘干温度及相关参数

药皮类型	焊条类别	再烘干温度及参数			
		温度/℃	时间/min	烘干后允许存放时间/h	允许重复烘干次数/次
纤维素型	碳钢焊条	70~100	30~60	6	3
钛型		70~150	30~60	8	5
钛钙型		70~150	30~60	8	5
钛铁矿型		70~150	30~60	8	5
低氢型		300~350	30~60	4	3
非低氢型		75~150	30~60	4	3
钛钙型	高合金钢焊条 耐热钢焊条 低温钢焊条	350~400	60~90	E50××/4 E55××/2 E60××/1	3
				E70~100××/0.5	2
低氢型	铬不锈钢焊条	300~350	30~60	4	3
钛钙型		200~250	30~60	4	3
低氢型	奥氏体不锈钢焊条	250~300	30~60	4	3
钛型、钛钙型		150~250	30~60	4	3
钛钙型	堆焊焊条	150~250	30~60	4	3
低氢型(碳钢芯)		300~350	30~60	4	3
低氢型(合金钢芯)		150~250	30~60	4	3
石墨型		75~150	30~60	4	3
低氢型	铸铁焊条	300~350	30~60	4	3
石墨型		70~120	30~60	4	3

说明:1.一般情况下大规格的焊条应选上限温度及保温时间;
2.对有特殊规定的焊条应按其规定执行。

焊条使用与烘干应遵循的原则:

第一,碱性低氢型焊条使用前必须烘干,烘干后的焊条要避免急冷以防止药皮开裂。

第二,用于焊接重要结构(如高压容器)的低氢型焊条烘干后,应存放温度在100~150℃的低温保温箱或焊条保温筒内,随用随取。对当天未使用完毕的焊条应妥善保管收藏好,防止焊条受潮变质。碱性低氢型焊条次日使用前还需重新烘干。

第三,烘干焊条必须在生产厂家提供的烘干温度和保温时间范围进行。如果烘干温度高于厂家提供的温度,就会使一些有益元素和一些有机物烧损,焊接中因保护气体数量不足,保护效果变差,如果烘干低于厂家提供的温度范围,说明焊条中仍然含有一定数量的水分,两种情况都会增加气孔倾向,因此必须按照提供的温度范围和保温时间进行烘干。

第四,焊条在使用中尽量减少烘干次数,否则,将导致药皮出现疏松、合金元素氧化和有机物烧损,影响使用性能。

思 考 题

1. 酸性和碱性焊条各自有何特点?
2. 焊条中焊芯和药皮的作用有哪些?
3. 简述焊芯牌号的表示方法。
4. 简述各种原材料在药皮中的作用。
5. 简述碳钢和低合金钢焊条型号的编排方法。
6. 简述焊条偏心度的计算方法。
7. 简述焊条药皮强度、弯曲度的检验方法。
8. 简述焊条药皮耐吸潮湿性检验方法。
9. 焊条的焊接工艺性能检验包括哪些内容?
10. 焊条保管包含哪些内容?
11. 焊条使用与烘干应遵循哪些原则?

第3章 焊条电弧焊设备与选用

焊条电弧焊是指用手工操作焊条而进行焊接的电弧焊方法。由弧焊电源输出的两根电缆分别与焊条和焊件连接,由弧焊电源、夹持焊条的焊钳、地线夹头、焊条和焊件组成闭合回路,即焊接回路。

弧焊电源分为弧焊变压器和弧焊整流器。

3.1 焊接电弧

3.1.1 电弧的产生

电弧是各种电弧焊接方法的能源,电弧的实质是焊条与工件之间的气体介质产生的强烈持久的放电现象,是气体放(导)电的一种特殊形式。通过电弧放电,可以将电能转换成焊接所必需而又集中的热能,并伴有强烈的弧光。我们知道,常态下气体是由中性原子或分子组成,一般不会导电。要使气体导电就必须使气体介质不断产生足够多的带电粒子(电子、负离子、正离子)。带电粒子主要来源于激烈的气体电离与阴极的电子发射。气体电离必须对中性原子或分子施加足够高的能量,克服原子核正电荷对核外电子的吸引力。使气体中的中性原子、分子分离成正离子、电子或负离子的过程,称为气体的电离。气体电离所需的最小能量称电离能,不同气体的电离能均不相同。同时要使气体放电能不断持久下去,就必须有电源不断补充能量的消耗。电源的能量是通过电焊机两个电极连接,阴极发射电子来传输的。

综上所述,要使电极之间产生电弧并能稳定地燃烧,就应给阴极与气体加以足够的能量,阴极发生强烈的电子发射,气体介质发生剧烈的电离,从而使两极间充满带电粒子。带电粒子在电场的作用下做定向运动,形成很大的电流,发生强烈的电弧放电,形成连续燃烧的电弧。图3.1为电弧和气体放电示意图。

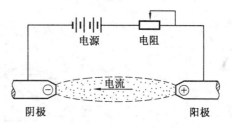

图3.1 电弧和气体放电示意图

3.1.2 焊接电弧的形成过程

焊条电弧焊采用接触短路引弧,引弧时首先将焊条与工件接触,使焊接回路短路,然后立即将焊条提起离焊件表面距离约2~4 mm,在焊条提起的瞬间电弧即被引燃,如图3.2所示,电弧引燃过程。

当焊条末端与焊件表面短路时,由于接触表面不平整,实际只有几点接触,如图3.2(a)箭头所示,接触面积小,而短路电流却很大,所以通过的电流密度非常大,强大的短路电流从接触点通过,产生了大量的电阻热,使焊条端部和焊件接触部位温度急剧升高而熔化,甚至蒸发,如图 3.2(b)所示。当焊条离开焊件的瞬间强大的焊接电流只能从熔化的金属产生细颈处流过,如图 3.2(c)所示,由于电流密度大电阻热骤增,使两极间熔化的金属迅速断开。这时焊机的空载电压立即加在焊条端部与焊件之间,这时阴极表面由于急剧的加热和强电场的吸引产生了强烈的电子发射。这些电子在电场的作用下加速移向阳极。此时焊条与焊件之间已充满了高热的、易电离的金属蒸气和焊条药皮产生的气体,当受到高速运动的电子撞击和气体粒子相互碰撞时,两极间气体迅速电离,在电弧电压的作用下电子和负离子移向阳极,正离子移向阴极。在它们的运动过程中,不断碰撞和复合放出大量的热能,从而形成具有强烈光和热的焊接电弧,如图 3.2(d)所示。这种过程不断进行,电弧便持续稳定燃烧。图 3.3 是焊接过程加热焊条药皮分解放出大量的保护气体和形成熔渣覆盖在熔池和焊缝表面的示意图,其中保护气体可以将熔滴和熔池表面与空气隔离,形成熔渣覆盖在熔池表面隔离空气,覆盖在焊缝金属的表面减缓焊缝金属的冷却速度。

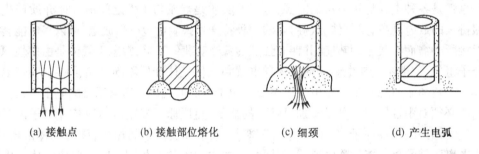

图 3.2 电弧引燃过程

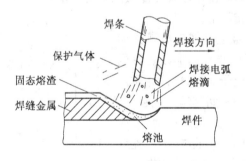

图 3.3 焊条电弧焊简图

3.2 电弧的静特性和电源的外特性

3.2.1 电弧的静特性

在电极材料、气体介质和弧长一定的情况下,电弧稳定燃烧时焊接电流和电弧电压变化的关系称为电弧的静特性,图 3.4 为电弧静特性曲线。

电弧静特性曲线呈 U 形,它有三个不同区域(Ⅰ、Ⅱ、Ⅲ)。当电流在Ⅰ区较小时,电弧静特性属于下降特性区,随着电流的增加电弧电压减小;当电流在Ⅱ区内增大时,电弧特性属于水平特性区,当电流变化时而电弧电压几乎不变;当电流在Ⅲ区内增大时,电弧特性属于上升特性区,电弧电压随着电流的增加而升高。

不同的电弧焊方法,其电弧在正常的使用范围内只工作于静特性曲线中的某一段或两段上。如焊条电弧焊的电弧主要工作于Ⅰ和Ⅱ区,当弧长变化时静特性曲线上下平移,电弧越长静特性曲线向上移动量越大,弧长过长时断弧。在图3.5中,l_1、l_2 分别表示电弧长度为 L_1、L_2 时的静特性曲线;工作在Ⅱ区的有埋弧焊、不熔化极气体保护焊和微束等离子弧焊等弧焊方法;工作在Ⅲ区的有细丝熔化极气体保护焊、等离子弧焊和水下焊等弧焊方法。

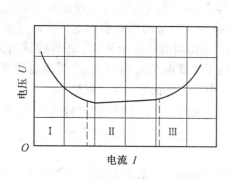

图3.4 电弧静特性曲线

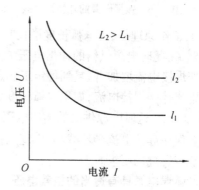

图3.5 焊条电弧焊电源静特性曲线
L_1,L_2—电弧长度

3.2.2 焊条电弧焊的电弧对电源的要求

电弧焊机是为电弧提供电能的装置,为保证电弧稳定工作的要求,弧焊电源在工艺性能和结构方面应达到引弧容易;保证电弧稳定燃烧;保证焊接电流、电弧电压等工艺参数稳定;可方便调节焊接工艺参数,以适应焊接不同性质和厚度不同的钢板;电源节能环保、质量轻、结构简单、制造成本低;安全可靠、工作性能良好、维修简单方便等。

为了达到以上要求弧焊电源应具备以下性能。

1. 弧焊电源具有下降的外特性曲线

在电弧稳定燃烧时,焊接电源输出稳定电流和电源输出端稳定电压间的关系称为电源的外特性。电弧焊时,弧焊电源供电,电弧是电源用电的负载,电源与电弧构成完整的供电系统,为保证该系统的稳定性电源外特性曲线的形状和电弧静特性曲线的形状必须适当配合。

弧焊电源的外特性包括有下降的外特性、平特性和上升的外特性。图3.6为几种弧焊电源的外特性曲线,由图可知,下降的外特性曲线是随着弧焊电源输出电流的增大,电源的输出电压下降。对于焊条电弧焊电源一般要求其为陡降的外特性曲线。

电弧的静特性曲线与电源的外特性曲线的交点就是电弧燃烧的工作点,焊条电弧焊采用的下降外特性曲线与电弧的静特性曲线交点有两点,焊条电弧焊工作点采用点 A_0,如图3.7所示。

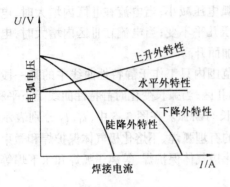
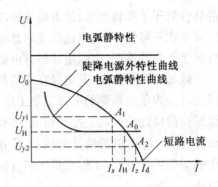

图 3.6 弧焊电源的外特性曲线　　　图 3.7 焊条电弧焊稳定燃烧工作原理

其工作原理是,当电弧长度增长时,电弧的工作点由点 A_0 移到点 A_1,焊接电流由 I_H 减小到 I_x,此时电源供给的输出电压 U_{y1} 大于该电弧稳定燃烧时所需要的电压 U_H,这就会促使焊接电流增加,恢复到稳定工作点 A_0,使输出电压与电弧电压又处于相等的状态,输出电流等于焊接电流;如果电弧长度缩短,电弧的工作点由点 A_0 移到点 A_2,焊接电流由 I_H 增加到 I_z,这时电源供给的输出电压下降到 U_{y2},小于电弧在该点稳定燃烧的电压 U_H,这就会促使焊接电流必然减小,恢复到稳定工作点 A_0。由此看出,下降的外特性可以满足电弧稳定燃烧的要求。

2. 弧焊电源具有适当的空载电压

外特性曲线上,焊接电流为零时的输出电压叫空载电压,一般用 U_0 表示。它与电弧的引弧性能、电弧的稳定性有关。空载电压太低使引弧困难、电弧燃烧不稳,过高则生产成本高、焊工的安全性差。GB4064 标准对弧焊电源的空载电压 U_0 规定为:

弧焊变压器 $U_0 \leqslant 80$ V

弧焊整流器 $U_0 \leqslant 85$ V

我国现行生产的弧焊电源的空载电压 U_0 为:

焊条电弧焊交流弧焊电源 $U_0 = 60 \sim 80$ V

焊条电弧焊直流弧焊电源 $U_0 = 45 \sim 70$ V

3. 适当的短路电流

焊条电弧焊电弧的产生是通过电极(焊条)与焊件进行短路后,提起焊条产生的。短路时电弧电压为零,短路电流 I_d 如图 3.7 所示。如果短路电流过大,不但会因过载引起焊机过热以致烧坏,同时还会使焊条过热引起药皮脱落,液态金属飞溅增加;相反,短路电流太小,会使引弧和熔滴过渡发生困难。所以短路电流应控制在 $I_d = (1.25 \sim 2)I_H$ 范围内较为合适。

4. 弧焊电源能方便地调节焊接电流

焊条电弧焊焊接不同厚度的焊件、不同位置的焊缝,采用不同的焊条直径和适应不同的接头形式都是通过调节焊接电流来实现的。为此要求弧焊电源应能在一定的范围内,对焊接电流灵活、均匀的进行调整。电流的调节是通过改变电源外特性来实现的。

5. 弧焊电源具有良好的动态特性

为了适应电弧长短变化和经常短路的需要,要求弧焊电源供给的电压和电流能随负载的改变而迅速改变。所以动态品质是用来表示弧焊电源对负载瞬时变化的反应能力，它对电弧的燃烧稳定性、熔滴过渡、金属飞溅、焊缝成形等有很大的影响，同时也是衡量直流弧焊电源质量的一项重要技术指标。

3.3 焊条电弧焊用焊机

3.3.1 焊条电弧焊电源的分类

焊条电弧焊电源有交流弧焊电源、直流弧焊电源和逆变弧焊电源。

1. 交流弧焊电源

交流弧焊电源按其输出的波形可分为弧焊变压器和矩形波交流弧焊电源。

弧焊变压器也称交流弧焊机，是以交流形式向焊接电弧输送电能的设备。弧焊变压器由初、次级线圈相隔离的主变压器以及所需的调节和指示装置构成，将电网的交流电变成焊接所需要的低压交流电。弧焊变压器一般为单相供电，与电力变压器原理基本相同，但为了满足焊接电弧的要求，在次级回路(焊接回路)中串联铁心线圈电感，也称电抗器，形成漏磁感抗。弧焊变压器中调节感抗一是用来获得下降特性，二是用来稳定焊接电弧和调节焊接电流。

矩形波交流弧焊电源是利用半导体技术获得的矩形波交流电，其特点是电流从正变负或从负变正时的速率和对负载瞬时变化的反应能力快，为此矩形波交流弧焊电源电弧的稳定性好于交流弧焊电源。此外，矩形波电源可调节的参数多，功率因数高，可作为交流钨极氩弧焊、埋弧焊的电源，甚至可代替直流弧焊电源。

按结构的不同，串联电抗器式又可分为分体式和同体式(也称整体式或复合式，如BX2系列)。增强漏磁式可分为动圈式(BX3系列)，如图3.8所示，动铁心式(BX1系列)，如图3.9所示和抽头式(BX6系列)等类型。动铁心式弧焊变压器主要技术参数如表3.1，动圈式弧焊变压器主要技术参数如表3.2，抽头式弧焊变压器的主要技术参数如表3.3所示。

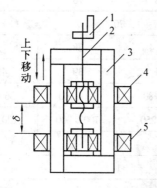

图3.8 动圈式变压器结构示意图
1—摇把；2—丝杠；3—铁心；4—次级线圈；5—初级线圈

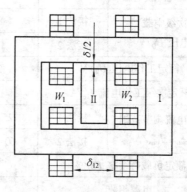

图3.9 动铁心式变压器示意图
Ⅰ—铁心；Ⅱ—活动铁心
$\delta/2$—间隙；W_1—初级线圈；W_2—次级线圈

表 3.1 动铁心式弧焊变压器主要技术参数

型号		BX1-120	BX1-160	BX1-200	BX1-300	BX1-500
额定焊接电流 I_e/A		120	160	200	300	500
电网电压 U_1/V		220	220/380	380	380	380
次级空载电压 U_0/V		50	52	75	76	80
额定工作电压 U_W/V		25	26	28	32	40
额定次级工作电流 I_{1e}/A				40	63	110
焊接电流调节范围/A		50~120	50~160	40~240	55~300	80~690
额定负载持续率 FS/%		20	20	35	35	60
频率 f/Hz		50				
额定输入容量 S_e/KVA		6	8.3	8.3	24	42
不同负载持续率时的容量/KVA	100%					32.5
	额定负载持续率					42
不同负载持续率时的焊接电流/A	100%					388
	额定负载持续率	120	160	200		500
效率/%				>78	>82	>87
质量 m/kg		<29	31	92	110	300

表 3.2 动圈式弧焊变压器主要技术参数

型号		BX3-125	BX3-160	BX3-200	BX3-250
额定焊接电流 I_e/A		125	160	200	250
初级电压 U_1/V		380			
次级空载电压 U_0/V	接法1	80	78	78	78
	接法2	70			
额定工作电压 U_W/V		25	26.4	28	30
额定次级工作电流 I_{1e}/A			31	39	48.5
焊接电流调节范围 $I_{min} \sim I_{max}$/A	接法1	25~60	25~80	30~100	36~121
	接法2	60~160	79~250	100~300	120~360
额定负载持续率 FS/%		60			
电源相数		1			
频率 f/Hz		50			
额定输入容量 S_e/KVA		9	11.8	14.7	18.4

续表3.2

型号		BX3-125	BX3-160	BX3-200	BX3-250
不同负载持续率时的容量/KVA	100%	7	9.15	11.3	14.25
	额定负载持续率	9	11.8	14.7	18.4
不同负载持续率时的焊接电流/A	100%	93	124	155	194
	额定负载持续率	120	160	200	250
使用焊条直径 ϕ/mm		1~4	1~4	0.5~5	2~7
效率 η/%		77	80	81.5	85
功率因数					0.48
质量 m/kg		93	100	150	150
用途		焊条电弧焊(各种低碳钢、低合金钢)	焊条电弧焊(各种低碳钢、低合金钢和薄板及维修)	焊条电弧焊	焊条电弧焊(各种低碳钢、低合金钢)

表3.3 抽头式弧焊变压器的主要技术参数

型号		BX6-120	BX6-125	BX6-160	BX6-200	BX6-250	BX6-300
额定焊接电流 I_e/A		120	125	160	200	250	300
初级电压 U_1/V		220/380		380		220/380	
次级空载电压 U_0/V		52	55	65	48~70	70~55	接法1:60 接法2:50
额定工作电压 U_W/V		22~26	25	22~28	22~28	22~30	22~35
额定初级电流 I_{Le}/A		28/16	31/18	32	40		60.5
焊接电流调节范围 I_{min}~I_{max}/A		50~160	50~140	55~195	66~220	接法1:50~100 接法2:120~250	接法1:40~150 接法2:150~380
额定负载持续率 FS/%		20	20	60	20	35	60
电源相数		1	1	1	1	1	1
频率 f/Hz		50	50	50	50	50	50
额定输入容量 S_e/KVA		6.24	6.9	12	15	15	23
不同负载持续率时的容量/KVA	100%						18
	额定负载持续率	6.24	6.9	12	15	15	23
不同负载持续率时的焊接电流/A	额定负载持续率	120	125	160	200	250	300

续表3.3

型号		BX6-120	BX6-125	BX6-160	BX6-200	BX6-250	BX6-300
效率 η/%				>77		>80	
质量 m/kg		22	≤30	55	≤40	80	140
外形尺寸/mm	长	345	345	420	480	495	645
	宽	246	260	290	282	345	450
	高	188	460	570	398	416	805
用途		焊条电弧焊					焊条电弧焊、电弧切割

2.直流弧焊设备

直流弧焊电源提供的是直流电弧,其特点是电流是直流,直流不过零点,不像交流过零点。由于电弧电压较平稳,所以焊接电弧比较稳定。由于焊条电弧焊接触引弧的方式,对电源的动特性有一定的要求。电源的动特性直接对电弧稳定性、熔滴过渡、金属飞溅、焊缝成形等产生影响。

直流弧焊电源包括直流弧焊发电机、磁放大器式弧焊整流器、硅弧焊整流器、晶闸管式弧焊整流器。

(1)弧焊发电机

直流弧焊发电机是由直流发电机和原动机两部分组成,是较早采用的直流弧焊电源。由于该产品存在体积大、笨重、空载损耗大、噪声大、效率低、制造耗能高、维修困难等缺点,因此,我国机械电子工业部等八个单位1992年确定"电动机驱动旋转直流弧焊机全系列"为淘汰产品。但由于直流弧焊发电机有过载能力强、输出电流脉动小、电弧燃烧稳定等特点,目前一些企业一直在使用,其产品型号为AP-1000。

(2)弧焊整流器

弧焊整流器是一种将交流电经变压、整流获得直流电的焊接电源。与直流弧焊发电机相比,其具有体积小、消耗材料少、节省能源、重量轻、噪声小、省电、功率因数高、制造简单、维修方便等优点。随着弧焊整流器性能的不断提高已基本取代了直流弧焊发电机。

弧焊整流器按照整流元件种类可分为硅整流、晶闸管整流和可控硅整流,按照外特性调节机构的作用原理可分为硅整流式弧焊整流器、磁放大式弧焊整流器、晶闸管式弧焊整流器三大类。

磁放大式弧焊整流器由于消耗材料较多、成本高,目前已不再生产。

硅整流式弧焊整流器具有制造简单、耗材少、使用寿命长、噪声小、维修方便、效率高的特点。但焊接电流随着电网电压而波动,因此焊接过程中电流变化大,过载能力和稳定性差。硅整流式弧焊整流器主要有动铁心式和动线圈式两种。表3.4是动铁心式弧焊整流器的主要技术参数,表3.5是动线圈式弧焊整流器的主要技术参数。

晶闸管式弧焊整流器具有电磁惯性小、反应速度快、触发功率小等特点,可满足平、下降外特性的要求;电流和电压在较广的范围内均匀、精确、快速的调节,容易实现电路补偿,焊接电流稳定;功率因数较高,输出功率较小;省材料质量轻等特点,是重点推广的节能产品。

表 3.4 动铁心式弧焊整流器的主要技术参数

型号	ZXE1-200	ZXE1-300	ZXE1-400	ZXE1-500	ZXE1-5×160
额定焊接电流 I_e/A	200	300	400	500	160
额定负载持续率 FS/%	35	35	35	60	20
电流调节范围 $I_{min} \sim I_{max}$/A	40~200	50~300	60~400	交流100~500 直流90~450	40~180
额定空载电压 U_0/V	60~70	60~70	60~70	80	54
工作电压 U_W/V	28	32	36	交流24~40 直流24~38	23~30
电源电压 U_1/V	380	360	360	380	380
电源相数	1	1	1	1	1
频率 f/Hz	50	50	50	50	50
额定输入电流 I_{1e}/A	39	59	79		
额定输入容量 S_e/KVA	14.8	22.4	30	41	11.8
质量 m/kg	130	200	250	250	
用途	交流、直流两用			交流、直流两用	便携式交流、直流两用

3. 弧焊逆变器

弧焊逆变器是近年来发展起来的一种高效节能型弧焊电源,主要有三相全波整流器、逆变器、降压变压器、低压整流器、电抗器等组成。

表 3.5 动线圈式弧焊整流器的主要技术参数

型号		ZX3-160	ZX3-250	ZX3-300	ZX3-400	ZX3-500
额定焊接电流 I_e/A		160	250	300	400	500
电流调节范围 $I_{min} \sim I_{max}$/A		32~192	50~300	60~360	80~480	100~600
空载电压 U_0/V		72	72	72	71.5	72~81
工作电压 U_W/V		22~28	22~32	22~34	23~39	24~44
额定负载持续率 FS/%		60				
不同负载持续率时的焊接电流/A	100%	124	195	231	310	387
	额定负载持续率	160	250	300	400	500
额定输出功率 p_e/kW		4.2	7.5			
电源电压 U_1/V		380				
电源相数		3				
频率 f/Hz		50				

续表 3.5

型 号		ZX3-160	ZX3-250	ZX3-300	ZX3-400	ZX3-500
初级额定输入电流 I_{1e}/A		16.8	26.3	33	42	54
额定容量 S_e/KVA		11	17.3	24	27.8	35.5
功率因数		0.7	0.72	0.64		
焊机效率 η/%		55	60			
质量 m/kg		138	182	182	270	238
外形尺寸/mm	长	595	630	635	710	685
	宽	480	530	530	576	570
	高	970	1 030	1 075	1 075	1 075
用 途		用于焊条电弧焊				

根据逆变器采用的电子功率开关器件不同,目前有晶闸管型弧焊逆变焊机、晶体管型弧焊逆变焊机、场效应管型弧焊逆变焊机和绝缘栅双极晶体管(IGBT)型弧焊逆变焊机四类。国内生产的逆变焊机主要是晶闸管型和IGBT型。

逆变弧焊电源体积小、质量轻、高效节能、适应性强,具有良好的外特性,电弧稳定,具有极高的综合指标,操作方便,是直流焊接电源的更新换代产品。表3.6是ZX7系列逆变弧焊整流器型号及主要技术参数。

3.3.2 电焊机型号及编排

电焊机型号是根据 GB/T10249—1988《电焊机型号编制方法》中规定进行编制的,用汉语拼音字母和阿拉伯数字按一定的编排顺序组成,如图3.10所示。焊条电弧焊机型号中代表符号,如表3.7所示。

表 3.6 逆变弧焊整流器型号及主要技术参数

型 号	晶闸管		绝缘栅双极晶体管	
	ZA7-315S/ST	ZA7-500S/ST	ZA7-400S	ZA7-500S
额定焊接电流 I_e/A	315	500	400	500
电网电压 U_1/V	380	380	380	380
空载电压 U_0/V	70~80	70~80	70~80	72~81
次级额定工作电流 I_{1e}/A		46	31	43
焊接电流调节范围 $I_{min}~I_{max}$/A	40~315	低档 50~175 高档 140~500	15~400	15~500
额定负载持续率 FS/%	60	60	60	60
电源相数	3			
频率 f/Hz	50			

续表 3.6

型 号		晶闸管		绝缘栅双极晶体管	
		ZA7-315S/ST	ZA7-500S/ST	ZA7-400S	ZA7-500S
额定输入容量 S_e/KVA		16	30	16	25
额定输出功率/kW				14.4	20
不同负载持续率时的焊接电流/A	100%			14.4	20
	额定负载持续率	315	500	400	500
效率 η/%		82	83	83	83
质量 m/kg		45	82	30	32
功率因数 $\cos\phi$				0.95	
外形尺寸/mm	长	640	635	580	580
	宽	310	530	260	260
	高	500	1075	360	360
用 途		大负载、低噪声、微电子控制、引弧容易、电弧稳定;动特性好、飞溅小;自动补偿电源电压及焊机温度变化的影响;用于焊条电弧焊和钨极氩弧焊		电流从小到大连续无极调节,动态响应快,起弧容易,飞溅小,体积小,质量轻,便于移动,适用焊条电弧焊	

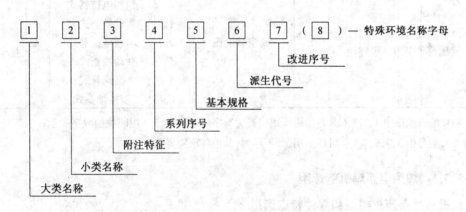

图 3.10 电焊机型号编排阿拉伯数字表示含义

例如:

BX1-315 表示具有下降外特性的动铁心式交流弧焊变压器,额定焊接电流 315A

ZXG-500 表示硅弧焊整流器,具有下降外特性,额定焊接电流 500A

ZX5-315 表示具有下降外特性的晶闸管式弧焊整流器,额定焊接电流 315A

表 3.7 焊条电弧焊机型号中代表符号

①		②		③		④		⑤
代表符号	大类名称	代表符号	小类名称	代表符号	附注符号	数字序号	系列序号	单位	基本规格
A	弧焊发电机	X P D	下降特性 平特性 多特性	省略 D Q C T H	电动机驱动 单纯弧焊发电机 汽油机驱动 柴油机驱动 拖拉机驱动 汽车驱动	省略 1 2	直流 交流发电机整流 交流驱动	A	额定焊接电流
Z	弧焊整流器	X P D	下降特性 平特性 多特性	省略 M L E	一般电源 脉冲电源 高空载电压 交直流两用电源	省略 1 3 4 5 6 7	磁放大器或饱和电抗器式 动铁心式 动线圈式 晶体管式 晶闸管式 变换抽头式 变频式	A	额定焊接电流
B	弧焊变压器	X P	下降特性 平特性	L	高空载电压	省略 1 2 3 5 6	磁放大器或饱和电抗器式 动铁心式 串联电抗器式 动线圈式 晶闸管式 变换抽头式	A	额定焊接电流

注：1. 编排顺序中 1、2、3、6、8 各项用汉语拼音大写字母表示，4、5、7 用阿拉伯数字表示；
　　2. 型号中 3、4、6、7、8 项可以不用，如不用时，其他各项应排紧。

3.3.3 焊条电弧焊机的选用

1. 根据焊条药皮类型和焊件特点选用

焊条电弧焊使用交流电焊机还是使用直流电焊机，首先要根据焊条药皮类型进行选择。酸性焊条选用交流电焊机，而低氢钠型焊条必须选用直流电焊机。此外还要根据钢结构的重要程度进行选择，一般重要钢结构、承受交变载荷、工作中受力较大的焊缝等应使用直流焊机，其余可选用交流焊机。

2. 根据工作环境和生产量选用

从事天然气管道、石油管道、建筑钢结构等野外作业，在没有电网的情况下，应首选柴油或汽油驱动的直流弧焊发电机，以保证焊接电弧的稳定性。此外，当产品的生产数量大时，要尽量选用交流电焊机。而当生产的数量小品种多时，可选用交直流两用电焊机。对于不固定或经常移动工作地点的,可选用质量轻体积小的逆变电焊机。

3.根据电焊机的性能和经济性选用

在选择和使用电焊机时,首先是在保证焊接质量的前提下还要考虑节省能源、工人安全易操作、使用方便易维护、焊件的生产成本等。如果从维修、工作环境、磁偏吹等方面考虑,可选用交流电焊机,如果从焊缝长短考虑,长焊缝可选用负载持续率大的电焊机。表3.8是交直流电焊机的性能比较,表3.9是交直流电焊机的经济性比较,供选用电焊机时参考。

表3.8 交直流电焊机的性能比较

焊接类型	主要性能								
	极性	空载电压	供电特点	触电危险性	电弧稳定性	磁偏吹	维修	成本	质量
交流电焊机	无	较高	单相	较大	较差	小	简单	低	重
直流电焊机	有	较低	三相	较小	较好	大	较复杂	高	轻

表3.9 交直流电焊机的经济性比较

焊接类型	主要性能						
	耗电 kWh/千克焊着金属	功率/%	功率因数	空载功率因数	空载损耗/kW	制造耗材/%	价格/元
交流电焊机	3~4	65~90	0.3~0.6	0.1~0.2	0.2	30~35	30~40
直流弧焊发电机	4~8	30~60	0.6~0.7	0.4~0.6	2~3	100	100
弧焊整流器	—	—	0.6~0.75	0.65~0.7	0.3~0.35	两者	之间

4.根据额定负载持续率选用

电焊机的负载持续率 FS 是电焊机的主要参数之一,是表示电焊机负载的时间占选定工作时间的百分数,用下式表示:

$$FS = \frac{在选定的工作时间周期内电焊机的负载时间}{选定的工作时间周期} \times 100\% \quad (3.1)$$

国家标准规定,焊条电弧焊电焊机的工作时间周期为5 min,规定的负载持续率(额定负载持续率)为3 min,所以焊条电弧焊电焊机 FS 一般为60%。额定焊接电流是指在额定负载持续率状态下允许使用的最大电流。按照额定值使用电焊机既能保证电焊机的正常运转,又能充分利用电焊机的能力。电焊机的输出功率主要由温升来确定,电焊机的温升不仅与负载持续率有关,而且与焊接电流有关。对每台电焊机来说,负载时间越长,间歇时间越短,负载持续率就会不断增加,电焊机就会升温发热甚至烧毁。负载持续率越大,焊接电流允许值越小,表3.10是不同负载持续率与焊接电流的对照表。

表 3.10　不同负载持续率与焊接电流的对照表

电焊机型号	BX1－300			BX3－300			BX－500		
负载持续率/%	100	60	35	100	60	35	100	60	30
允许焊接电流/A_{max}	232	300	400	232	300	400	400	500	700

3.4　直流电源焊接电弧的构造、温度分布和稳定性

3.4.1　焊接电弧的构造及温度分布

直流电源焊接电弧的构造可根据其物理特征,沿长度方向分为阴极区、弧柱区和阳极区,其三个长度的总和是电弧的长度。沿电弧长度方向的电压分布是不均匀的,如图 3.11 所示。

由于阴极区、弧柱区和阳极区导电性能不同,弧焊电源提供的电能转变成电弧的热量和温度分布也不同。

阴极区的厚度大约在 $10^{-5} \sim 10^{-6}$ cm,其热量来自两个方面,一是正离子碰撞阴极时

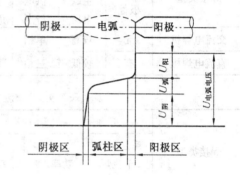

图 3.11　电压沿电弧长度方向分布

的动能,二是正离子与电子复合时释放的位能(电离能)。阳极区的厚度大约在 $10^{-3} \sim 10^{-4}$ cm,其热量主要来自从弧柱流过来的电子撞入阳极时,电子的动能和位能(逸出功)转化的能量。弧柱区中主要进行气体电离、带电粒子向两极的运动和带电粒子之间的复合,其热量来自带电粒子复合中释放出的能量。

由于阴极区发射电子要消耗一定的能量,而阳极区不发射电子,不消耗发射电子所需的能量,所以当阴极和阳极材料相同时,阳极的发热量和温度一般都比阴极高。如果三个区产生的热量为 100%,其阳极区产生的热量约占电弧总热量的 43%、阴极区占 36%,其余为弧柱区产生的热量。

电极材料的沸点是决定阴极与阳极温度的重要因素,一般电极材料的沸点越高,两极的温度也越高,但两极的温度都低于材料的沸点。如电极材料为铁,沸点为 3 008 K,弧柱气体介质为空气,压力为 101.3 kPa,阴极温度约为 2 400 K,阳极约为 2 600 K,弧柱中心因散热差,温度比两极都高约为 5 000～8 000 K。

3.4.2　直流电源极性与应用及影响电弧稳定性的因素

1.直流电源极性与应用

焊条电弧焊既可采用直流电焊接也可采用交流电焊接,所谓焊接极性是指焊条和焊件与焊接电源两个极的连接方式。

交流电源焊接中,电源极性交替变化,所以焊条和焊件与两个极性任意连接,其焊接的效果是一样的。而采用直流电源焊接中,电源的两个极始终不变,因此直流电焊接有两

种不同的接法,既正接法和反接法,如图 3.12 所示。当直流电焊机的正极与焊件相接,负极与焊条相接时,称为正接法或正极性;反之,当直流电焊机的负极与焊件相接,正极与焊条相接时,称为反接法或反极性。

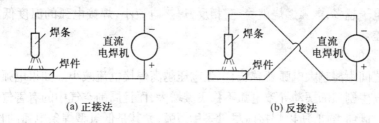

(a) 正接法　　　　　　　　　(b) 反接法

图 3.12　直流电焊接的正接法和反接法

前面已述,直流电焊接阴极区的温度小于阳极区的温度,因此焊接厚钢板时应采用直流正接法,以获得较大的熔深;焊接薄板时为避免烧穿应采用反接法。当焊接重要结构使用低氢型焊条(如 E5015)时,无论焊薄板还是厚板都应采用直流反接法,其目的是保证电弧稳定燃烧,并可减少飞溅现象和降低气孔倾向。

2.影响电弧稳定性的因素

焊接电弧的稳定性就是指焊接中电弧始终保持电弧持续而稳定燃烧的能力。焊接电弧的稳定燃烧是焊接高质量钢结构的前提,如果经常出现断弧、电弧漂移、电弧偏吹、电弧忽大忽小、左右摇摆等电弧稳定问题,操作技能再高的焊工也难保证焊缝的质量。影响电弧稳定性的因素主要有以下几个方面。

(1)焊接电流的种类

采用直流电源焊接电弧的稳定性要比交流电源稳定,其原因是交流电的电弧每秒交替熄灭和引燃 100 次,同时改变电流方向造成电弧瞬时熄灭,热量增加减少,电子发射和气体电离强弱反复变化,由此必然引起电弧不稳定。因此,对于低氢型焊条为了防止产生气孔和裂纹应采用直流电源。

(2)电源极性

实践证明,对于重要的钢结构当使用未烘干低氢型焊条焊接时,采用直流反接,焊缝中产生气孔的倾向明显小于直流正接。其原因是氢以质子形式向熔池中熔解的同时,由原子释放出一个电子,即

$$H \longrightarrow [H^+] + e$$

氢是以质子的形式向液态金属中溶解。当采用反极性时,液态金属的表面有较多的电子,反应式向左进行,氢向熔池溶解受到阻碍;采用正极性时,熔池表面为阳极有利于氢质子的形成,并且熔入熔池的倾向高,产生气孔的倾向就高。

(3)焊条药皮类型

焊条药皮中加入电离电位低的原材料越多,电弧燃烧越稳定。如酸性焊条(如钛钙型 E4303)药皮中的成型剂与造渣剂都含有云母、长石、水玻璃等低电离电位的物质,因此用交流和直流电源焊接时,电弧都能稳定地燃烧。低氢型焊条(如 E5015 低氢钠型)药皮中含有较多电离电位较高的萤石,电弧的稳定性明显降低,必须采用直流电源。

(4)焊接电流大小

从实际焊接考虑,焊接电流大,焊接电弧的温度就高,两极间正离子、电子或负离子相互复合或碰撞时产生的热量就多。电弧中的中性原子或分子的电离程度越激烈,电极发射产生的电子越多,电弧燃烧就稳定;相反,焊接电流小,焊接电弧的温度低,电弧燃烧的稳定性就差。

(5)电弧的长度

两极之间距离越大电弧就越长,电弧电压越高焊接电流减小。如果电弧长度太长,电弧不仅会发生剧烈的摆动导致电弧不稳飞溅增大,而且周围空气中的有害气体进入熔池,产生气孔的倾向增加,所以焊接时尽量采用短弧,尤其是低氢型焊条电弧的长度应控制在小于焊条的直径范围。

(6)其他因素

除了以上因素影响电弧稳定性之外,还有焊件表面的油漆、油脂、水分、氧化膜、易蒸发的低熔点材料(如镀锌管表面的锌),此外焊条受潮药皮脱落,在室外焊接周围气体对流等也都是影响电弧稳定性的因素。因此,选择合格的焊条,焊接前对焊条烘干,对焊件表面进行清理等是保证焊缝质量的重要因素。

3.4.3 焊接电弧的偏吹

所谓焊接电弧偏吹是指电弧的中心偏移了焊条的轴线方向。焊接电弧发生偏吹,热量不能集中在焊缝的接缝处,而偏向焊件一边坡口面,影响焊接的正常进行,同时严重影响焊接质量。造成电弧偏吹的因素主要有以下几个方面。

1.磁场不均匀造成焊接电弧的偏吹

(1)地线不对称引起焊接电弧偏吹

焊接回路中电弧是导体,因此电弧周围只要有不对称的磁场存在,电弧就会发生偏移。当采用直流电源正接法焊接时,如果将地线按图3.13接在焊件的一侧,电流按箭头指向通过,便在焊条周围产生不均匀的磁场,由此造成电弧偏吹。其原因是焊接中除了在焊条周围产生磁场外,还在焊件周围产生的磁场,造成电弧周围磁场左边与右边不对称,

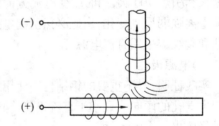

图3.13 地线不对称引起焊接电弧偏吹

靠近地线一侧的磁力线密集,使磁场大于右侧。按照左手定则判断,电弧在磁场的作用下向右侧偏移。

如果采用直流电源反接法,则焊接电流流经方向和磁力线方向同时发生变化,但作用于电弧两侧的磁场大小和作用力方向不变,所以电弧偏吹方向不变。因此磁偏吹与焊接电源接法无关,而和地线与焊件的接线位置有关。

(2)铁磁性物质引起焊接电弧偏吹

由于钢板的导磁能力远远大于空气,因此焊缝周围有不对称的铁磁物质时,如图3.14所示,同样会引起电弧偏吹。

当焊缝一侧有铁磁物质时,靠近铁磁物质磁力线绝大多数通过铁磁物质,而较少的从

电弧与铁磁物质之间的空气中通过,由此在有铁磁物质和无铁磁物质的电弧两侧磁力线分布不对称,因此电弧向有铁磁物质方向发生偏吹,就像铁磁物质吸引电弧一样。而且电流越大偏吹现象越严重,但焊件受热温度升高,导磁能力降低,电弧偏吹减弱。交流电源不会发生明显的电弧偏吹。

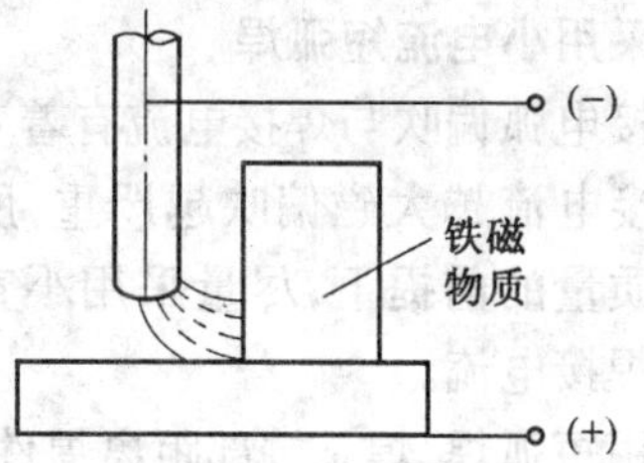

图 3.14　铁磁物质引起焊接电弧偏吹

2. 其他因素造成焊接电弧偏吹

(1) 焊条的偏心度

焊条的偏心度是指焊条药皮沿焊芯直径方向偏心的程度。从径向断面看,一边药皮多、一边药皮少,厚薄不均匀。焊接中药皮厚的一边熔化需要的热量要比薄的一边多,因此药皮薄的一边熔化速度快于厚的一边,使焊条端面熔化不均匀而形成一个与焊条端面成一定角度的斜面,薄的一面焊芯外露,电弧就向药皮薄的一面偏移,如图3.15所示。焊条偏心给焊工操作带来极大的影响,因此,为了保证焊接质量一定要按照国家标准选择焊条,确保焊条不出现偏心以不影响焊接质量。

(2) 气流的干扰

电弧周围有较大的气体流动时,电弧也会被吹向一边造成偏吹。气流干扰电弧偏吹的因素主要有大气中气流、热对流干扰等。例如,在露天大风中无遮挡或在狭窄通道中焊接,往往会产生严重的电弧偏吹,导致焊接过程困难。在焊接两边无遮挡的管子时,由于在管子中空气流动速度较大,形成的气流会不同程度地产生电弧的偏吹。此外,开坡口、带有间隙的对接接头、焊接第一层,如果间隙较大,热气流的影响也会使电弧可能发生偏吹。还有焊缝起头和焊缝收尾焊接时,由于焊条与焊件位置不对称,造成电弧周围的磁场分布不平衡,再加上热对流的作用,也会产生电弧偏吹等,如图3.16所示。

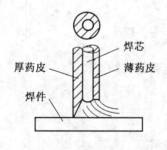

图 3.15　焊条偏心引起偏吹

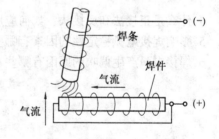

图 3.16　焊缝起头处电弧偏吹

3.4.4　减小电弧偏吹的方法

1. 改变接线方法

在钢结构材质允许的情况下,尽量采用酸性焊条以及交流电源以避免发生磁偏吹。如果焊接比较重要的钢结构,需采用直流电源时应改变地线的接线位置。由焊件一端引出地线改为两边引线,如图3.17所示,使电弧周围的磁力线尽可能地分布均匀,图中双点画线表示焊件两端接线方法。

2. 采用小电流短弧焊

焊接电弧偏吹与焊接电流有着直接的关系，焊接电流越大磁偏吹越严重，所以在保证焊接质量的前提下，尽量采用小直径焊条和小的焊接电流。

采用短弧焊，焊条端部距离焊件较近，即便是有磁偏吹或气流和热对流时，也能减小电弧偏吹程度。

3. 减小气体流动引起偏吹的方法

在露天焊接时，必须采用挡板遮挡气流来的方向；焊接管子时，将管子两端堵塞，避免出现"穿堂风"；在焊接间隙较大的对接接头时，在接缝下面加垫板，防止热对流引起电弧偏吹；在钢结构焊缝两端临时固定引出板和收弧板，焊接时先从引出板开始，收弧在收弧板上进行，尽可能使电弧两端的磁力线分布均匀，并减小热对流的影响。

4. 调整焊条角度

在焊接过程中，因焊条偏心或铁磁引起的电弧偏吹，焊工应适当调整焊条角度，尽可能地减小电弧偏吹。但焊条偏心度过大或因磁性偏吹太严重时，此方法不能采用，因为大范围调整焊条角度很难保证焊接质量。

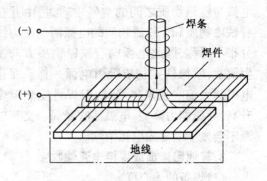

图 3.17 减小电弧偏吹的接线方法

思 考 题

1. 焊接电弧是怎样产生和维持的？
2. 什么是电弧的静特性和电源的外特性？弧长变化时静特性曲线会如何变化？
3. 焊条电弧焊的电弧对电源有什么要求？为什么焊条电弧焊需要具有下降的外特性？
4. 什么是正接法和反接法？如何应用？
5. 影响焊接电弧稳定性的因素有哪些？
6. 焊接电弧产生偏吹的原因有哪些？如何减小电弧偏吹？

第4章 焊条电弧焊

所谓焊条电弧焊工艺是根据钢结构的图样、技术要求、产品的生产性质等,结合现有的加工条件,运用当前先进的焊接技术和生产经验,制定出产品的焊条电弧焊工艺方案和加工方法,以及焊接工艺文件和焊接过程中的技术要求。

4.1 焊条电弧焊的焊接接头与焊缝

4.1.1 焊条电弧焊的焊接接头形式

焊接接头包括焊缝、熔合区和热影响区。焊条电弧焊常用的焊接接头有对接接头、T形接头、角接接头和搭接接头,如图4.1所示。选择接头时主要根据产品的结构特点、结构受力情况和加工成本。对接接头与搭接接头相比,受力均匀、节省材料,可以作为工作焊缝,也可作为联系焊缝,所以应作为首选。

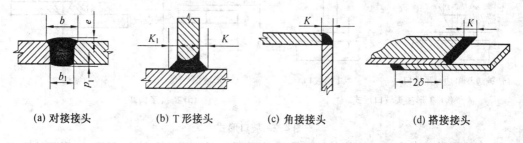

(a) 对接接头　　(b) T形接头　　(c) 角接接头　　(d) 搭接接头

图4.1 焊条电弧焊接头形式

4.1.2 坡口

根据设计要求和工艺需要,为了保证焊接接头质量对于钢结构的重要焊缝和工作焊缝均要开坡口。

开坡口的目的是为保证焊接电弧能深入到焊缝根部使其根部焊透,并获得良好的焊缝成形以及便于清渣。

坡口的基本形式和尺寸按国家标准 GB/985—1988《气焊、焊条电弧焊及气体保护焊焊缝坡口的基本形式与尺寸》的规定,对接接头常用的坡口形式有 I 形、Y 形、双 Y 形、带钝边 U 形。角接接头和 T 形接头的坡口形式主要有 I 形、带钝边单边 V 形和带钝边双单边 V 形(K 形)等,如图4.2所示。

各种坡口尺寸主要由坡口角度 $\alpha(\beta)/(°)$、坡口面角度 β、间隙 b、钝边 p、根部半径 R、钢板厚度 δ 等参数表示。坡口角度的作用是使电弧能沿板厚深入焊缝根部,坡口角度不能太大,否则会降低生产率和增加填充金属量;钝边的作用是防止烧穿;间隙的作用是为了保证焊缝根部焊透。

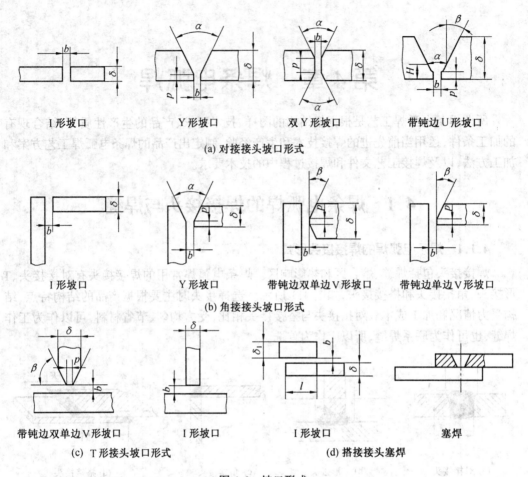

图 4.2 坡口形式

在选择坡口时应考虑选择的坡口形式是否便于焊工操作并能保证焊透,根据企业的现有情况能否加工,尽可能地节省焊条等。

在以上的几种坡口形式中,当钢板厚度相同,在保证焊透和焊缝强度的前提下,双面坡口比单面坡口、单 U 形坡口比 V 形坡口消耗的焊接材料少,因此焊接变形也小。但 U 形坡口要比 V 形坡口在制造刀具方面有一定难度,费用也较高,所以主要用于钢结构的重要焊缝。

为了减小焊接应力,不同板厚对接时,如果对接的两块钢板厚度差($\delta - \delta_1$)不超过表 4.1 中的尺寸,则坡口的基本形式和尺寸应按厚板选取。如果对接的两块钢板厚度差($\delta - \delta_1$)超过表 4.1 中的尺寸,则应对较厚的板进行单边或双边削薄处理。削薄断面结构和尺寸如表 4.2 所示。

表 4.1 两块不同厚度对接不做削薄处理允许厚度差/mm

薄板厚度 δ_1	≥2~5	>5~9	>9~12	>12
允许差尺寸 $\delta - \delta_1$	1	2	3	4

表 4.2 削薄断面结构和尺寸/mm

削薄断面结构	单面削薄	双面削薄
简　图		
厚板削薄长度尺寸/L	$L \geqslant 3(\delta - \delta_1)$	

4.1.3 焊缝分类

焊缝分类方法有多种，常用的分类方法有按板与板结合方式可分为对接焊缝、角焊缝及塞焊缝，如图 4.3 所示。按焊缝所在的空间位置可分为平焊缝、横焊缝、立焊缝和仰焊缝，如图 4.4 所示。按焊缝连续情况可分为连续焊缝和间断焊缝，间断焊缝又分为交错式间断焊缝和链状式间断焊缝，如图 4.5 所示。

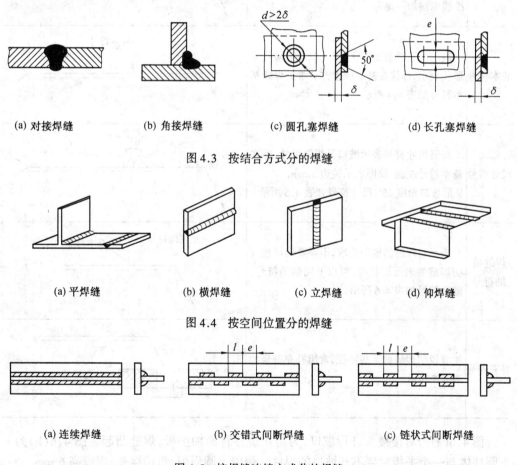

(a) 对接焊缝　　(b) 角接焊缝　　(c) 圆孔塞焊缝　　(d) 长孔塞焊缝

图 4.3　按结合方式分的焊缝

(a) 平焊缝　　(b) 横焊缝　　(c) 立焊缝　　(d) 仰焊缝

图 4.4　按空间位置分的焊缝

(a) 连续焊缝　　(b) 交错式间断焊缝　　(c) 链状式间断焊缝

图 4.5　按焊缝连续方式分的焊缝

4.2 焊缝符号表示方法及应用

GB324—1988规定了焊缝符号表示方法,一般由指引线、基本符号和焊缝尺寸符号组成,必要时还可以加辅助符号和补充符号。

4.2.1 焊缝符号表示及位置

焊缝符号组成及表示位置,如表4.3所示。

表4.3 焊缝符号组成及表示位置

焊缝符号	说明	简图及表示位置
指引线	由箭头线和两条基准线(一条实线、一条虚线)组成,标注时箭头直接指向焊接的焊缝处,基准线与标题栏平行,必要时可在基准线末端加一尾部	
基本符号	表示焊缝横截面形状,用近似焊缝横截面形状表示,标注在基准线上方。常见焊缝基本符号如表4.4所示	
尺寸符号	焊缝尺寸符号表示坡口及焊缝尺寸,标在基本符号左侧,简图表示钝边2 mm,V形坡口角度65°,尺寸符号如表4.5所示	
焊缝辅助符号	表示对焊缝的辅助要求,不需要确切地说明焊缝的表面形状时,可以不用辅助符号,辅助符号如表4.6所示	
补充符号	主要说明焊缝的某些特征,常用补充符号如表4.7所示	

图4.6(a)为对接接头、I形坡口,为防止烧穿背面加垫板,焊缝凸起。图4.6(b)为一个圆柱体与一个平板对接不开坡口的焊件。焊缝为圆周焊、角接接头,焊脚高6 mm。

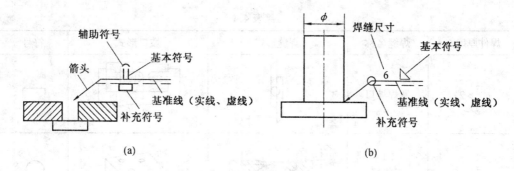

图 4.6 焊缝符号的应用

表 4.4 常用焊缝基本符号

焊件厚度/mm	焊缝名称	焊缝形式	坡口形式	符号
1~2	卷边坡口			八
1~6	I形坡口			‖
3~26	Y形坡口			Y
12~60	双Y形坡口			X
10	双V形坡口			X
3~40	单边V形坡口			V
20~40	带钝边双单边V形坡口			K

续表 4.4

焊件厚度/mm	焊缝名称	焊缝形式	坡口形式	符号
>2	塞焊坡口		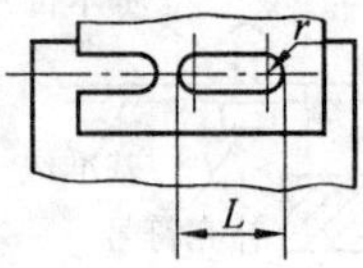	
3~26	点焊缝	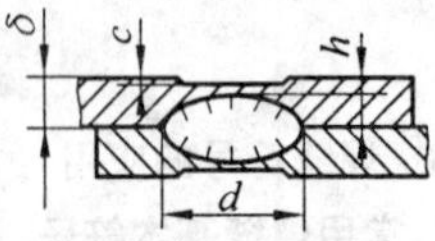		○
12~60	缝焊缝		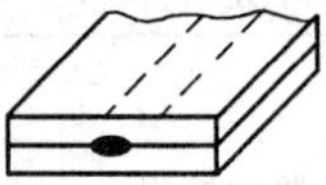	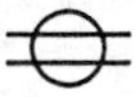

表 4/5　常用尺寸符号

尺寸符号	简图	名称	尺寸符号	简图	名称
δ	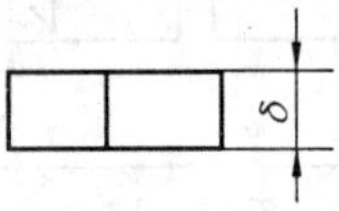	钢板厚度	S		焊缝熔透厚度
α	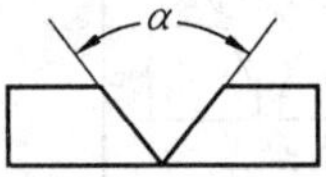	坡口角度	K	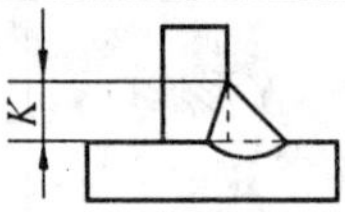	焊脚高度
b	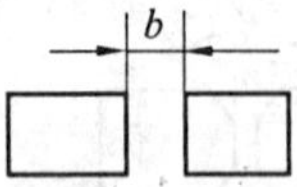	根部间隙	p	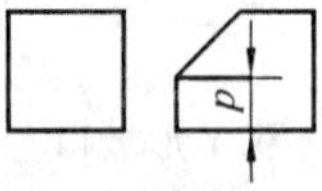	钝边高度
l	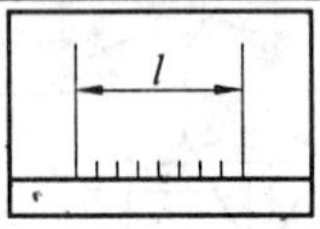	焊缝长度	e	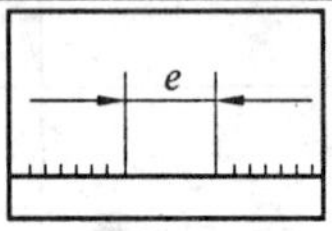	焊缝间距
N	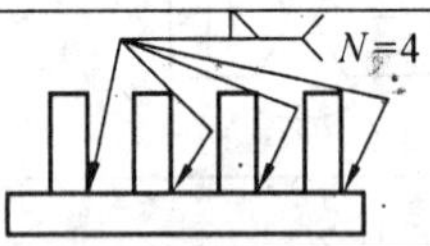	相同焊缝数量	R	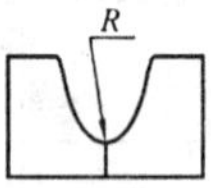	根部半径
d	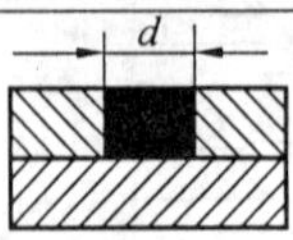	焊点直径	c	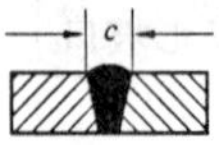	焊缝宽度
H	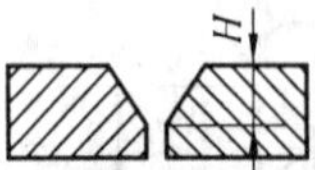	坡口高度	h	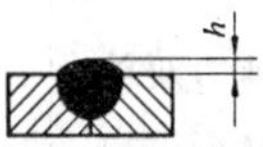	焊缝余高

表 4.6 焊缝辅助符号

焊缝名称	焊缝形式	符号	说　明
平面符号		—	表示焊缝与焊件表面平齐
凹陷符号	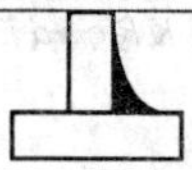	⌣	表示焊缝凹陷
凸起符号		⌢	表示焊缝凸起

表 4.7 常用补充符号

焊缝名称	焊缝形式	符号	说　明
三面焊缝符号	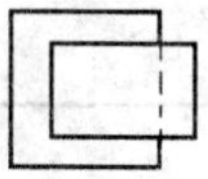	⊏	表示焊件三面焊缝,开口处不焊接
周围焊缝符号	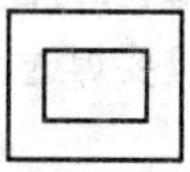	○	表示焊件周围焊缝
现场符号	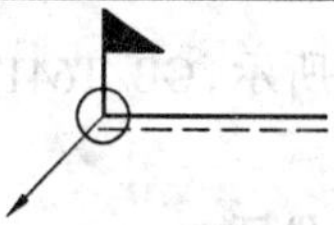	▶	表示此焊缝在现场或工地进行焊接
交错断续焊缝符号		Z	表示双面交错断续分布焊缝
带垫板符号		▭	表示焊缝底部设置垫板

GB324—1988 对基本符号相对基准线的位置和焊缝尺寸符号的标注作了规定,如表 4.8 所示。

表 4.8 基本符号相对基准线位置规定

简　图	内　容	焊缝尺寸符号的标注
	表示焊缝在接头的箭头侧,基本符号应标注在基准线的实线上,基准线中的虚线画在实线的上侧也可下侧,焊缝符号标注在基准线的上方也可下方	$pHKRcsdh \; n \times l(e)$ ← 焊接方法 $\alpha b \beta$ $pHKRcsdh \; n \times l(e)$ ← 相同焊缝数量 N ← 焊缝缺陷 指向正面焊缝
	表示箭头所指的焊缝在非箭头侧,将基本符号标注在基准线的虚线一侧	$\alpha b \beta$ $pHKRcsdh \; n \times l(e)$ ← 焊接方法 $pHKRcsdh \; n \times l(e)$ ← 相同焊缝数量 N $\alpha b \beta$ ← 焊缝缺陷 指向背面焊缝
	表示对称及双面焊缝,可去掉基准线的虚线	

注:1.当箭头线方向变化时,焊缝尺寸符号标注原则不变;
　　2.基本符号右侧无任何标注且无其他说明时,表示焊缝在焊件上是连续焊缝;
　　3.基本符号左侧无任何标注又无其他说明时,表示焊缝要焊透。

4.2.2　焊接方法及焊缝缺陷代号

GB/T5185—1985 规定了焊接方法代号如表 4.9 所示,GB/T6417—1986 规定了熔化焊焊缝缺陷代号,如表 4.10 所示。

表 4.9　部分焊接方法代号

代号	焊接方法	代号	焊接方法	代号	焊接方法
1	电弧焊	18	其他焊接方法	313	氢-氧焊
111	焊条电弧焊	181	碳弧焊	33	氧-乙炔喷焊
114	药心焊丝电弧焊	2	电阻焊	4	压力焊
116	熔化极电弧电焊	21	电阻点焊	42	磨擦焊
12	埋弧焊	22	缝焊	47	扩散焊
13	熔化极气体保护电弧焊	23	凸焊	72	电渣焊
131	熔化极惰性气体保护焊	24	闪光对焊	76	电子束焊
14	非熔化极气体保护电弧焊	25	电阻对焊	78	螺柱焊
141	钨极惰性气体保护焊	3	气焊	781	螺柱焊电弧焊
142	钨极惰性气体保护点焊	31	氧-燃气焊	782	螺柱焊电阻焊
15	等离子弧焊	311	氧-乙炔焊	91	硬钎焊
152	微束等离子弧焊	312	氧-丙烷焊	94	软钎焊

表 4.10 熔化焊焊缝缺陷代号

序号	代号	缺陷名称	序号	代号	缺陷名称	序号	代号	缺陷名称
1	100	裂纹	10	202	缩孔	19	5013	缩沟
2	101	纵向裂纹	11	2024	弧坑缩孔	20	506	焊瘤
3	102	横向裂纹	12	300	表面夹渣	21	507	错边
4	103	放射状裂纹	13	302	熔剂与焊剂夹渣	22	510	烧穿
5	104	弧坑裂纹	14	304	金属夹杂	23	511	未焊满
6	105	间断裂纹群	15	401	未熔合	24	517	焊缝接头不良
7	106	枝状裂纹	16	402	未焊透	25	601	电弧擦伤
8	201	气孔	17	5011	连续咬边	26	602	飞溅
9	2017	表面气孔	18	5012	间断咬边	27	608	层间错位

4.2.3 焊缝符号的简化标注

焊缝标注时应严格按照规定进行,应注意标注的正确性,能简化标注的尽量简化标注,不该简化的一定不能简化,GB/T12212—1990 就焊缝的简化标注作了规定,如表 4.11 所示。

表 4.11 焊缝的简化标注

示意图	简化说明	表示含义
8 30×55 Z(26)	交错对称焊缝尺寸,允许在基准线实线上方只标一次,基准线(虚线)可以省略	T形接头交错断续焊,焊脚高度 8 mm,焊缝共 30 段,长度 55 mm,段与段之间间隔尺寸为 26 mm
8 55 Z(26)	对于断续焊缝、对称焊缝、交错断续焊缝等不做要求时,允许不标焊缝段数	T形接头对称(或交错)断续焊,焊脚高度 8 mm,焊缝共 30 段,段与段之间间隔尺寸为 26 mm
8	若干条焊缝的焊缝形式和坡口尺寸相同时,可采用在一个示图中集中标注	T形接头,4 条箭头所指面单面焊角焊缝,焊脚高度 8 mm
8	箭头指向焊缝,而非箭头侧无焊缝要求时,可省略非箭头侧的基准线;焊缝长度的起始和终止位置明确时,可不标注焊缝的长度	搭接接头角焊缝,上侧和左侧焊,焊脚高度 8 mm

4.3 焊条电弧焊工艺

4.3.1 焊接前的准备

焊接前的准备包括坡口的制备、焊接部位的清理、焊条的烘干、预热等。焊接前是否按照技术文件进行,是保证焊接质量的重要措施。以碳钢和低合金结构钢为例说明焊接前的准备工作。

1. 坡口的制备

为了保证焊透,对较厚的焊件应开坡口。坡口的形状有V形、X型、U型等。开坡口可采用刨边机、车削、等离子切割、剪切、气割、碳弧气刨等方法。选择制备坡口方法时,应根据产品结构的特点、焊缝在工作中的受力状态和本企业现有设备情况而定,但现有设备不能满足焊接质量的要求,可以外协或购置能够满足焊接质量要求的设备,切不能随意行事而造成返工或造成事故。对于易淬火钢最好不要采用气割和碳弧气刨,若采用应去除表面脆硬组织。

2. 焊接部位的清理

低碳钢、低合金结构钢表面形成的氧化物主要有 Fe_3O_4、Fe_2O_3 等,这些氧化物的特点是致密性差、密度小、吸水性强,较容易吸附空气中和外来的油污和水气。焊接中油污和水气容易分解,在焊缝中增氢和形成气孔。为此,对于工作焊缝、密封焊缝,焊接前对焊接部位及两侧20 mm范围内要清除氧化物、油污等杂质,以获得高质量的焊缝。清理 Fe_3O_4、Fe_2O_3 等氧化物可采用钢丝刷刷、喷丸处理、砂轮机打磨等,也可采用化学清理,清理油污可用化学方法,如汽油、丙酮等除油剂。

3. 焊条的烘干

焊条中含有多种矿物质,矿物质在潮湿的环境中都有一定的吸水性,如果焊条不进行烘干而使用,焊缝中就会增氢和产生气孔。焊条烘干温度应根据药皮类型确定,钛钙型E4303酸性焊条烘干温度为70~150℃,保温30~60 min。低氢型焊条如E5015烘干温度为300~350℃,保温30~60 min。烘干温度应根据厂家焊条说明书中规定的温度进行,如果温度过高会使药皮中的有机物过早地分解,对熔池和金属起不到保护作用,甚至引起药皮开裂,焊接时成块脱落而影响焊接质量。烘干温度过低,起不到烘干作用。焊条使用前的烘干应按照第2章中的规定执行。

4. 焊件焊前预热

对于易淬火钢,结构复杂拘束大的结构,低温下焊接的钢结构等,焊接前都要进行预热。预热的目的是降低焊接接头的冷却速度,对易淬火钢预热可降低焊件的淬硬程度,改善组织,减小裂纹倾向。此外预热还可减小焊件的温度梯度,降低焊接应力,防止焊接缺陷。

焊件是否需要预热及预热温度的高低,应根据焊件的成分、结构的复杂程度、板厚、焊接接头形式、焊接方法、施焊的环境温度等进行综合考虑,并要通过焊接性能实验最后确定。

4.3.2 焊接工艺参数

焊接工艺参数又称焊接规范,是保证焊接质量的物理量,如焊接电流、电弧电压、焊接速度等。

焊条电弧焊的焊接工艺参数包括焊条直径、焊接电流、电弧电压、焊接速度、焊接层数、焊接线能量等。

1. 焊条直径的选择

焊条直径的选择不但要根据焊件的厚度,还要根据焊缝位置、焊接接头形式和焊接层数等因素。焊件厚度越厚,为保证焊件焊透,焊条直径应越粗,如焊件厚度为 3 mm,可选用直径为 2.5~3.2 mm 的焊条;如焊件厚度为 4~7 mm,可选用直径为 3.2~4 mm 的焊条;平焊位置选用的焊条直径可大于立焊和仰焊;搭接和 T 形接头焊缝的焊条直径应大于对接;打底焊的焊条直径可小于盖面焊条的直径等。为了提高生产率,在结构允许的情况下,尽可能选用较大直径的焊条,但焊条直径过大,电流也大,如果焊接速度慢,往往会使钢材的晶粒出现过热、过烧,焊缝成形不良,影响焊缝的力学性能。表 4.12 是焊条直径与焊件厚度关系的参考数值。

表 4.12 焊条直径与焊件厚度关系的参考数值/mm

焊件厚度	≤1.5	2	3	4~5	6~12	≥12
焊条直径	1.5	2	3.2	3.2~4	4~5	4~6

2. 焊接电流的选择

焊接电流的选择主要依据焊条直径和焊件厚度,其次还要考虑接头形式和焊接位置等因素。焊接电流大焊接生产率高,但电流过大会导致焊件烧穿,焊条药皮发红脱落;而电流过小焊接电弧不稳,焊件不易焊透,焊条黏钢板,焊缝成形差,易产生焊接缺陷等。

在板厚和材质相同的情况下,由于搭接和 T 形接头散热面积多于对接接头,所以选择焊接电流应大一些。立焊、仰焊、横焊以及厚板打底焊缝,选择的焊接电流应小于对接焊焊缝的焊接电流。

综合考虑选择焊接电流时,为提高生产率应遵循在保证焊接质量的前提下,焊接电流越大越好的原则。表 4.13 是常用的酸性焊条直径与使用焊接电流范围。

表 4.13 焊条直径与使用焊接电流范围

焊条直径/mm	2.0	2.5	3.2	4.0	5.0	5.8
焊接电流/A	40~60	70~90	90~130	160~210	220~270	260~300

焊接电流大小也可通过以下经验公式计算:

$$I = dk \tag{4.1}$$

式中 I——焊接电流,A;

d——焊条直径,mm;

k——经验系数,当 $d = 2 \sim 2.5$ 时, $k = 25 \sim 30$; $d = 3.2$ 时, $k = 30 \sim 40$; $d = 4 \sim 6$ 时, $k = 46 \sim 60$。

3. 电弧电压的选择

焊条电弧焊电弧电压的大小主要取决于电弧的长短,电弧长,电弧电压升高;电弧短,电弧电压降低。

焊条电弧焊的电弧电压是靠焊工在焊接中控制的。电弧过长,电弧燃烧不稳定,飞溅增加,易产生未焊透、咬边,焊缝成形差,熔池和熔滴保护性能差,容易产生气孔。经验证明,控制电弧长度在 1~4 mm 范围,电弧电压在 16~25 V 之间,焊接时产生缺陷的倾向大大降低。焊接中应尽量采用短弧焊接,一般立焊、仰焊控制的电弧要比平焊短,碱性焊条电弧长度必须小于焊条直径(即短弧),而酸性焊条电弧长度等于焊条直径,采用短弧的目的是防止空气中有害气体的侵入,同时保证电弧的稳定性。

4. 焊接层数的选择

对于厚度较大的焊件,一般都需要开坡口并采取多层焊。每层焊缝的厚度对焊缝质量和焊接应力的大小有着一定的影响。对于低碳钢和强度等级低的普通低合金钢,如果每层焊缝厚度过厚,会引起结构变形增大,晶粒粗化,对焊缝金属的塑性和韧性有不利影响。对易淬火钢来说,多层焊的有利作用是后一层焊缝对前一层焊缝有退火作用,可改善焊缝的组织和性能。因此为保证焊接质量,每层焊缝厚度应控制在 4~5 mm。经验介绍,多层焊每层焊缝的厚度约等于焊条直径的 0.8~1.2 倍时,焊接生产率较高,并且比较容易操作。下面是多层焊焊缝层数的经验公式:

$$n = \frac{\delta}{d} \quad (4.2)$$

式中　n——焊缝层数;
　　　δ——焊件的厚度,mm;
　　　d——焊条直径,mm。

5. 焊接速度

焊接速度是指单位时间内所焊接的焊缝长度。焊条电弧焊的焊接速度由操作者在焊接中根据具体情况灵活掌握。高质量的焊缝要求焊接速度均匀,既保证焊缝厚度适当,又保证焊件打底焊焊透和不烧穿。当其他工艺参数一定时,如果焊接速度过快,高温停留时间短,易造成未焊透、未熔合、焊缝过窄、焊缝波形变尖,还会产生焊缝厚度太薄,焊缝冷却速度过快,使易淬火钢产生淬硬组织等。如果焊接速度过慢,高温停留时间长,热影响区宽度增加,余高增加,焊缝变宽,焊缝和过热区的组织变粗,甚至出现魏氏组织,同时变形量增加,对于薄板容易烧穿。

为了提高生产率,原则是在保证焊接质量的前提下,尽量采用较大的焊条直径、焊接电流和适当的焊接速度。

6. 焊接线能量

焊接线能量是指熔化焊时,由焊接热源输入给单位长度焊缝上的能量。公式如下:

$$E = \frac{q}{v} = \eta \frac{IU}{v} \quad (4.3)$$

式中　E——线能量,J/cm;
　　　q——电弧有效功率,J/s;
　　　v——焊接速度,cm/s;
　　　η——电弧有效功率系数,如表 4.14 所示;
　　　I——焊接电流,A;
　　　U——电弧电压,V。

表 4.14　η 值与焊接方法的关系

序　号	焊接方法	η
1	熔化极氩弧焊	0.70～0.80
2	TIG 焊（钨极氩弧焊）	0.65～0.75
3	二氧化碳气体保护焊	0.75～0.90
4	直流焊条电弧焊	0.75～0.85
5	交流焊条电弧焊	0.65～0.75

由公式看出，线能量与电弧有效功率成正比，与焊接速度成反比。当增大焊接电流，电弧电压升高时，都会使电弧的有效功率增大。线能量与焊接速度成反比，焊接速度越快线能量越小。由此看出，控制单位长度焊缝上所得到的线能量大小，应综合调整焊接电流、电弧电压和焊接速度。如果焊接电流、电弧电压较大可以通过提高焊接速度来控制输入焊件的能量。如果焊件需要小的线能量，可采用两种方法调整焊接工艺参数来实现，第一是焊接电流和焊接速度均小，第二是焊接电流和焊接速度增大而比例减小。

线能量的大小对焊接质量有很大的影响。线能量越大，输入焊件的热量越多，熔池高温停留时间越长，焊接热影响区越宽，焊缝冷却速度越慢，晶粒越粗大。不同的金属材料要求的线能量不相同，工艺参数也不相同。如低合金钢和不锈钢线能量太大，接头力学性能和耐蚀性能有所降低；铸铁焊接时希望小的线能量，其工艺参数应采用小的焊接电流和快的焊接速度；TIG 焊焊接铝合金为减少气孔，希望小的线能量，其工艺参数采用大的焊接电流，快的焊接速度；焊接低碳钢为防止魏氏组织，希望小的线能量，其工艺参数应采用小的焊接电流和快的焊接速度等。

一般来讲，增大焊接线能量可显著增大熔池的高温停留时间和降低焊缝的冷却速度。不同的焊接方法熔池的高温停留时间和焊缝的冷却速度不相同。在线能量相同时，埋弧焊焊缝的冷却速度最小，焊条电弧焊焊缝的冷却速度最快，而氩弧焊与 $CO_2 + O_2$ 保护焊基本相同。这是因为不同的焊接方法所选用的焊接工艺参数匹配的情况不同，形成的焊缝外形、熔宽和熔深不同，在焊件上传热产生的影响也不相同。

以上分析可知，当焊件一定时，可通过调整线能量中焊接电流和焊接速度调整输入焊件的热量，达到改善焊接接头的组织与性能的目的，图 4.7 是焊接线能量对 20Mn 钢粗晶区性能的影响。从图中看出，焊接线能量较小时，晶粒小，硬度和冲击韧性都较高，当线能量增大时，晶粒增大，硬度和冲击韧性都下降。

4.3.3　焊接后热与热处理

1. 后热

焊接后热是指焊完后对焊件进行保温缓冷的工艺，其作用是减缓焊接接头的冷却速度，降低焊接应力，改善焊缝组织和焊接接头的力学性能，降低焊接裂纹倾向。对于冷裂纹倾向高的低合金高强钢，后热还有去氢的作用，也称消氢处理。如中碳调质钢焊后近缝区容易出现硬脆的马氏体组织，接头的冷裂倾向高。为了提高抗裂性能，采用焊后热处理，降低焊缝中的含氢量。消氢处理一般温度较低（焊后加热到 250～350℃范围内，保温

2~6 h 后空冷)对降低焊接应力作用不大。对于焊后进行热处理的焊件,因为热处理温度高,可起到消氢的作用,因此不需要另作消氢处理。如果中碳调质钢焊后不能立即热处理,则应及时进行消氢处理。

2. 焊后热处理

焊后热处理是焊后将焊件整体或局部加热保温,然后空冷的一种热处理方法。焊后热处理可降低焊接应力,软化脆硬部位,改善焊缝和热影响区的组织和性能,提高接头的力学性能,稳定焊件的尺寸。

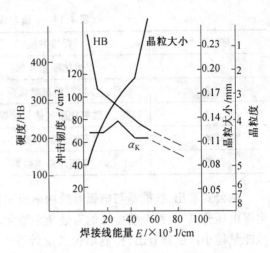

图 4.7 E 对 20Mn 钢粗晶区性能的影响
条件:板厚 16 mm,堆焊

常用消除应力退火温度一般在 600~650 ℃之间,对含钒的低合金高强钢消除应力退火温度一般在 550~590 ℃之间,保温时间按板厚 1~2 min/mm 确定,但最短不少于 30 min,最多不超过 3 h。

在钢材强度等级较高,产生延迟裂纹倾向较大的低合金钢、承受交变载荷工作,要求疲劳强度的钢结构、低温下工作的压力容器和其他焊接钢结构、在腐蚀介质下工作的焊接钢结构、焊后需要稳定几何尺寸的钢结构等应考虑热处理。表 4.15 是部分珠光体耐热钢和中碳调质钢焊后热处理温度。

表 4.15 珠光体耐热钢和中碳调质钢焊接后热处理温度

序号	材料	焊后热处理范围/℃	序号	材料	焊后热处理范围/℃
	珠光体耐热钢			中碳调质钢	
1	12CrMo	650~700	1	30CrMnSiA	淬火+回火:480~700
2	15CrMo	670~700	2	30CrMnSiNi$_2$A	淬火+回火:200~300
3	12CrMoV	710~750	3	30CrMnSiA	回火:500~700
4	20CrMo	650~700	4	30CrMnSiNi$_2$A	回火:500~700

4.3.4 焊条电弧焊基本操作技术

焊条电弧焊基本操作技术包括引弧、运条、连接和收尾。

1. 引弧

引弧有撞击法和划擦法两种。

撞击法又称直击法,操作过程首先将焊条引弧端裸漏的焊芯端面垂直撞击焊件表面,与焊件形成短路,然后迅速将焊条提起 2~4 mm 即引燃了电弧,如图 4.8(a)所示。引弧时焊条撞击焊件表面动作要快,撞击和提起动作要连贯,否则将焊条黏在焊件表面或者形成的电弧又会熄灭。上提距离不能太大,否则会出现断弧。撞击法可以用于酸性焊条和厚板等。

划擦法是将焊条引弧端裸漏的焊芯端面与焊件表面与划火柴相似,即可引燃电弧,如图4.8(b)所示。像撞击法一样引弧过程要快要连贯。这种方法对初学者容易掌握,同时如果不注意也会划伤焊件表面,所以对有表面不得划伤技术要求的焊件,应采用撞击法。如引弧时划伤了不锈钢表面会使其耐蚀性下降。划擦法既适合酸性焊条,也适合碱性焊条,碱性焊条采用划擦法可以防止引弧处出现气孔。

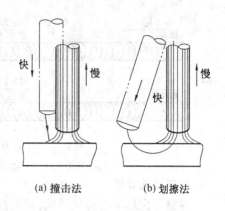

(a) 撞击法　　(b) 划擦法

图4.8　引弧方法

引弧应在引弧板上进行,对未设置引弧板的焊件应在距离焊接接头边缘10～15 mm处开始引弧。引燃电弧后将电弧迅速移到焊缝的起始点,并将电弧长度调整到正常的范围。未设置引弧板的引弧方式其优点是对焊接接头起始处,电弧折返起预热作用,以保证焊缝起始处与正常焊缝质量相同,同时减缓冷却速度,防止起始处产生气孔。

2.运条

电弧引燃后焊条应作三个方向的基本运动,以保证焊缝成形良好和保证焊缝的宽度。一是焊条以等同熔化焊条的速度向熔池方向送进,始终保持电弧的长度在正常范围;二是为保证焊缝有一定的宽度,焊条应做横向摆动,摆动范围应符合焊缝宽度的要求,横向摆动的同时电弧能增加热量输入,减缓熔池结晶的时间,有利于气体和夹杂的排除,焊条横向摆动的形式有多种,图4.9是其中的几种;三是焊条沿着焊接方向匀速移动,移动速度应根据焊件的厚度、焊接电流的大小、焊缝尺寸的要求、焊接位置等来确定。

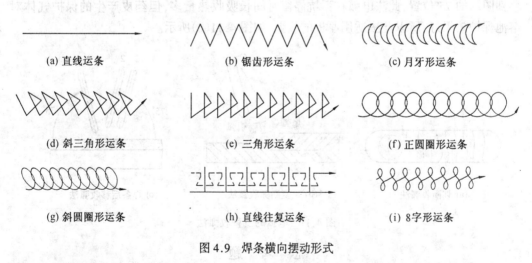

图4.9　焊条横向摆动形式

3.焊缝的连接

焊接结构中的焊缝有长有短,所以一根焊条难以完成长焊缝的焊接,因此必然出现焊缝接头的连接问题,连接形式如图4.10所示。在接头连接中无论采用那种连接方式,如果操作不当都会出现接头余高过高或过低,接头宽窄不一致的缺陷。

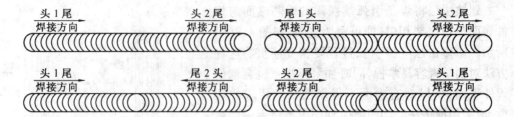

图 4.10 焊缝接头的连接形式
1—先焊焊缝；2—后焊焊缝

4.焊缝的收弧

焊缝焊完后应将弧坑填满，否则在弧坑的部位会出现应力集中而产生弧坑裂纹、弧坑气孔等缺陷，常见的收弧动作如图 4.11 所示。

(1)划圈收弧法

在焊缝末端，电弧在弧坑位置做圆周运动，直到填满弧坑为止。此法电弧在弧坑停留时间长吸收热量多，但药皮产生的保护气体对熔池保护效果好，所以划圈收弧法适用于厚板以及碱性焊条和酸性焊条的收弧，如图 4.11(a)所示。

(2)反复断弧收弧法

在焊缝末端，电弧在弧坑位置进行反复熄弧，直到弧坑填满为止，此法电弧在弧坑反复熄弧，弧坑温度不会过高，但药皮产生的保护气体对熔池保护效果差，所以反复断弧收弧法可以用于厚板、薄板以及大电流酸性焊条的收弧，如图 4.11(b)所示。

(3)焊条后移收弧法

在焊缝末端，电弧对准弧坑，将焊条焊接时摆放的 75°位置均匀缓慢的按照 1、2、3 后移到图示的 75°位置，此法电弧在弧坑停留时间长吸收热量多，但药皮产生的保护气体对熔池保护效果好，所以此法适用厚板的收弧，如图 4.11(c)所示。

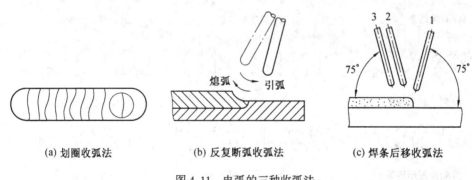

(a) 划圈收弧法　　　(b) 反复断弧收弧法　　　(c) 焊条后移收弧法

图 4.11 电弧的三种收弧法

思 考 题

1.焊接接头包括哪几部分？基本形式有几种？

2.厚板开坡口的目的，选择坡口形式应考虑哪些因素？消耗焊接材料多少的坡口形式如何排列？

3.对接接头常用的坡口形式有哪几种？

4. 焊缝符号由哪几部分组成？基本符号、尺寸符号、焊缝辅助符号和补充符号表示的含义及如何表示？

5. 焊件焊前预热的目的是什么？

6. 焊条焊前为什么要烘干？酸性焊条、碱性焊条的烘干温度和保温时间如何确定？

7. 焊条电弧焊焊接工艺参数包括哪些内容？焊条直径和焊接电流如何选择？

8. 什么叫后热？后热的目的是什么？

9. 焊件焊后热处理的目的是什么？

10. 焊条收弧法有几种？各适用什么范围？

第5章 其他焊接方法

5.1 埋弧焊的原理及特点

埋弧焊是一种焊接生产率较高广泛使用在钢结构直缝和环缝焊接的一种电弧焊方法。埋弧焊是利用电弧作为热源,焊接时将电弧掩埋在焊剂层下燃烧,电弧光不外露,所以又称焊剂层下的电弧焊。

5.1.1 埋弧焊的工作原理

埋弧焊的电弧引燃、焊丝送进和使电弧沿焊接方向移动等过程都是由机械装置自动完成的,埋弧焊的焊接过程如图5.1所示。焊接时电源的两极分别接在导电嘴和焊件上,焊丝通过导电嘴与焊件短接,在焊丝周围撒上焊剂,启动电源,则电流经过导电嘴、焊丝与焊件构成焊接回路。引燃电弧后电弧的热量使周围的焊剂熔化形成熔渣,与电弧接触较近的焊剂分解,金属中的气体和冶金反应中产生的气体能够不断地逸出,气体排开熔渣形

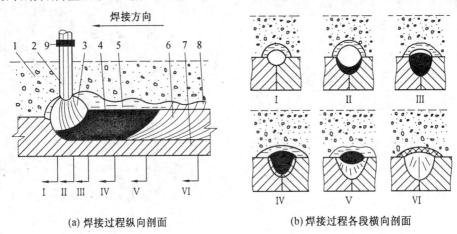

(a) 焊接过程纵向剖面　　　　(b) 焊接过程各段横向剖面

图5.1 埋弧焊焊接过程

1—焊剂;2—焊丝;3—电弧;4—焊接熔池;5—熔渣;6—焊缝;7—焊件;8—渣壳;9—导电嘴

成一个气泡,电弧就在这个气泡中燃烧,焊丝与钢板在电弧高温作用下加热熔化,并与焊剂中合金剂一起混合形成金属熔池。金属熔池上覆盖着一层熔渣,熔渣外层是未熔化的焊剂,它们一起保护着金属熔池,使其与周围空气隔离,并使有碍操作的电弧光辐射不能散射出来。电弧向前移动时,电弧力将熔池中的液态金属排向后方,则熔池前方的金属就暴露在电弧的强烈辐射下而熔化,形成新的熔池,电弧移开部位的熔池金属则冷却凝固成焊缝,熔渣也凝固成渣壳(焊渣)覆盖在焊缝表面,由于熔渣的凝固温度低于液态金属的结晶温度,熔渣总是比液态金属凝固迟一些。这就使混入熔池的熔渣和溶解在液态金属中的气体及冶金反应中产生的气体能够不断地逸出,减小焊缝产生夹渣和气孔等缺陷的倾向。

埋弧焊机有采用机械传动方式的自动埋弧焊机和手工操作的半自动焊机。由于手工

操作劳动强度大,操作难度也大,目前很少采用。

5.1.2 埋弧自动焊的特点

与焊条电弧焊相比,埋弧自动焊有以下特点。

1. 埋弧自动焊的优点

(1)生产效率高

埋弧焊焊接生产率高的原因:一是电弧掩埋在焊剂层下燃烧,没有气体保护焊接时的保护气体散热损失,也基本没有电弧辐射能量损失与熔滴飞溅损失,电弧热的有效利用率高达90%以上,与焊条电弧焊和其他电弧焊方法相比热效率是最高的。二是焊丝上焊接电流的提供点(电极夹)很接近电弧,焊丝电阻热量损失少,而焊条电弧焊焊接电流的提供点,随焊接过程中发生变化,电阻热量损失大。三是焊丝上没有药皮,可以在大电流、高电流密度下以很快的焊丝熔化速度进行焊接,如直径2.0 mm的焊丝焊接电流可在200~600 A范围选择,电流密度达64~191 A·mm^{-2};而直径2.0 mm的焊条焊接电流只能在40~65 A范围选择,电流密度只有13~21 A·mm^{-2}。因此,母材的熔深大,焊接厚板和中厚板可以进行快速焊接或不开坡口焊接,以及单面焊接,因此,焊接生产率很高,焊接成本低。

(2)焊接接头质量好

焊接金属的品质良好、稳定电弧及熔化金属受到焊剂以及由焊剂所形成的熔渣层的保护,很好地防止了空气中有害气体的污染,如表5.1所示。此外,埋弧自动焊通过自身调节功能,控制和保持弧长处于一定数值,保证热输入量基本不变,因此所形成的焊接金属品质良好,而且很稳定。

表5.1 埋弧焊与焊条电弧焊电弧区气体成分

焊接方法	电弧区主要气体成分/%					N/%
	一氧化碳	二氧化碳	氢气	氮气	水气	
埋弧自动焊	89~93		7~9	≤1.5		0.002
焊条电弧焊	46.7	5.3	34.5		13.5	0.02

(3)节省焊材和能源

埋弧焊可采用较大的焊接电流,熔深大,焊接较厚的钢板时可以不开坡口,节省了加工坡口的工时、能源和焊丝用量。此外,焊条电弧焊焊后每根焊条都会剩有一个焊条头,而埋弧自动焊连续焊接,并且没有焊条电弧焊接头的重叠部分,减少了焊材的损耗等,因此,当焊缝尺寸相同时,用埋弧自动焊焊接单位长度相同的焊缝所消耗的焊接材料和能源都要少。

(4)焊缝表面美观工作环境好

埋弧自动焊焊接速度均匀,电弧长度基本不变,熔化金属凝固过程中受到熔渣的覆盖,焊缝表面美观,波纹均匀一致。焊接过程中与焊条电弧焊相比,焊接电弧始终在焊剂层下,无弧光辐射或辐射较少,大大改善了工作环境。

2. 埋弧自动焊的不足

(1)购置设备费用高

由于需要大容量配电设备和较高售价的焊接装置,与焊条电弧焊及半自动电弧焊相比,其一次性设备费用较高。

(2)坡口尺寸精度要求高、粗糙度小

坡口尺寸精度高、粗糙度小是埋弧自动焊焊接所固有的问题。如果坡口尺寸精度低、粗糙度大,焊接过程中电弧长度很难保持一致,因此,焊接接头质量也很难保证。在坡口精度较差时需要通过焊条电弧焊进行密封焊接,或者是采用适当的衬垫。

(3)焊接位置受到限制

因为采用的是颗粒状焊剂,因此一般用于平焊和在倾斜度不大的斜面上焊接,其他位置的焊接需要采用特殊性能的焊剂或承托焊剂的辅助装备。

(4)适用材料和接头形式

埋弧焊的应用对象还主要限定在碳素钢、低合金钢、不锈钢等钢材的焊接,而焊接有色金属存在困难。此外只适合焊接对接、T形、搭接接头和堆焊焊缝等。

(5)降低焊缝金属的冲击韧性

单层大电流焊接时焊缝熔合区容易出现粗大的魏氏组织,而使韧性低于焊接的钢材。在要求焊缝具有较高韧性时,应在焊丝、焊剂的组合上作出选择,或者是采用多层焊。

(6)主要适用焊接范围

埋弧自动焊适用长焊缝、圆形容器和管道的环缝、中等以上厚板的焊接,对于短焊缝,因设备移动不如焊条电弧焊电焊机方便,所以很少采用。此外,电流在100 A以下焊接时,电弧的稳定性差,因而不适合焊接薄板。

5.1.3 埋弧焊的焊接材料

1. 焊丝

焊丝在埋弧焊中作为填充材料,对焊缝的力学性能和其他性能有直接的影响。目前,根据焊丝化学成分分类,埋弧焊焊丝可分为低碳钢焊丝、高强度钢焊丝、Cr-Mo耐热钢焊丝、低温钢焊丝、不锈钢焊丝和表面堆焊焊丝等。

埋弧焊用焊丝与焊条的钢芯基本相同,其碳钢和低合金钢实心焊丝牌号和成分可查阅GB/14957—1995,实心焊丝的型号和成分可查阅GB/T8110—1995标准。

2. 焊剂

焊剂是具有一定粒度的颗粒状物质,是埋弧焊和电渣焊用来对焊缝金属起保护作用、冶金处理作用和改善工艺性能的焊接材料。焊剂的分类方法很多,下面介绍三种分类方法。

(1)按照制造方法分类

按照制造方法,焊剂可分为熔炼焊剂和非熔炼焊剂。

熔炼焊剂是把各种配制好的原材料混合,放入1 300℃以上的电炉或火焰炉中熔炼,出炉后经水冷粒化、烘干、筛选成为焊剂。熔炼焊剂按颗粒结构又可分为玻璃状焊剂、玉石状焊剂和浮石状焊剂等。玻璃状焊剂和玉石状焊剂的结构比浮石状焊剂更致密,前两种焊剂松装比为$1.1 \sim 1.8$ g/cm^3,后一种为$0.7 \sim 1.0$ g/cm^3。熔炼焊剂成分均匀,不易吸潮,便于运输和保管。

非熔炼焊剂又分为黏结焊剂和烧结焊剂。黏结焊剂也称为陶瓷焊剂,是将配制好的原材料加水玻璃搅拌均匀后制成颗粒,经400~500℃烘干而成。烧结焊剂与黏结焊剂制造方法相同,只是烧结焊剂烘干温度为700~900℃,比黏结焊剂高,所以称为烧结焊剂。

非熔炼焊剂中可以加合金粉等,能向焊缝过渡合金元素,所以焊接特殊焊缝时,应采用烧结焊剂。

(2)按化学成分分类

按照 SiO_2 含量分类,可分为高硅焊剂 $SiO_2 > 30\%$、中硅焊剂 $SiO_2 = 10\% \sim 30\%$ 和低硅焊剂 $SiO_2 < 10\%$;按 MnO 含量分类,可分为高锰焊剂 $MnO > 30\%$、中锰焊剂 $MnO = 15\% \sim 30\%$、低锰焊剂 $MnO = 2\% \sim 15\%$ 和无锰焊剂 $MnO < 2\%$;按 CaF_2 含量分类,可分为高氟焊剂 $CaF_2 > 30\%$、中氟焊剂 $CaF_2 = 10\% \sim 30\%$ 和低氟焊剂 $CaF_2 < 10\%$ 等。按 MnO、SiO_2、CaF_2 三种含量组合分类,常用的焊剂 431 称为高锰高硅低氟焊剂,焊剂 350 称为中锰中硅中氟焊剂。

(3)按熔渣的碱度分类

焊剂酸碱度的计算可按照国际焊接学会推荐的公式:

$$B = \frac{CaO + MgO + BaO + SrO + Na_2O + K_2O + CaF_2 + 0.5(MO + FeO)}{SiO_2 + 0.5(Al_2O_3 + TiO_2 + ZrO_2)} \quad (5.1)$$

公式中各种氧化物和氟化物的组分按其质量分数计算,得出的结果,当 $B < 1.0$ 时为酸性焊剂;$B = 1.0$ 时为中性焊剂;$B > 1.0$ 时为碱性焊剂。

3. 焊剂的牌号

(1)熔炼焊剂的牌号

埋弧焊和电渣焊用熔炼焊剂的牌号打头用汉语拼音大写"HJ"表示,"HJ"后第一位数字表示焊剂中含 MnO 的质量分数,"HJ"后第二位数字表示焊剂中含 SiO_2、CaF_2 的质量分数(如表 5.2 的编排),"HJ"后第三位数字表示同一类型焊剂的不同牌号,按 1、2、3…9 顺序排列,对同一牌号焊剂有两种颗粒度时,在细颗粒焊剂第三位数字后添加"X"。细颗粒度焊剂的粒度为 $1.425 \sim 0.28$ mm(14 目 $\sim$ 60 目),普通焊剂的粒度为 $2.5 \sim 0.45$ mm(8 目 $\sim$ 40 目)。其中细颗粒度焊剂中,0.28 mm 以下的细粒不得大于 5%,1.425 mm 以上的粗粒不得大于 2%。普通焊剂 0.45 mm 以下的细粒不得大于 5%,2.50 mm 以上的粗粒不得大于 2%。

表 5.2 "HJ"后第一、二位数字的含义

第一位数字的含义			第二位数字的含义		
牌 号	焊剂类型	MnO/%	牌 号	焊剂类型	SiO_2、CaF_2/%
HJ1××	无锰	<2	HJ×1×	低硅低氟	$SiO_2 < 10$、$CaF_2 < 10$
HJ2××	低锰	2~15	HJ×2×	中硅低氟	$SiO_2 10 \sim 30$、$CaF_2 < 10$
HJ3××	中锰	15~30	HJ×3×	高硅低氟	$SiO_2 > 30$、$CaF_2 < 10$
HJ4××	高锰	>30	HJ×4×	低硅中氟	$SiO_2 < 10$、$CaF_2 10 \sim 30$
HJ 4 3 1 X — 焊剂粒度14~60目 — 牌号编号为1 — 焊剂高硅低氟型 — 焊剂为高锰型 — 埋弧焊及电渣焊用熔炼焊剂			HJ×5×	中硅中氟	$SiO_2 10 \sim 30$、$CaF_2 10 \sim 30$
			HJ×6×	高硅中氟	$SiO_2 > 30$、$CaF_2 10 \sim 30$
			HJ×7×	低硅高氟	$SiO_2 < 10$、$CaF_2 > 30$
			HJ×8×	中硅高氟	$SiO_2 10 \sim 30$、$CaF_2 > 30$
			HJ×9×	其 他	—

(2)烧结焊剂的牌号

埋弧焊和电渣焊用烧结焊剂的牌号打头,用汉语拼音大写"SJ"表示,"SJ"后第一位数字表示烧结焊剂熔渣的渣系,如表 5.3 所示,"SJ"后第二、三位数字表示同一渣系类型焊剂中的不同牌号,按 01、02…09 顺序排列。

表 5.3 "SJ"后第一位数字表示的含义和牌号举例

焊剂牌号	熔渣类型	主要成分及含量/%	牌号举例
SJ1××	氟碱	$CaF_2 \geq 15$ $CaO + MgO + MnO + CaF_2 \geq 50$ $SiO_2 \leq 20$	SJ 2 02 牌号编号为02 焊剂熔渣渣系为高铝型 烧结焊剂
SJ2××	高铝	$Al_2O_3 \geq 20$ $Al_2O_3 + CaO + MgO > 45$	
SJ3××	硅钙	$CaO + MgO + SiO_2 \geq 60$	
SJ4××	硅锰	$MnO + SiO_2 \geq 50$	
SJ5××	铝钛	$Al_2O_3 + TiO_2 \geq 45$	
SJ6××	其他	—	

5.1.4 埋弧焊焊接低碳钢和低合金钢的焊丝与焊剂

埋弧焊由于具有焊接生产率高、熔深大、焊接接头质量好等几项优点,在造船、锅炉、压力容器、桥梁、建筑钢结构、起重机械及冶金机械的制造中应用广泛。主要对碳素钢、低合金结构钢、不锈钢、耐热钢及其复合钢材等各种钢结构进行焊接。采用自动焊方式,能够得到成型和性能均符合要求的焊缝。

此外还发展了多丝埋弧焊、带极埋弧焊、金属粉末埋弧焊等,极大地提高了焊接生产率。在表面耐磨、耐腐蚀材料的堆焊方面也比其他方法更具优势。表 5.4 是焊接低碳和低合金钢的焊丝与焊剂应用。

表 5.4 低碳钢和低合金钢的焊丝与焊剂应用

焊剂牌号	焊丝牌号	焊丝直径/mm	特点用途	熔敷金属力学性能			
				σ_b/MPa	σ_s/MPa	δ_5/%	A_{kV}/J
HJ430 HJ433	H08A	2.0~5.0	焊接低碳钢及某些低合金钢,用于锅炉、船舶、压力容器、输油输气管道等焊接	410~550	≥330	≥22	≥27/0℃
HJ431	H08MnA	2.0~5.8	焊接低碳钢及低合金钢(如Q345、15MnV 等)结构,用于锅炉、船舶、压力容器等焊接				
HJ230 HJ350	H10Mn2	2.0~5.8	焊丝中的 Mn 过渡得多,相对力学性能良好,熔渣的氧化性弱,焊接低碳钢及低合金钢结构				—
HJ433	H10MnSi	2.0~5.0	焊接效率高、质量稳定,可焊接重要的低碳钢及低合金钢,用于输油输气管道等焊接				≥27/0℃

5.2 CO_2 气体保护电弧焊的原理及特点

5.2.1 CO_2 气体保护电弧焊的原理

CO_2 气体保护电弧焊保护方式与焊条电弧焊和埋弧焊保护方式是不同的,后者是渣-气联合保护,而 CO_2 气体保护电弧是利用 CO_2 气体在焊丝熔化极电弧焊中对电弧及熔化区母材进行保护的焊接方法,所以称作"CO_2 气体保护电弧焊",简称"CO_2 焊"。它采用卷在焊丝盘上与母材相近材质的金属焊丝作为电极。焊丝既是电弧的一极,同时焊丝熔化后与母材熔化金属共同形成焊缝,起到填充材料的作用,如图 5.2 所示。为防止外界空气混入到电弧、熔池所组成的焊接区,采用了 CO_2 气体进行保护。气体是从喷嘴中流出,并且能够完全覆盖电弧及熔池。

5.2.2 CO_2 气体保护电弧焊的特点及应用

与其他电弧焊方法相比,CO_2 焊有以下特点。

1. CO_2 气体保护电弧焊的优点

(1)焊接生产率高

利用 CO_2 电弧焊焊接中厚板时,可以选择较粗焊丝,使用较大电流实现细颗粒过渡,焊丝中的电流密度高达 $100 \sim 300 \text{ A/mm}^2$,熔化速度快,焊丝熔敷率高,同时电弧加热集中,电弧挺度大,穿透力强,焊接熔深大,可以不开坡口或开小坡口,生产率比焊条电弧焊高 $1 \sim 4$ 倍。

在焊接薄板时,可选用细焊丝,使用较小电流实现熔滴短路过渡,这时电弧对工件间断加热,焊接线能量小,焊接变形也小,甚至不需要焊后校正工序,也可以提高工效。实际上 CO_2 焊短路过渡的频率很高,焊接速度即焊接生产率也是很高的。

(2)焊接成本和能耗低

目前我国 CO_2 焊焊丝生产厂家多、数量大,CO_2 气体来源广泛,并在工业中也大量使用,与氩气、氦气相比,其价格便宜,经济实用。据统计,CO_2 焊的材料成本只是焊条电弧焊和埋弧焊的 $40\% \sim 50\%$。

与焊条电弧焊和钨极氩弧焊相比,对相同厚度、相同长度的焊缝进行焊接,CO_2 保护气体具有氧化性能,能加速焊丝与母材的熔化,可采用更快的焊接速度,消耗的电能得以降低,是一种较好的节能焊接方法。

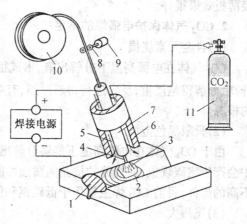

图 5.2 CO_2 气体保护焊焊接过程
1—焊缝;2—熔池;3—电弧;4—焊丝;5—CO_2 气体;6—喷嘴;7—电极夹;8—送丝轮;9—送丝电机;10—送丝盘;11—CO_2 气瓶

(3)适用范围广抗锈性能好

CO_2焊可以采取自动焊或半自动焊方法,对任何位置、任何角度、任何长度及复杂的曲面焊缝都可以进行焊接。薄板可焊到1 mm左右,厚板可以采取多层多道焊接,不受结构条件的制约。

CO_2焊是一种低氢型或超低氢型焊接方法,焊缝含氢量低,抗裂纹性好。与氩弧焊相比,CO_2焊对油、锈、水分等敏感性不大,因此焊缝中产生气孔的倾向小,含氢量低,抗裂性能好。

(4)便于操作不需要清渣

CO_2焊是明弧焊,焊接中可以看清电弧和熔池的变化,便于监视控制焊接质量,也有利于机械自动化操作。

当焊条外包着药皮时,焊后每一道、每一层都需要清理焊渣,如果清理不彻底,焊缝中产生夹渣的倾向就高。CO_2焊焊丝表面没有药皮,焊后不需清渣,减小了夹渣的可能性。

(5)焊接保护效果良好

CO_2气体在0℃和101.3 kPa(1标准大气压力)下,密度为1.9768 g/L,是空气的1.5倍,并且受电弧加热后体积膨胀系数也较大,有较好的隔离空气保护焊接电弧和熔池的作用。另一方面CO_2在电弧高温作用下,分解成一氧化碳和氧,其中在焊接条件下一氧化碳不溶于金属,同时也不与金属发生反应,所以保护效果良好。

(6)焊接变形小

CO_2焊的电弧热量比较集中,焊接时加热面积相对较小,其次CO_2气流对熔池、热影响区以及周边金属材料有较强的冷却作用,因此焊件的焊接热影响区和焊接变形都小,焊接薄板效果很好。

2.CO_2气体保护电弧焊的不足

(1)合金元素烧损

CO_2气体在电弧高温下分解出氧,形成很强的氧化性气氛,而且随着CO_2气体温度的升高,分解得越严重,反应进行得越激烈,有益元素烧损得越多,并且还可能成为产生气孔的根源。

(2)只限黑色金属

由于CO_2气体在电弧高温下能够分解出碳,所以CO_2焊在焊接不锈钢时,在焊缝金属中会产生增碳现象,使焊缝的抗晶间腐蚀性能下降,因此CO_2焊只能用于对焊缝性能要求不高的焊件,目前CO_2焊主要用于低碳钢和低合金钢等黑色金属的焊接。

(3)飞溅大

CO_2焊熔滴过渡不如MIG焊稳定,使用大电流焊接时,焊缝表面成形差,飞溅量大,很难采用交流焊机和在有风的地方焊接。此外CO_2焊产生的烟尘大,操作环境不好。

(4)操作方式受到限定

CO_2焊是在较细直径的焊丝中流过较大的电流,焊丝熔化速度非常快,为了保持电弧长度处于一定值,焊丝必须是连续快速向焊接区送进。由此原因,手工送丝实际上是不可能的,必须利用电机等驱动装置进行自动送丝,因此CO_2电弧焊操作方式只能限定在半自动焊或全自动焊。

通过对焊接条件的合理选择,以及随着焊接电源特性的不断改进,现在 CO_2 焊已成为钢铁材料焊接中广泛采用和积极推广的一种焊接方法。

5.2.3 CO_2 气体保护电弧焊的焊接材料

1. CO_2 气体

(1) CO_2 气体的性质

CO_2 有固、液、气三种状态,纯净的 CO_2 气体是无色无味的氧化性保护气体,在0℃和101.3 kPa(1标准大气压力)下,密度是1.9768 g/L,是空气的1.5倍,并且易溶于水,当溶于水后略有酸味。

CO_2 气体的分解程度与焊接过程中的电弧温度有关,随着温度的升高 CO_2 气体的分解反应越剧烈,CO_2 在高温时几乎全部分解,$CO_2 \xrightarrow{5\,000\,K} CO + O$,由于分解出原子态氧,使电弧气氛具有很强的氧化性。

(2) CO_2 气体的存储

供焊接使用的 CO_2 是以液态形式存储在钢瓶中,钢瓶表面规定漆成黑色,并用黄色写上"液化二氧化碳"字样。标准的 CO_2 气体钢瓶容量为40L,可灌装25kg的液态 CO_2,约占钢瓶容积的80%,其余空间则为汽化的 CO_2。钢瓶压力表上所指示的压力值就是这部分气体的饱和压力。此压力大小和环境温度有关,温度升高,饱和气压增大;温度降低,饱和气压亦减小(因此,装有液态 CO_2 的气瓶不准靠近热源或置于烈日下暴晒),只有当钢瓶内液态 CO_2 已全部挥发成气体后,瓶内气体的压力才会随着 CO_2 气体的消耗而逐渐下降。

满瓶的 CO_2 其压力为5.0~7.0 MPa,使用中,随着瓶内 CO_2 数量的减少,瓶内的压力逐渐降低,溶于液态 CO_2 中水分的汽化量也随之增多。当室温为20℃,瓶中气体压力低于0.98 MPa时,钢瓶中的液态 CO_2 已基本挥发完,因此不宜再继续使用,如继续使用时,焊缝产生气孔等焊接缺陷的倾向会明显增加。

(3) 焊接用 CO_2 气体的纯度

在标准大气压下液态 CO_2 沸点为-78℃,因此在常温下容易汽化。1 kg液态 CO_2 可汽化成509 L气态的 CO_2(一瓶液态 CO_2 可汽化成12 725 L气态 CO_2),并且可溶解质量分数为0.05%的水,多余的水会沉于瓶底。这些水在焊接过程中随液态 CO_2 一起挥发并混入气态 CO_2 中,直接进入焊接区,使焊缝中增氢,塑性下降,气孔增加等,因此焊接用的 CO_2 气体必须具有较高的纯度。一般要求 $w(CO_2) > 99\%$,$w(O_2) < 0.1\%$,$w(H_2O) < 0.05\%$。国外有时还要求 $w(CO_2) > 99.8\%$,$w(H_2O) < 0.0066\%$,露点低于-40℃(水分的质量分数为0.006%,相当于GB/T6052—1993中的Ⅰ类)。GB 6052—1985规定了液体 CO_2 的技术要求,如表5.5所示。

表5.5 焊接用液体 CO_2 的技术要求

指标名称	Ⅰ类/%	Ⅱ类/%		
		一级	二级	三级
CO_2 含量	≥99.8	≥99.5	≥99.0	≥99.0
水分含量	≤0.005	≤0.05	≤0.10	—

2. CO_2 焊焊丝

CO_2 焊使用的焊丝有实心焊丝和药芯焊丝两种。

(1)实心焊丝的牌号和型号

实心焊丝系热轧线材经拉拔加工而成,为了防止生锈采用镀铜处理,包括电镀、浸铜及化学镀铜等处理。

焊接用实心焊丝牌号打头用汉语拼音大写字母"H"表示,"H"后面的一位或二位数字表示含碳量,其他合金元素含量的表示方法与钢材的表示方法大致相同。牌号尾部标有"A"或"E"时,"A"表示要求硫、磷含量低的优质钢焊丝,"E"表示要求硫、磷含量特别低的特优质钢焊丝,表5.6为常用实心焊丝的化学成分及用途。如:H08Mn2SiA 是表示 C 的质量分数为 0.08%、Mn 的质量分数约为 2%、Si 的质量分数小于等于 1%的优质焊接用实心焊丝。

表5.6 部分常用国产实心焊丝牌号、化学成分和用途

焊丝牌号	合金元素/%							用途
	C	Si	Mn	Cr	Ni	S	P	
H10MnSi	≤0.14	0.60~0.90	0.8~1.10	≤0.20	≤0.30	≤0.030	≤0.040	焊接低碳钢、低合金钢
H08MnSi	≤0.10	0.70~1.0	1.0~1.30	≤0.20	≤0.30	≤0.030	≤0.040	焊接低碳钢、低合金钢
H08MnSiA	≤0.10	0.60~0.85	1.40~1.70	≤0.20	≤0.25	≤0.030	≤0.035	焊接低碳钢、低合金钢
H08Mn2SiA	≤0.10	0.70~0.95	1.80~2.10	≤0.20	≤0.25	≤0.030	≤0.035	焊接低碳钢、低合金钢

气体保护焊碳钢、低合金钢实心焊丝的型号及化学成分如表5.7所示。焊丝型号打头用汉语拼音大写字母"ER"表示焊丝,"ER"后面的两位数字表示熔敷金属的抗拉强度最低值,短划"-"后面的字母或数字表示焊丝化学成分分类代号。附加其他化学元素时,直接用元素符号表示,并以短划"-"与前面数字分开。

表5.7 国产部分碳钢、低合金钢实心焊丝的型号及化学成分

焊丝型号	化学成分(质量分数)/%								其他元素总量
	C	Mn	Si	S	P	Ni	Cr	Cu	
ER49-1	≤0.11	1.80~2.10	0.65~0.95	≤0.30	≤0.30	≤0.30	≤0.20		—
ER50-3	0.06~0.15	0.90~1.40	0.45~0.75	≤0.025	≤0.035	—	—	≤0.50 (铜含量包括镀铜层)	≤0.50
ER50-4	0.07~0.15	1.00~1.50	0.65~0.85	≤0.025	≤0.035	—	—		
ER50-6	0.06~0.15	1.40~1.85	0.80~1.15	≤0.025	≤0.035	—	—		
ER50-7	0.07~0.15	1.50~2.00	0.50~0.80	≤0.025	≤0.035	—	—		

焊丝型号举例：

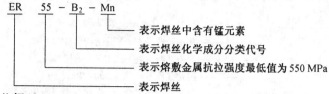

(2)药芯焊丝

药芯焊丝是20世纪50年代初发展起来的一种焊丝,外层是由冷轧薄钢板带制成的有缝或焊成的不同截面形状的无缝钢管,内部是各种混制而成的焊药粉,如图5.3所示。药芯焊丝与实心焊丝相比可采用大电流、全位置焊接、熔敷速度快、焊道外观平坦美观、飞溅少、焊缝质量好、焊接工艺性能好、对钢材的适应性强,可用于焊接各种类型的钢结构,如低碳钢、低合金高强钢、低温钢、耐热钢、不锈钢和耐磨堆焊等。保护气体除了二氧化碳外还有 Ar + CO_2 混合气体。药芯焊丝适用于交流或直流自动或半自动焊。

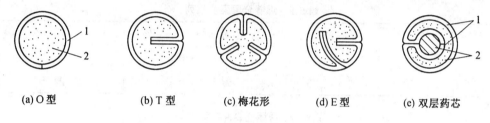

图5.3 药芯焊丝截面形状

1—金属层;2—焊药粉

药芯焊丝型号编排是由焊丝类型代号和焊缝金属的力学性能两部分组成。打头用汉语拼音大写字母"EF"表示药芯焊丝代号,"EF"后面第一位数字表示适用的焊接位置:0表示用于平焊和横焊,1表示用于全位置焊接;第二位数字或字母为分类代号如表5.8所示。第二部分在短线"-"后用四位数字表示焊缝的力学性能:前两位数字表示抗拉强度最低值,如表5.9所示后两位数字表示冲击吸收功,其中第一位数字为冲击吸收功不小于27J所对应的试验温度,第二位数字为冲击吸收功不小于47J所对应的试验温度,如表5.10所示。

表5.8 药芯焊丝分类及类型代号

焊丝类型	药芯类型	保护气体	电源种类	适用性
EF×1-	氧化钛型	二氧化碳	直流反接	单道焊和多道焊
EF×2-	氧化钛型	二氧化碳	直流反接	单道焊
EF×3-	氧化钙-氟化物型	二氧化碳	直流反接	单道焊和多道焊
EF×4-	—	自保焊	直流反接	单道焊和多道焊
EF×5-	—	自保焊	直流正接	单道焊和多道焊
EF×G-	—	—	—	单道焊和多道焊
EF×GS	—	—	—	单道焊

药芯焊丝型号举例：

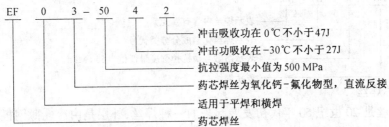

药芯焊丝的牌号打头用汉语拼音大写字母"Y"表示，"Y"后面第二个字母及第一、二、三位数字与焊条编制方法相同，短线"-"后面的数字表示焊接时的保护方法，其中1表示气体保护、2表示自保护、3表示气体保护和自保护两用、4表示其他保护形式。药芯焊丝有特殊性能和用途时，在牌号后面加注起主要作用的元素或主要用途的字母（一般不超过两个）。

表5.9 焊缝金属强度系列

强度系列	抗拉强度 σ_b/MPa	屈服强度 σ_s/MPa	伸长率 δ/%
43	430	340	22
50	500	410	22

表5.10 焊缝金属冲击吸收功

第一位数	冲击吸收功/J(V形缺口)		第二位数	冲击吸收功/J(V形缺口)	
	温度/℃	冲击功不小于		温度/℃	冲击功不小于
0	没有规定		0	没有规定	
1	+20		1	+20	
2	0		2	0	
3	-20	27	3	-20	47
4	-30		4	-30	
5	-40		5	-40	

例如，YJ422-1表示熔敷金属抗拉强度≥420 MPa，用于焊接结构钢的钛钙型药芯焊丝，交直流两用，短线"-"后面的1表示焊接时采用气体保护。CO_2气体保护焊时，为了得到良好的保护效果，一般采用直径为0.8~1.6 mm的焊丝。

5.3 氩弧焊的原理及特点

5.3.1 手工钨极氩弧焊的原理

钨极惰性气体保护焊，简称TIG焊，是以高熔点的纯钨、钍钨级、铈钨级等作电极，用氩气、氦气或其混合气体作保护气的一种不熔化极电弧焊方法。通常把用氩气作保护气的 TIG 焊称为钨极氩弧焊。

TIG 焊是在惰性气体的保护下,利用钨极和工件之间产生的焊接电弧熔化焊件及焊丝的一种焊接方法。焊接中,惰性气体以一定的速度和数量从焊枪的喷嘴中喷出,将电弧周围一定范围内的空气排出焊接区,保护熔滴、熔池,并形成焊缝,如图 5.4 所示。保护气体可采用氩气、氦气或氩+氦混合气体,特殊场合也采用氩气+氢气或氦气+氢气混合气体。焊丝根据焊件设计要求,可以填加或不填加。TIG 焊按操作方式分为手工 TIG 焊和自动 TIG 焊。电源有直流 TIG 焊电源、交流 TIG 焊电源和脉冲 TIG 焊电源。

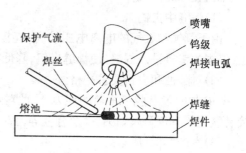

图 5.4 TIG 焊示意图

5.3.2 TIG 焊的特点

1. TIG 焊的优点

(1) 气体保护性能好,合金元素的烧损少

氩气和氦气属于惰性气体,密度比空气大,热导率小,既不与液态金属反应也不溶解在液态金属中,而且能够有效地隔绝空气,不会造成焊缝中合金元素的烧损,所以能对钨极、溶滴、熔池金属及热影响区进行很好的保护,有效地防止熔池金属被氧化、氮化。此外,TIG 焊电弧燃烧过程中,由于电极不熔化,容易维持恒定的电弧长度,填充焊丝通过电弧区,不会引起很大的飞溅,整个焊接过程十分稳定,易保证良好的焊接接头质量。

(2) 易实现全位置焊接

TIG 焊时热源和送丝可以分别控制,热输入量容易得到调节。TIG 焊是明弧,便于观察和操作,又没有熔滴过渡,从而能很方便地实现全位置焊接。手工 TIG 焊焊接时,焊丝的填加和焊枪的运动完全是靠手工操作来完成的,自动 TIG 焊的焊枪运动和焊丝填充都是由机电系统按设计程序自动完成,容易实现机械化和自动化,如环缝自动钨极氩弧焊、管子对接自动钨极氩弧焊等自动 TIG 焊方法。在实际生产中,手工 TIG 焊应用最广泛。

(3) 焊接变形小

TIG 焊的电弧热量集中,焊接时加热面积小,其次保护气体气流对熔池、热影响区以及周边金属材料有较强的冷却作用,因此,焊件的焊接热影响区和变形小。脉冲 TIG 焊焊缝由焊点相互重叠而成,后续焊点的热循环对前一焊点具有热处理作用,同时,脉冲电流对点状熔池具有搅拌作用,焊缝金属组织致密,可用于对热敏感的金属材料和薄板、超薄板构件的焊接,以及用于薄壁管子的全位置焊接等。

(4) 适合多种金属材料焊接

有色金属和黑色金属都可以采用氩弧焊,特别是焊接易氧化的金属,如钛及钛合金、铝及铝合金、铜及铜合金、镁及镁合金。通常多用于铝、铜及其合金、不锈钢、耐热钢等的焊接。

为了适应新材料(如热敏感性大的金属、难熔金属等)和新结构(如薄壁零件的单面焊双面成形等)的焊接要求,钨极氩弧焊出现了一些新形式,如钨极氩弧点焊和热丝氩弧焊等。

2. TIG 焊的不足

(1)焊缝中夹钨

由于氩气和氦气的电离电压较高,钨极的逸出功又较高,焊接中易出现烧损钨极现象,烧损的钨极进入焊缝,使焊缝夹钨,降低了焊缝的耐蚀性能。

(2)对除油和去锈要求严格

TIG 焊时没有脱氧去氢的能力,因此对焊前的除油、锈等清理工作要求严格。尤其焊接易氧化的有色金属如铝、镁及合金等,否则会严重影响焊缝质量。

(3)生产率低,成本高

钨极对电流的承载能力有限,过大的电流会引起钨极的熔化和蒸发,造成钨污染,同时,电流小也限制了焊接熔深,使得 TIG 焊与各种熔化极电弧焊相比,生产率低。惰性气体较贵,与焊条电弧焊、二氧化碳气体保护焊、埋弧焊等相比,生产成本高。

此外,TIG 焊引弧不允许钨极与工件接触,通常是采用特殊的引弧措施。

5.3.3　TIG 焊的焊接材料

1. 氩气(Ar)和氦气(He)

(1)氩气的性质

氩气无色无味,在 0℃和一个标准大气压下,密度是 1.78 g/L,约为空气的 1.25 倍。氩气的热导率小,又属于单原子气体,高温时不会因分解而吸收热量,所以在氩气中燃烧的电弧热量损失较小。氩气的密度较大,能很好地覆盖在保护区不易漂浮散失,保护效果良好。另外焊接中产生的烟尘少,劳动环境好。

(2)氩气的存储

氩气可在低于 -184℃下以液态形式储存和运输。焊接时多使用钢瓶装的氩气,氩气钢瓶规定漆成银灰色,上写绿色(氩)字。目前我国常用氩气钢瓶的容积为 33 L、40 L、44 L,在 20℃以下,瓶装氩气压力为 15 MPa。瓶内气体不能用尽,氩气钢瓶一般应直立放置,严禁敲击、碰撞、严禁日光暴晒等。

(3)焊接用氩气的纯度

氩气是一种惰性气体,是在空气中除氮、氧之外含量最多的一种气体。其沸点为 -186℃。氩气是分馏液态空气制取氧气时的副产品,因为氩气的沸点介于氧(-183℃)和氮(-196℃)之间,差值很小,所以在氩气中常残留一定数量的氮气、氧气、氢气和水分等杂质。

根据 GB4842—1984 和 GB10624—1989 的规定,氩气分为工业用氩气和高纯度氩气。工业用氩气其纯度不得低于 99.99%,高纯度氩气的纯度大于 99.999% 以上。焊接中如果氩气的杂质含量超过规定标准,不但影响对熔化金属的保护,而且极易使焊缝产生气孔、夹渣等缺陷,影响焊接接头质量,加剧钨极的烧损量。所以焊接所用的氩气纯度根据不同的金属材料,其纯度也不相同,如表 5.11 所示。

表 5.11 不同金属材料焊接对氩气纯度的要求

金属材料	氩气含量不得小于/%	其他气体不得大于/%		
		氮气	氧气	水分
钛、锆、钼、铌及合金	99.98	0.01	0.005	0.07
铝、镁及其合金、铬镍耐热合金	99.9	0.04	0.05	0.07
铜及铜合金、铬镍不锈钢	99.7	0.08	0.015	0.07

2. 氦气(He)的性质

氦气是一种无色、无味的单原子惰性气体,比空气密度小,不与其他元素组成化合物,不易溶于其他金属,沸点为-269℃,与氩气相比氦气的电离电位较高,焊接时电弧稳定性较差,热导率较大,在相同的电弧强度下电弧电压和电弧温度高,因此母材输入热量大,焊接速度快,弧柱细而集中,焊缝熔深大,适合焊接厚金属和具有高热导率的金属。

氦气分为高纯度氦($w(He) \geqslant 99.999\%$)、纯氦一级品($w(He) \geqslant 99.995\%$)和二级品($w(He) \geqslant 99.99\%$)、工业氦一级品($w(He) \geqslant 99.9\%$)和二级品($w(He) \geqslant 98\%$)。作为焊接用保护气体,一般要求氦气的纯度为 99.9% ~ 99.999%。此外还与被焊母材的种类、成分、性能及对焊接接头的质量要求有关。一般情况下,焊接活泼金属时,为防止金属在焊接过程中氧化、氮化,降低焊接接头质量,应选用高纯度氦气。

3. 钨电极材料

作为 TIG 焊电极使用的钨电极材料应具有很高的熔点,在很宽的电流范围内发射电子的能力强,电弧引燃容易可靠,电弧的稳定性好。常用的电极有纯钨极、钍钨极、铈钨极等。

(1)纯钨极

纯钨极中 $w(W) > 99.85\%$,牌号有 W1、W2。与钍钨极、铈钨极相比,熔点(3 410℃)和沸点(5 900℃)高,电子逸出功为 4.5 eV。纯钨极要发射出等量的电子,有较高的工作温度,在电弧中的消耗也较多,需要经常重新研磨,增加电极额外消耗,在交流 TIG 焊时,钨电极电流承载能力较低,要求焊机有较高的空载电压,所以采用纯钨电极的很少。

(2)钍钨极

钍钨极中 ThO_2 的质量分数在 1% ~ 3.5% 之间,牌号有 WTh-7、WTh-10、WTh-15、WTh-30 等。ThO_2 的功函数低于纯钨的功函数,所需要的能量降低。电子发射能力强,电子逸出功为 2.7 eV,允许的电流密度大。虽然 ThO_2 的熔点不是很高(2 008 K),但 Th 的熔点为 3 327 K,接近钨的熔点。

与纯钨电极比较,能在较低的温度下发射出同等程度的电子数目,同时电极前端的熔化、烧损也少于纯钨极(直流正接),寿命较长,并且电弧容易引燃。

由于加入了钍元素,电极的许用电流值增加,相同直径的电极可以流过较大的电流。一般用于惰性气体保护电弧点焊或 TIG 直流正接(DCSP)焊接。

(3)铈钨极

铈钨极中 CeO_2 的质量分数在 0.5% ~ 2% 之间,牌号有 WCeO-5、WCeO-13、WCeO-

20等。由于钍是放射性元素,应用受到一定的限制,此外钍钨只能满足小电流下的引弧性能、电弧稳定性、耐耗损性能等,所以目前已经很少使用。铈钨极电子逸出功为2.4 eV,与钍钨极相比在相同工艺条件下,弧束较细长,光亮带较窄,温度更集中;最大许用电流密度可增加5%~8%;电极的烧损率下降,修磨次数减少,使用寿命延长;直流焊接时,阴极压降降低10%,比钍钨极更容易引弧,电弧稳定性也好。

(4)锆钨极

锆钨极中ZrO的质量分数在0.15%~0.40%,牌号为WZr。锆钨极在电弧中的烧损进一步减少,在需要特别防止电极对母材产生污染时可以采用锆钨极。锆钨极也适合在交流焊接中使用,因为锆钨极处于一定形状后保持性能良好,即电极形状的稳定性好。

锆钨极通常是以烧结的方式制造成棒材,然后对表面进行化学研磨或机械研磨,具有适当的硬度、均匀的直径和清洁的表面。

此外,还有镧钨极($W + 1\% LaO_2$)、钇钨极($W + 2\% Y_2O_3$)等,牌号为WL10、WC20。

4.钨极的直径

钨极的长度一般在76~610 mm、直径在0.5~10 mm范围。钨极直径的选定取决于焊件的厚度,焊接电流的大小、种类和电源的极性。表5.12为不同直径钨电极的载流能力。

表5.12 不同直径钨电极的载流能力/A

钨极直径 /mm	直流正接		直流反接		交 流	
	纯钨极	钍钨、铈钨极	纯钨极	钍钨、铈钨极	纯钨极	钍钨、铈钨极
1.0	20~60	15~80	—	—	15~55	15~70
1.6	40~100	50~160	10~20	10~30	20~100	60~125
2.0	60~150	100~200	15~25	15~25	60~125	85~160
2.5	130~230	160~250	17~30	17~30	80~140	120~210
3.0	140~180	200~300	20~40	20~40	100~160	140~230
4.0	240~320	350~480	30~50	35~50	180~260	240~350

钍钨极用直流正极性时可增大电流20%以上。另外,在确定电极直径时还必须考虑焊接板材的厚度,一般应尽可能选择小的电极直径来承担所需要的焊接电流,而允许的最大电流值还与电极的伸出长度及冷却程度有关。

5.3.4 熔化极氩弧焊的原理与特点

1.熔化极氩弧焊的原理

熔化极氩弧焊顾名思义,是一种熔化电极用氩气作为保护气体的一种焊接方法。

熔化极氩弧焊在焊接原理上与CO_2电弧焊基本相近,图5.5为其原理示意图。从焊枪喷嘴中流出的保护气体对焊接区及电弧进行保护,熔化极焊丝与焊件之间形成焊接电弧,熔化焊丝与焊件。焊丝熔化形成熔滴并从焊丝端部脱落过渡到熔池,与母材熔化共同形成焊缝。

熔化极氩弧焊与CO_2电弧焊的差别主要表现在焊接采用惰性气体进行保护,其中以使用氩气的情况居多,也可以采用氩气+氦气、氩气+氧、氩气+二氧化碳等的混合气进行保护,因此称之为 MIG(Metal inert gas arc welding)焊接。

2. 熔化极氩弧焊的特点

与其他焊接方法相比,熔化极氩弧焊的特点如下。

(1) 可焊接各种金属

熔化极氩弧焊与焊条电弧焊、CO_2 电弧焊、埋弧焊相比,可以焊接几乎所有的金属。既可以焊接碳钢、合金钢、不锈钢、耐热钢,又可以焊接铝及铝合金、铜及铜合金、钛合金等容易被氧化的非铁金属。这一点与 TIG 焊、等离子弧焊一致。

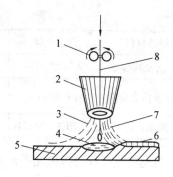

图 5.5 熔化极氩弧焊示意图
1—送丝轮;2—喷嘴;3—保护气体;4—熔池;5—焊件;6—焊缝;7—熔滴;8—焊丝

(2) 电弧稳定,焊接生产率高

与 CO_2 电弧焊相比,熔化极氩弧焊电弧状态稳定,熔滴过渡平稳,几乎不产生飞溅,熔透也较深。

由于采用熔化极方式进行焊接,焊丝和电弧的电流密度大,焊丝熔化速度快,与 TIG 焊相比,对母材的熔敷效率高,母材熔深和焊接变形都好于 TIG 焊,焊接生产率高。

(3) 良好的阴极雾化作用、不与熔化金属产生冶金反应

熔化极氩弧焊直流反接焊接铝及铝合金,对母材表面的氧化膜有良好的阴极雾化清理作用。

由于惰性气体本质上不与熔化金属产生冶金反应,如果保护条件稳妥,可以防止周围空气的混入,避免氧化和氮化。因此,在焊丝中不需要加入特殊的脱氧剂,使用与母材同等成分的焊丝即可进行焊接。

熔化极氩弧焊由于使用氩气保护,焊接成本比 CO_2 电弧焊高,焊接生产率也低于 CO_2 气体保护焊;焊接准备工作要求严格,包括对焊接材料的清理和焊接区的清理等;厚板焊接中的封底焊焊缝成形不如 TIG 焊质量好。

5.3.5 熔化极氩弧焊使用的保护气体及焊丝

焊接用气体有多种,熔化极氩弧焊选择保护气体主要根据被焊金属材料的性质、接头质量和焊接工艺方法等。如焊接铝、镁及其合金可采用纯氩气,焊接碳钢及低合金钢时希望用 $Ar + O_2 + CO_2$ 混合气体,以保证熔深,从减少氧化物夹杂和焊缝含氧量考虑,应采用纯氩气等。表 5.13 是不同金属材料 MIG、MAG 焊保护气体的选用。

表 5.13 不同金属材料 MIG、MAG 焊保护气体的选用

焊件材料	混合气体	化学性质	焊接方法	备 注
铝及其合金	Ar + 10%He	惰性	MIG	电弧温度高,熔化速度快,熔深大
铜及其合金	Ar + 50%He	惰性	MIG	可改善焊缝金属的润湿性,降低预热温度
不锈钢及高强钢	$Ar + O_2$	氧化性	MAG	用于射流电弧和脉冲电弧
	Ar + 2.5%CO_2	氧化性	MAG	用于短路电弧

续表 5.13

焊件材料	混合气体	化学性质	焊接方法	备 注
钛、锆及其合金	Ar + 25%He	惰性	MIG	用于射流、脉冲和短路电弧
碳钢及低合金钢	Ar + 30%CO_2	氧化性	MAG	熔深适中,用于短路过渡及射流过渡电弧
镍基合金	Ar + 20% ~ 25%He	惰性	MIG	焊件输入热量大,熔化速度较快

熔化极氩弧焊可焊接几乎所有的金属材料,所用的焊丝也比较宽,MIG 焊使用的各种焊丝可查阅相关的焊丝标准。

5.4 钢结构的电阻焊

电阻焊是焊件组合后通过电极施加压力,利用电流通过接头的接触面及临近区域产生的电阻热将其加热到熔化或塑性状态,使之形成金属结合的一种方法。按工艺特点分为点焊、缝焊、对焊和凸焊,如图 5.6 所示。

5.4.1 点焊

1. 点焊的分类及应用

焊件装配成搭接接头,并在两电极之间压紧,利用电阻热熔化母材金属,形成焊点的电阻焊方法称为点焊,如图 5.6(a)所示。

点焊按对焊件供电的方向可分为单面点焊、双面点焊和间接点焊等。点焊广泛地应用在电子、仪表、汽车驾驶室、轿车车身、家用电器的组合件装配连接上,同时也大量地应用于建筑工程、交通运输及航空、航天工业中的冲压件、金属构件和钢筋网的焊接。常用点焊零件的厚度为 0.05 ~ 6 mm,目前点焊最厚钢件为 30 + 30 mm。

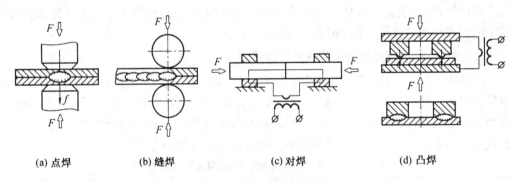

(a) 点焊　　(b) 缝焊　　(c) 对焊　　(d) 凸焊

图 5.6 各种电阻焊方法

2. 点焊工艺参数

工艺参数主要有焊接电流、焊接时间、电极压力及电极头端面尺寸。

(1) 焊接电流 I

焊接时流经焊接回路的电流称焊接电流,点焊时电流 I 一般在数万安培(A)以内。焊接电流过小,使热源强度不足而不能形成熔核或熔核尺寸甚小;电流过大,会引起金属过热、喷溅、压痕过深等缺陷,使接头性能下降。

(2) 焊接时间 t

电阻焊时的每一个焊接循环中,自焊接电流接通到停止的持续时间称焊接时间。点焊时 t 一般在数十周波以内。t 对接头性能的影响与 I 相似,不同之处是,当通电加热到熔核尺寸饱和时,继续延长通电时间一般不会出现飞溅,所以接头强度并不是迅速下降。

(3) 电极压力 F

电阻焊时,通过电极施加在焊件上的压力,一般为数千牛顿(N)。电极压力的大小直接影响到焊接接触面的导电面积及接触电阻大小,从而影响焊点性能。电极压力过小时,由于焊接区金属的塑性变形范围及变形程度不足,造成因电流密度过大而引起加热速度大于塑性环扩展速度,从而产生严重喷溅,这不仅使熔核形状和尺寸发生变化,而且污染环境和不安全。电极压力过大将使焊接区接触面积增大,总电阻和电流密度均减小,焊接区散热增加,因此熔核尺寸下降,严重时会出现未焊透缺陷。

一般认为,在增大电极压力的同时,适当加大焊接电流或焊接时间,以维持焊接区加热程度不变。同时,由于压力增大,可消除焊件装配间隙、刚性不均匀等因素引起的焊接区所受压力波动对焊点强度的不良影响。

(4) 电极头端面尺寸 D

电极头端面尺寸增大时,由于接触面积增大、电流密度减小、散热效果增强,均使焊接区加热程度减弱,因而熔核尺寸减小,使焊点承载能力降低。

5.4.2 缝焊

1. 缝焊的分类及应用

缝焊是指焊件装配成搭接或对接接头并置于两滚轮电极之间,滚轮加压焊件并转动,连续或断续送电,形成一条连续焊缝的电阻焊方法,如图 5.6(b) 所示。

按对焊件供电的方向可将缝焊分为单面缝焊、双面缝焊。按一次形成的焊缝数可将缝焊分为单缝缝焊、双缝缝焊。另外还有小直径圆周缝焊、垫箔带对接缝焊、挤压缝焊、垫丝对接缝焊等。缝焊焊接的最大板厚,对于酸洗过的低碳钢为 3 + 3 mm,对于热轧低碳钢为 2.5 + 2.5 mm。当板厚更大时,电弧焊往往比缝焊更经济。缝焊广泛应用在摩托油箱、拖拉机油箱、装甲车油箱、油桶等密封容器的焊接。

2. 缝焊工艺参数

工频交流断续缝焊工艺参数有焊接电流、电流脉冲时间、脉冲间隔时间、电极压力、焊接速度及滚轮电极端面尺寸。

(1) 焊接电流 I_W

考虑缝焊时的分流,焊接电流应比点焊时增加 15% ~ 40%。随着焊接电流的增大,焊透率及重叠率增加,焊缝强度及密封性也提高,但 I_W 过大时可能产生过深的压痕和烧穿,使接头质量反而下降。

(2) 电流脉冲时间 t 和脉冲间隔时间 t_0

缝焊时,可通过 t 控制熔核尺寸,调整 t_0 控制熔核的重叠量,因此二者应有适当的配合。一般来说,在用较低的焊速缝焊时,$t/t_0 = 1.25 ~ 2$ 可获得良好结果。而随着焊速增大将引起点距加大、重叠量降低,为保证焊缝的密封性,必将提高 t/t_0 值。因此,在采用较高焊速缝焊时,取 $t/t_0 \approx 3$ 或更高。

随着脉冲间隔时间 t_0 的增加,焊透率及重叠量均下降。

(3) 电极压力 F_W

考虑缝焊时压力作用不充分,电极压力应比点焊时增加 20%～50%,具体数值视材料的高温塑性而定。

电极压力增大时,将使熔核宽度显著增加重叠量下降,破坏了焊缝的密封性,特别是在焊接电流较小时其作用更大。电极压力对焊透率的影响较小。

(4) 焊接速度 v_W

焊接速度是缝焊过程中的一个重要参数,其大小决定了焊轮电极与焊缝上各点作用时间的长短,从而影响加热时间、电极压力作用效果及焊轮对焊件的冷却效果等。焊接速度越小,加热越平缓,对焊件的加压效果越好,对焊件表面的冷却效果也越好,从而提高焊缝质量和电极寿命。焊速过快电流过小,会出现未焊透现象;焊速过慢电流过大,则会出现过热现象。

(5) 滚轮电极端面尺寸

端面尺寸直接影响与工件接触面的长度,直径越大,接触长度越长,从而电流密度小,散热快,熔核小。

常常采用不同直径电极来调节焊接不等厚板或异种材料时的热量分配。

5.4.3 对焊

1. 对焊的分类及应用

电阻对焊是将两个焊件端面紧密接触,通过焊接电流,利用电阻热将焊件表面加热至塑性状态,然后迅速施加顶锻力完成焊接的方法,如图 5.6(c) 所示。对焊包括电阻对焊和闪光对焊两种。

对焊是一种快速高效的焊接方法,其特点是不论工件截面大小(从零点几到数万平方毫米)均一次焊成;不论端面熔化与否,熔融金属均挤出焊口成毛刺,而不成为焊缝的组成部分;对焊尤其是闪光对焊,所接工件端面必须一致,对焊不同工件端面时必须有过渡段,其直径差别应小于 15%,厚度差别应小于 10%。对焊广泛应用在焊接钢轨、管道、汽车轮辋、连杆、刀具等。

2. 电阻对焊工艺参数

电阻对焊的主要工艺参数有调伸长度、焊接电流密度(或焊接电流)、焊接时间、焊接压力和顶锻压力。

(1) 调伸长度 L

调伸长度的作用是为了保证必要的留量(焊件缩短量)和调节加热时的温度场。L 过大使温度场平缓,加热区变宽,使塑性变形不易在对口处集中,因而导致排除氧化夹杂困难,同时耗能增大和易产生错位、旁弯等形位缺陷;L 过小使向夹钳电极散热增加,温度场变陡,塑性变形困难,需增大焊接压力和顶锻压力。

(2) 焊接电流密度 j 和焊接时间 t

当采用大电流密度和短焊接时间时,可提高焊接生产率,但要使用较大功率的焊机;当采用过长的焊接时间时,由于焊缝晶粒粗大和氧化程度增加,使接头质量降低。

(3) 顶锻压力 F_u

顶锻压力 F_u 为顶锻阶段施加给焊件端面上的压力,对接触面上的吸热及对口和临近区域的塑性变形均有影响,常以单位面积压力 p 来表示。

5.4.4 凸焊

1. 凸焊的分类及应用

凸焊是点焊的一种变形。凸焊是在焊件的贴合面上预先加工出一个或多个突起点,使其与另一焊件表面相接触并通电加热,然后压塌,使这些接触点形成焊点的电阻焊方法,如图 5.6(d)所示。

凸焊是在点焊基础上发展起来的,利用预先加工出的突起点或零件固有的型面、倒角来达到提高贴合面压强与电流密度的目的。凸焊预制突起点可呈球状、长条状和环状等形状。凸焊有单点凸焊和多点凸焊、环焊、T形焊、滚凸焊、线材交叉焊等。

2. 凸焊工艺参数

凸焊工艺参数包括焊接电流、焊接时间、电极压力。

凸焊接头质量的影响规律与点焊时基本相同,但需注意焊接电流与焊接时间的配合,凸焊时,通常不选用电流太大,时间太短或电流太小,时间太长的规范,以免早期飞溅倾向或焊接区及周围过热;其次,电极压力对接头强度的影响很大,而且允许调节的范围很窄,电极压力太小,凸点预变形小,焊接电流密度过大,会产生飞溅或烧穿现象,电极压力太大,通电前或通电开始时使凸点瞬时压塌,破坏了凸焊过程的正常进行。

电阻焊与其他连接方法相比,电阻焊是在内部加热,接头基本不受大气的污染,在压力下结晶,焊接接头组织致密,不产生气孔裂纹等缺陷,所以接头质量高。还有辅助工序少、无须填加焊接材料及文明生产等优点,尤其易于机械化、自动化,生产效率高,使其经济效益显著增加。但电阻焊方法也存在一些缺点,如电阻焊接头质量的无损检验较为困难,电阻焊设备复杂,维修困难和一次性投资较高等。

5.5 栓钉(焊钉)焊接

栓钉(焊钉)焊接是将栓钉一端与板件(或管件)表面接触通电引弧,待接触面熔化后,给栓钉一定压力完成焊接的方法。由于栓钉和母材均熔化形成共同接头,因此属于熔化焊。与焊条电弧焊相比,栓焊过程焊接时间(仅 1 s 左右)和栓钉装卡时间(仅 2~3 s 左右)都短,生产率是焊条电弧焊的几倍甚至十几倍,焊接时栓钉与母材接触面一次焊透,连接强度高,操作技能要求不高,作业方法简单,减少了工人的劳动强度,减少了弧光、烟雾对工人的危害,是焊接的理想方法。

5.5.1 栓焊工艺

1. 栓焊前清理

栓钉与母材接触面清洁的程度是保证焊接质量的关键,为保证栓钉与母材局部有良好的导电性能,确保接触面清洁,接触良好,栓焊前用化学或物理方法将栓钉接触母材部位及周边的油污、金属表面的氧化物等清理干净。

2. 栓钉形状和尺寸

建筑钢结构工程主要使用的栓钉由两部分组成,一端为圆柱头,另一端用于引弧熔化与母材连接,镶有铝引弧结的连接端。焊钉的结构形状如图 5.7 所示,其规格及尺寸如表 5.14 所示。栓钉的长度 l_1 有 40、50、80、100、120、130、150、170、200 mm 等规格,此外,也可根据需要订做不同长度的栓钉:

$$l = l_1 + WA \tag{5.2}$$

式中　l_1——公称长度,mm(有 40、50、80、100、120、130、150、170、200 等);

　　　WA——栓钉的熔化长度。

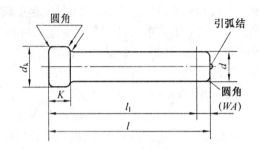

图 5.7　圆柱头栓钉外形

表 5.14　圆柱头栓钉规格尺寸/mm

	工称直径	6	8	10	13	16	19	22
d	最小尺寸	5.76	7.71	9.71	12.65	15.65	18.58	21.58
	最大尺寸	6.24	8.29	10.29	13.35	16.35	19.42	22.42
d_K	最小尺寸	11.35	15.35	18.35	22.42	22.42	32.50	35.50
	最大尺寸	10.65	14.65	17.65	21.58	28.58	31.50	34.50
K	最小尺寸	5.48	7.58	7.58	10.58	10.58	12.70	12.70
	最大尺寸	5.00	7.00	7.00	10.00	10.00	12.00	12.00
r	最小尺寸	2	2	2	2	2	3	3
WA(参考)		4	4	5	5	6	6	

3. 陶瓷瓷环

陶瓷瓷环在焊接中的作用,一是为了保护栓钉端头熔化后,避免空气中的有害气体侵入到熔化的金属中,使性能恶化;二是给栓钉施加力时,防止熔化的金属飞溅;三是陶瓷瓷环像一个罩,可集中焊接电弧的热量,并减少热量散失,减缓焊缝冷却速度等。

根据焊钉安装位置的不同,熔焊焊钉适用的瓷环可分为穿透型瓷环和普通型瓷环。直接在压型钢板上安装的栓钉可采用穿透型瓷环,在钢梁上安装的栓钉可采用普通型瓷环。瓷环是每焊一个栓钉需要配置一个通用件,它直接和高温金属接触,因此要求瓷环必须耐高温,和焊缝金属不能相互溶解,高温时不得破裂和表层脱落,保证在同规格的焊钉上瓷环应有互换性,保证瓷环的同心度和与接触工件端面的相互垂直度。图 5.8 是瓷环保护环的结构及尺寸代号示意图,表 5.15 是瓷环的尺寸和公差要求。

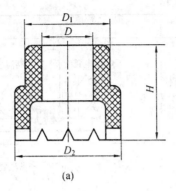
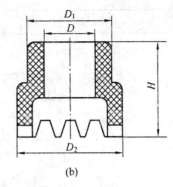

(a)   (b)

图 5.8 瓷环保护环的结构及尺寸代号

表 5.15 瓷环的尺寸和公差/mm

适用图	D	D_1	D_2	H	使用焊接位置	使用栓钉直径 d
图 5.8(a)	8.5	12.0	14.5	10.0	适用于普通平焊	8
	10.5	17.5	20.0	11.0		10
	13.5	18.0	23.0	12.0		13
	17.0	24.5	27.0	14.0		16
	20.0	27.0	31.5	17.0		19
	23.5	32.0	36.5	18.5		22
图 5.8(b)	13.5	23.6	27	16.0	适用于穿透平焊	13
	17.0	26.0	30	18.0		16
	20.0	31.0	36	18.0		19

4.栓焊过程

栓焊过程及示意图如表 5.16 所示。

表 5.16 栓焊过程

序号	栓焊过程		示意图
1	焊前准备	将栓钉置于焊枪的夹持装置中夹紧的同时,将瓷环安放在母材要求的位置上,再将栓钉垂直插入瓷环内并与母材接触	栓钉、陶瓷保护罩、铝制引弧结、母材
2	引弧	按动电源开关,栓钉自动提升,产生引导电弧	电弧

续表 5.16

序号	栓焊过程		示意图
3	熔化	焊接电流迅速增大,使栓钉端部和母材局部表面熔化,形成熔核	
4	加压	设定的电弧燃烧时间到达后,外力将栓钉自动压入母材熔化的部位	
5	断电冷却	在焊枪位置不变的情况下,母材局部表面和栓钉熔化核心加压达到设定的时间后,切断电流停止加热,熔化的部位冷却凝固结晶,形成接头	
6	焊后清理	除去陶瓷保护环,清理焊缝表面的杂物	

5.5.2 栓焊工艺参数

栓焊工艺参数是指栓焊时,为保证连接质量而选定的焊接电流、通电时间、栓钉伸出长度及提升高度等。

栓焊工艺参数选择正确与否对提高栓焊质量和生产率是十分重要的,由于各种钢结构的材质、尺寸、结构形式、母材厚度及焊接位置的不同,所选择的栓焊工艺参数也就不同。

当其他工艺参数不变的情况下,栓钉与母材的连接强度与电流大小和通电时间有直接的关系。一般讲,当通电时间不变,电流在一定范围内时,随电流的增加,栓钉和母材熔化数量增多,连接强度升高;当电流不变,通电时间在一定范围内时,随通电时间的增长,连接强度升高。如果电流小、通电时间短或电流过大、通电时间过长都会使连接强度下降。其原因是,当电流小通电时间短时,栓钉和母材接触表面不会形成足够大的熔核,冷却速度较快,栓钉与母材接触面熔化金属中的元素不能相互充分扩散,导致抗拉强度下降;如果电流过大通电时间过长,高温停留时间过长,会使熔化部位及周边出现过热组织而导致脆化,使抗拉强度和冲击韧性下降。

电流大小和通电时间长短主要依据栓钉直径、被焊材料表面状态、母材的物理性能、母材厚度、镀层材料的性能等进行选择。如钢筋混凝土组合楼板中钢梁上的压型板是用镀锌钢板制作的,熔焊时要求栓钉穿透镀锌版与母材进行焊接。为确保接头强度,考虑到压型板厚度、镀锌层导电分流、镀锌层厚度的影响、高温下形成的氧化锌必须从焊接熔池中充分挤出等因素,焊接电流、通电时间、焊钉枪提起插下等参数必须相应增加,表 5.17 是部分熔焊栓钉工艺参数。

表 5.17 栓焊工艺参数

焊钉直径 d/mm	焊接电流/A		通电时间/s		伸出长度/mm		提升高度/mm	
	穿透焊	非穿透焊	穿透焊	非穿透焊	穿透焊	非穿透焊	穿透焊	非穿透焊
13	—	950	—	0.7	—	4	—	2.0
16	1 500	1 250	1.0	0.8	7~8	5	3.0	2.5
19	1 800	1 550	1.2	1.0	7~9	5	3.0	2.5
22	—	1 800	—	1.2	—	6	—	3.0

对于穿透型栓焊来说,锌与碳钢的导电导热性能、镀锌板厚度、镀锌层的厚度、镀锌板与母材之间间隙等,是影响选择穿透型焊接工艺参数的主要因素,为了保证栓焊质量可靠,日本建筑学会综合考虑以上因素对焊接工艺参数的影响,对直径 d 为 16 mm 和 19 mm 的圆头栓钉穿透焊分别提出公式(5.3)和(5.4),作为参考。

$$TDW = \frac{Zn}{380} + \frac{P}{100} + \frac{C}{2} + \frac{D}{1.6} \tag{5.3}$$

$$TDW = \frac{Zn}{380} + \frac{P}{100} + \frac{C}{2} + \frac{D}{2.3} \tag{5.4}$$

式中 Zn——镀锌量,$g \cdot m^{-2}$;

P——镀膜厚度,μm;

C——压型板与母材之间间隙,mm;

D——压型板的厚度,mm。

当 $TDW < 1.0$ mm 时,焊接性良好;

当 $TDW < 2.0$ mm 时,焊接性较差,必须谨慎施工;

当 $TDW \geq 2.0$ mm 时,焊接性较差,难于施工。

为保证穿透型栓焊的焊接性能和连接强度,在选择镀锌板时,要综合考虑镀锌板和镀锌层的厚度,压型板与母材之间的间隙(栓钉直径 19 mm)应小于 0.8 mm。对于板形不规则,弯曲度超标造成间隙增大的板材,首先进行矫正,此外选择镀锌量小的型材等。

思 考 题

1. 埋弧自动焊与焊条电弧焊相比有哪些特点?
2. 按制造方法分埋弧焊剂有几类?其特点有哪些?
3. 简述焊剂牌号的编排方法及含义。
4. 简述二氧化碳焊的基本原理及主要特点。
5. 简述二氧化碳气体的纯度对焊接质量的影响。

6. 简述二氧化碳焊丝牌号和型号是怎么编排的。
7. 埋弧焊与二氧化碳焊有什么区别?
8. 简述 TIG 焊的基本原理及主要特点。
9. 为什么氩气保护效果好于二氧化碳?
10. TIG 焊使用的钨极有几种及各自的特点是什么?
12. 熔化极氩弧焊的原理及特点是什么?
13. 电阻点焊、缝焊、对焊基本原理是什么,焊接时为什么要加压?
14. 瓷环在栓焊中起什么作用?
15. 栓焊工艺参数主要包括哪几个参数?
16. 电流大小和通电时间多少对栓焊质量有什么影响?

第6章 其他切割方法

6.1 碳弧气刨

6.1.1 碳弧气刨与切割原理

碳弧气刨是利用碳棒(石墨棒)作电极与金属工件之间产生电弧热迅速地将工件局部加热到熔融状态,同时借压缩空气流的动量把熔融金属吹除,从而实现刨削或切断金属的一种工艺方法,碳弧气刨过程如图6.1所示。

碳弧气刨有直流电和交流电两种。直流电一次刨出的槽道深,生产率高,是目前主要采用的方法。由于交流电电流方向反复变化,生产率低于直流电。交流电碳弧气刨的优点是设备比较简单,一次刨出的槽道浅并呈 U 形,有利于随后的焊接施工,刨削铸铁时,由于电弧的间歇点燃使操作可顺利进行。

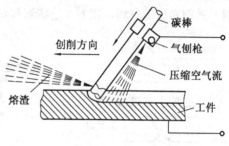

图6.1 碳弧气刨过程

6.1.2 碳弧气刨与切割特点

1.碳弧气刨的优点

(1)刨削速度快,生产率高,是风铲的 3~4 倍,尤其上仰或垂直刨削时,优越性更为突出。

(2)操作较容易掌握,便于推广,劳动强度低,没有风铲震耳的噪声。

(3)设备较简单,压缩空气容易获得且成本低,降低了工件的加工费用。

(4)在清除焊缝时,被刨削面光洁锃亮,易于发现各种细小的缺陷,便于及时改变焊接工艺,调整焊接工艺参数,保证焊接质量。特别适合挑焊根和修补缺陷前的清理工作。

(5)由于碳弧是利用高温而不是利用氧化作用来刨削金属,因而不但适用于黑色金属,还可用于氧气切割法不能或难以切割的金属,如铸铁、不锈钢和铜等材料。

2.碳弧气刨的不足

(1)操作不当时易造成槽道增碳。

(2)操作过程中所产生的烟尘较多,特别是在狭小空间内操作时,必须采取通风措施。

由于碳弧气刨与切割有效率高、劳动强度低、设备简单、操作方便等优点,在造船、机械制造、锅炉、金属结构制造等部门得到广泛的应用,成为生产中不可缺少的工艺手段。

6.1.3 碳弧气刨工艺适合的钢种及应用范围

从原理上来说,碳弧气刨可用于各种钢材,但在实际应用中,有的钢种需采取一定的工艺措施,有的钢种则要区别情况有控制地使用。

(1) 对低碳钢和普通低合金钢,可直接进行碳弧气刨,无需采取特殊的工艺措施。

(2) 对于低合金珠光体耐热钢,如 12CrMo、15CrMo 和 12CrMoV 等需将其预热至 200℃后再进行碳弧气刨。

(3) 对一些正火或正火加回火钢,如 15MnVN、18MnMo 和 20MnMo 等也需预热,预热温度应等于或高于焊接时规定的预热温度。

(4) 对于奥氏体不锈钢,可利用碳弧气刨来清根和刨除焊接缺陷,但某些抗晶间腐蚀要求高的焊件要有控制地使用。

(5) 对某些重要用途的结构,如核电站设备中的高压容器,应根据规范或技术要求的规定进行碳弧气刨处理。

(6) 碳弧气刨与切削工艺主要应用于焊缝的清根和背面开槽;刨除焊缝或钢材中的缺陷;削除焊缝表面的余高;开焊接坡口,特别是 U 形坡口;刨除构件上残留的临时焊道和焊疤;清除铸件表面的飞边、飞溅等缺陷,割除浇冒口;在无等离子弧切割设备的场合用于切割不锈钢和铜等材料。图 6.2 是碳弧气刨与切割工艺实例示意图。

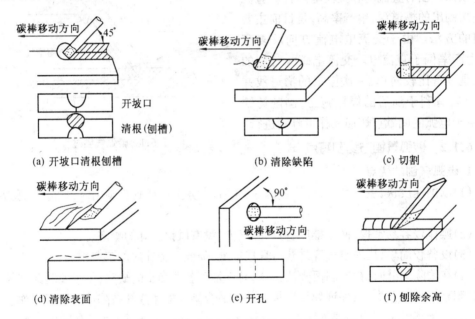

图 6.2　碳弧气刨及切削工艺应用实例示意图

6.1.4　碳弧气刨电源

碳弧气刨装置主要由电源、碳弧气刨枪、碳棒、电缆气管以及压缩空气源组成,如图 6.3 所示。在自动碳弧气刨时还有自行式小车和导轨以及控制装置。

碳弧气刨一般采用直流电源,这是因为碳弧的电弧电压比焊条电弧电压高出 10 V 左右;碳弧和刨削区又受高速气流的冷却作用,电弧的稳定性较差。为了获得良好的操作性能,电源的外特性宜为缓降特性。图 6.4 给出了碳弧气刨用电源的外特性曲线。曲线 B 为电源宜采用的缓降特性曲线,曲线 A 为使用焊条电弧焊焊机时的陡降曲线。由图可知,当电弧电压由 U_1 改变到 U_2 时,曲线 A 的电流增量 ΔI 要比曲线 B 的电流增量 $\Delta I'$ 小。当电流增量较小时,电弧容易熄灭;而当电流增量较大时,不易出现熄弧和短路现象。

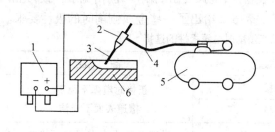

图6.3 碳弧气刨装置示意图

1—电源;2—碳弧气刨枪;3—碳棒;4—电缆气管;5—空气压缩机;6—工件

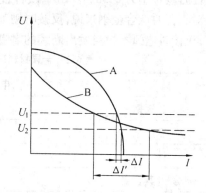

图6.4 碳弧气刨用电源的外特性曲线

A—焊条电弧焊机陡降曲线;B—缓降特性曲线

由于碳弧气刨一般使用的电流较大,连续工作时间也很长,一般手弧焊机的容量和特性不甚适应。近年来,国内外已生产了大电流碳弧气刨专用晶闸管式和硅整流式直流电源。表6.1列出两种典型的碳弧气刨用整流电源的主要技术参数。

表6.1 碳弧气刨用整流电源技术参数

技术参数	型号	
	ZX5-800 晶闸管式	ZPG-800 硅整流式
输入电源	3φ—380V,50Hz	3φ—380V,50Hz
额定输入容量/kW	67	70
额定输入电流/A	102	108
空载电压/V	73	74~85
额定工作电压/V	44	—
额定工作电流/A	800	800
工作电流调节范围/A	80~1 000	100~1 000
额定负载持续率/%	60	80
质量/kg	—	650
外形尺寸/mm	—	1 100×660×1 100

6.1.5 碳弧气刨工艺

碳弧气刨的工艺参数主要包括,碳弧气刨的极性、碳棒直径、碳棒与工件的夹角、刨削电流、刨削速度、碳棒伸出长度、空气压力等。

1.碳弧气刨的极性

直流电碳弧气刨时,极性对不同金属刨削过程的稳定性和质量有一定的影响。以普通低合金钢为例,当采用反极性碳弧气刨时,其熔化金属的碳含量高达1.44%,这是因为碳的正离子被吸引到工件表面,而后被阴离子还原成碳原子,溶入熔化的金属中;当采用正极性时碳含量为0.38%。由于碳含量较高时熔化金属的流动性较好,凝固温度较低,因此对于普通低合金钢来说,反接时刨削过程稳定,电弧发出刷刷声,刨槽宽窄一致,光滑明亮;正接时电弧不稳且发出断续的嘟嘟声。表6.2给出了一些金属刨削时的极性要求。

表6.2 金属材料碳弧气刨削时电源极性的选择

材 料	电源极性	备 注
碳素钢	反接	正接时电弧不稳定,
合金钢	反接	槽道表面不光洁
铸 铁	正接	反接也可,但操作性比正接差
铜及其合金	正接	—
铝及其合金	正接或反接	—
锡及其合金	正接或反接	—

2. 碳棒直径

碳棒直径的选择与钢板的厚度有关,钢板越厚金属的导热速度越快,刨削或切割需要的热量越大,所以选择碳棒直径也越大。表6.3是板厚与碳棒直径的关系。此外,碳棒直径与刨槽的宽度也有关系,刨槽越宽,碳棒直径也应选择更大,一般情况下,碳棒直径应比所需的槽宽小2~4 mm。如果选择碳棒直径和电流过大,会使刨槽过宽。

3. 刨削电流

刨削电流的大小一般由碳棒的规格和刨槽的尺寸来决定。电流大小与碳棒直径之间存在如下经验公式,即:

$$I = (30 \sim 50)D \tag{6.1}$$

式中　I——电流,A;
　　　D——碳棒直径,mm。

表6.3 碳棒直径大小与板厚的关系

板厚/mm	碳棒直径/mm	板厚/mm	碳棒直径/mm
4~6	4	10以上	7~11
6~8	5~6	15以上	10
8~12	6~7	—	—

对于一定直径的碳棒,当电流过小时,电弧不稳定,易产生黏渣和夹碳等现象;电流适当大一些,槽的宽度和深度增大,刨削速度加快,且槽道较光滑;电流过大时,碳棒头部因过热而发红,甚至熔化滴入槽道内,导致槽道渗碳。

在实际应用中,可按碳棒制造厂推荐的额定工作电流值来操作,还可根据碳刨枪的送风方式和碳棒受冷却状况,以及操作人员的熟练程度决定采用多大电流。一般情况下,如果工作人员操作熟练,往往采用稍大的电流从而加快刨削速度。

4. 碳棒与工件的夹角

碳棒与工件夹角的大小,会影响槽道的宽度和深度。夹角小时刨出的槽道浅,夹角增大,槽道深度也增大,但槽宽略有减小。一般刨槽时夹角度数在45°~60°左右最佳,碳棒夹角与刨槽深度的关系如表6.4所示。

表6.4 碳棒夹角与槽深的关系

碳棒夹角/(°)	25	35	40	45	50	85
刨槽深度/mm	2.5	3.0	4.0	5.0	6.0	7~8

5.刨削速度

刨削速度影响刨槽的尺寸、表面质量以及刨削过程的稳定性。刨速过小时,电弧变长,电弧不稳定;刨速过快时,碳棒前端与槽道前面的工件互相碰触,导致电弧熄灭并引起黏碳现象。通常情况下,刨削速度应控制在0.5~1.2 m/min之间。

6.碳棒伸出长度

碳棒伸出长度是指碳棒从气刨枪钳口导电处至电弧始端的长度。伸出长度过长时,电阻增大,碳棒易发热,损耗大;伸出长度过小时,则妨碍了操作者对刨槽过程和方向的观察,操作也不方便。根据实际操作经验,碳棒伸出长度在90 mm左右为宜。当碳棒烧损至30 mm左右时,应重新把伸出长度调整到90 mm左右。

7.电弧长度

电弧长度是保证刨削质量的重要因素,电弧过长,受到空气的干扰,引起电弧不稳定,甚至熄弧。操作中电弧长度控制在1~2 mm为宜,保持短弧可以提高生产率,也可提高碳棒的利用率,但要防止因电弧过短出现"夹碳"。刨削中尽量控制电弧长度保持不变,确保刨槽尺寸均匀。

8.空气压力

压缩空气的压力会直接影响到刨削速度和刨槽表面的质量。当压力低于0.4 MPa时,熔化的金属吹不掉,刨削过程无法正常进行,而且槽道表面粗糙,渗碳层增厚;尤其在刨削电流较大时,熔化金属量也增多,故需要采用较高的空气压力;当刨削电流较小,而空气压力大时,电弧不稳,甚至熄弧。常用的压缩空气压力在0.4~0.6 MPa之间调节。

6.2 等离子弧切割

6.2.1 等离子弧切割原理

等离子弧切割是利用高能量密度的等离子弧和高速的等离子流,将工件切口处的金属局部熔化或蒸发,借助高速等离子的动量将熔融金属排除形成切口的一种物理加工方法。

等离子弧切割速度快,工件获得的能量相对较小,因此工件变形小,适于切割各种金属材料。等离子弧切割时典型的热输入和热消耗如图6.5所示,由图可知,切割的能量约80%来自喷嘴处的等离子体,工件上阳极斑点所产生的能量仅为6%左右。此外,等离子弧产生的能量约有80%到达工件,但由于其中一部分被工件热传导散失了,另一部分穿过切口后散失了,最后真正用于熔化切口金属的能量仅为总能量的10%~25%左右。

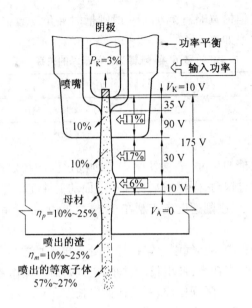

图6.5 等离子弧切割时典型的热分布和热消耗
材质:铝合金;切割电流:275 A;喷嘴孔径:3.2 mm
工作气体:65% Ar + 35% H_2;流量:100 L/min

6.2.2 等离子弧切割的特点

等离子弧是利用等离子枪将阴极(如钨极)和阳极之间的自由电弧压缩成高温、高电离度、高能量密度及高焰流速度的电弧。等离子弧切割就是利用这种温度非常高的高速射流进行的,将电弧能量集中在一个小区域内,使板材熔化,高温膨胀的气体射流迫使熔化的金属穿过切口。等离子弧切割主要有以下的特点。

1.切割氧-乙炔难以切割的金属

等离子弧能切割氧-乙炔难以切割的各种金属材料,包括黑色金属、有色金属、耐热钢以及某些非金属材料,如耐火砖、花岗岩、混凝土等。

2.切割速度快质量好

当切割厚度不大的金属时,切割速度快,尤其是在切割碳素钢薄板时,速度是氧-乙炔气割的5~6倍。切割面光洁,切口狭窄,不黏渣,热变形和HAZ区小,硬度变化小,适合加工各种成形零件。

3.切割厚板的能力差

切割厚板的能力不如气割,切口宽度和切割面斜角较大,切割公差大。但切割薄板时可获得高质量的切割面。

4.切割设备价格贵,产生弧光

切割设备价格较贵,切割用电源空载电压高耗电量大,当绝缘不好时可能会对操作人员造成电击。切割过程中会产生弧光辐射、烟尘及噪声等。

6.2.3 等离子弧切割设备

等离子弧切割设备主要由切割电源、高频发生器、供气系统、冷却系统、控制箱、割炬、切割机和切割工作台等部分组成,如图6.6所示。

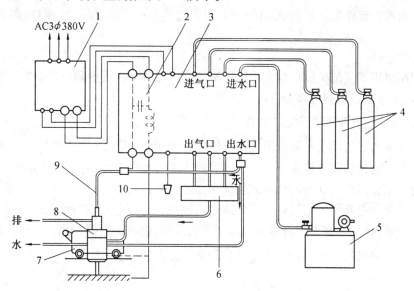

图6.6 等离子弧切割装置构成图
(虚线为等离子焰流切割的接线)

1—直流电源;2—高频发生器;3—控制箱;4—气瓶;5—冷却水泵;6—气体混合器;
7—切割小车;8—割炬;9—水冷电缆;10—起动开关

1.电源

电源供给切割所需的工作电压和电流,具有相应的外特性。目前基本上都是采用直流电源。

2.高频发生器

高频发生器用于引燃等离子弧,通常设计成能产生3~6 kV高压,2~3 MHz的高频电流。一旦主电弧建立了,高频发生器电路将自行断开。目前某些国产小电流空气等离子弧采用接触引弧方式,不需要高频发生器。

3.供气系统

供气系统主要作用是连续、稳定地供给等离子弧工作气体,通常由气瓶(包括压力调节器、流量计)、供气管路和电磁阀等组成。当使用两种以上工作气体时需要设气体混合器和储气罐。

4.冷却水(气)系统

冷却水(气)系统向割炬和电源供给冷却水,防止电极、喷嘴和电源等过热。通常使用自来水,当需要水量大或采用内循环冷却水时,需要配备水泵。

对于水再压缩等离子弧切割装置,还要供给喷射水,配置高压泵。由于其对冷却和喷射的水质要求较高,有时需配冷却水软化装置。

对小电流空气等离子弧和氧等离子弧割炬只采用气冷,由供气系统供给,不设冷却水系统。

5.割炬

割炬产生等离子弧并对工件进行切割,割炬对切割效率和质量有直接的影响。

6.控制箱

控制箱主要作用是控制电弧的引燃,工作气体和冷却水的压力、流量,调节切割参数等。

7.切割机

切割机用于实施机械化或自动化切割,提高切割精度、质量和效率。常用的有半自动切割机、光电跟踪切割机和数控切割机等。

6.2.4 空气等离子弧切割特性

空气等离子弧切割一般采用压缩空气作为离子气,图6.7为空气等离子弧切割的原理示意图。这种切割方法是将空气压缩后直接通入喷嘴中,经电弧加热分解出氧,分解出的氧与切割金属产生强烈的化学放热反应,加快了切割速度,而未分解的空气高速冲刷割口。由于充分电离了的空气等离子弧的热焓值高,所以其电弧的能量大,切割速度加快,切割质量好,特别适宜于切割厚30 mm以下的碳钢,也可切割铜、不锈钢、铝及其他材料。

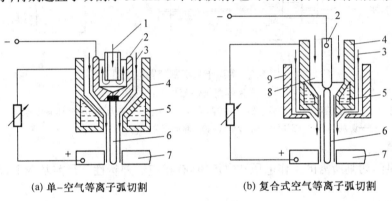

(a) 单-空气等离子弧切割　　　　(b) 复合式空气等离子弧切割

图6.7　空气等离子弧切割原理示意图

1—电极冷却水;2—镶嵌式电极;3—压缩空气;4—压缩喷嘴;5—压缩喷嘴冷却水;
6—等离子弧;7—工件;8—工作气体;9—外喷嘴

6.2.5 等离子弧切割工艺参数

等离子弧切割是一种熔融切割方法,影响其切割效率和切割质量的主要工艺参数有工作气体的种类和流量大小、电源的空载电压和工作电压、喷嘴孔径、电极的内缩量、喷嘴距工件的高度、切割电流及切割速度等。

1.工作气体的种类和流量

等离子弧切割的工作气体既是等离子弧的导电介质,同时还要用于排除切口中的熔融金属,因此切割气体的选择对等离子弧的切割特性以及切割质量和速度有明显的影响。常使用的气体有 N_2、Ar、$N_2 + H_2$、$N_2 + Ar$,也有采用压缩空气、氧气、水蒸气或水作为产生等离子弧的介质。各种工作气体在等离子弧切割中的适用性以及等离子弧切割常用气体的选择如表6.5和表6.6所示。

表6.5 各种工作气体在等离子弧切割中的适用性

气 体	主 要 切 割	备 注
Ar、Ar + H_2 Ar + N_2 Ar + N_2 + H_2	不锈钢、有色金属及其合金	Ar 仅用于切割薄金属
N_2 N_2 + H_2	不锈钢、有色金属及其合金	N_2 作为水再压缩等离子弧的工作气体,也可用于切割碳素钢
O_2(或粗氧)空气	碳素钢和低合金钢, 也用于切割不锈钢和铝	重要的铝合金结构件一般不用

表6.6 等离子弧切割常用气体的选择

工件厚度/mm	气体种类及含量	空载电压/V	切割电压/V
≤120	N_2	250 ~ 350	150 ~ 200
≤150	N_2 + Ar(60% ~ 80% N_2)	200 ~ 350	120 ~ 200
≤200	N_2 + H_2(50% ~ 80% N_2)	300 ~ 500	180 ~ 300
≤200	Ar + H_2(35% H_2)	250 ~ 500	150 ~ 300

离子气的种类决定着切割时的弧压,弧压越高切割功率越大,切割速度及切割厚度都相应提高;但弧压越高,要求切割电源的空载电压越高,否则难以引弧或电弧在切割过程中容易熄灭。

2.空载电压和切割电压

空载电压与使用的工作气体的电离度有关。根据预定使用的工作气体种类和切割厚度,空载电压在切割电源设计时已经确定,但它会影响到切割电压。

切割电压不是一个独立的工艺参数,它与空载电压、工作气体的种类和流量、喷嘴的结构、喷嘴与工件之间的距离、切割速度等都有关。这些参数确定后,切割电压也就自然地被确定。如气体流量增大、喷嘴与工件间距离增大等,都会使切割电压相应升高。

3.喷嘴孔径

喷嘴孔径是根据切割材料的厚度和工作气体的种类确定的,当使用 Ar 或 Ar + H_2 混合气体时,喷嘴孔径宜选用偏小值;当用 N_2 做工作气体时,则宜选择偏大值。

4.电极的内缩量

电极的内缩量是指电极端头至喷嘴内表面的距离 ΔL_y,由于 ΔL_y 不易测量,在已知喷嘴孔道长度的条件下,常用 L_y 表示,如图 6.8 所示。

电极的内缩量是一个重要参数,对切割效率和电极的损耗都有很大的影响。内缩量大,电弧的压缩效果好,但内缩量过大,电弧稳定性会变差,易产生"双弧"现象,从而烧坏喷嘴;内缩量

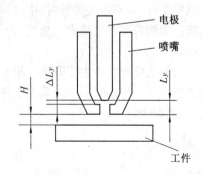

图 6.8 电极 ΔL_y 和 H 的示意图

太小,电弧不能受到很好的压缩,电极也容易烧损。电极端头的最佳位置是处于气流的射吸区,这样端头处于相对"真空"状态,电极不易烧损,且电弧也可受到良好的压缩。

5. 喷嘴距工件的高度

喷嘴到工件表面间的距离增加时,电弧电压升高,即电弧的有效功率提高,等离子弧柱显露在空气中的长度将增加,弧柱散失在空间的能量增加,这样会导致有效热量减少,同时由于对熔融金属的吹力减弱,切口下部的熔瘤将增多,切割质量明显变差,同时还将增加出现"双弧"的可能性。

当喷嘴与工件的距离过小时,喷嘴与工件间易短路、烧坏喷嘴,破坏了切割过程的正常进行。在电极内缩量一定(通常为2~4 mm)时,喷嘴距离工件的高度一般在6~8 mm。除了正常切割外,空气等离子弧切割时还可以将喷嘴与工件接触,这种切割方式称为接触切割或笔式切割,切割厚度约为正常切割的一半。

6. 切割电流

切割电流主要受喷嘴孔径的限制,非氧化性气体等离子弧切割时的切割电流与喷嘴孔径一般满足如下的关系:

$$I = (70 \sim 100)d \tag{6.2}$$

式中　I——切割电流,A;

　　　d——喷嘴孔径,mm。

当喷嘴孔径一定时,随切割电流的增大,切割能力和切割速度也将提高。一般情况下,对某一喷嘴孔径来说,存在一个最有效的切割电流值,它与喷嘴孔径之比即I/d大约在65左右,此时切割速度最大。若继续增大切割电流,切割速度反而下降,且易产生"双弧"现象。

此外,选用切割电流时还需要考虑工件的厚度和材质,工件厚度大,电流也应增大,喷嘴孔径也需相应增大;切割导电率大的材质,应适当增加切割电流大小。

7. 切割速度

切割速度是切割过程中割炬与工件间的相对移动速度,是切割生产率高低的主要指标。切割速度对切割质量有较大影响,合适的切割速度是切口表面平直的重要条件。在切割功率不变的情况下,提高切割速度会使切口变窄,热影响区减小,但当速度过快时不能割穿工件;切割速度太慢时,生产率低,切口表面粗糙不平直,底部熔瘤也增多,同时热影响区和切口宽度也增大。总之,为了提高生产率应在保证切透的前提下选用大的切割速度。

切割速度的大小主要取决于板厚、切割电流、气体的种类及流量、喷嘴的结构和合适的后拖量等。切割时割炬应垂直工件表面,但有时为了便于排除熔渣,可稍带一定的后倾角,一般在3°以下。

6.3　数控切割

6.3.1　数控切割的原理及特点

数控切割是利用数字化信息对整个切割过程进行控制的一种自动化加工方法。这是一种将现代热切割技术与计算机技术结合的新型切割方法,它有以下主要特点。

1. 切割过程的自动化程度高

切割前根据所加工零件的要求进行工艺分析、确定加工方案、工艺参数等,并编写程序,通过控制面板输入编好的程序后,就可以对零件进行切割加工,具体加工过程无需操作人员直接参与。

2. 切割精度高质量稳定

在切割加工过程中,操作人员不参与操作,因此零件的加工精度全部由数控切割机来保证,消除了操作者的人为误差。其加工成形的尺寸精度可达到 $\pm(0.5\sim1.0)$ mm,切割面的粗糙度 Ra 可达 $12.5\ \mu m$,切割成形的毛坯件无需二次加工即可投入装配和施焊。

3. 生产率高

采用数控切割方法可有效地减少加工零件的辅助时间,同时,由于数控机床能进行重复性操作,尺寸一致性好,减少了次品率和检验时间。

4. 设备投资高、对操作人员要求也较高

数控切割机是采用数字程序对整个操作过程进行控制的,相对于普通切割机来说,价格相对比较高;同时还要求操作人员必须具备一定的编程能力和操作技能。

6.3.2 数控切割设备

数控切割设备主要由数控系统(含操作台)、伺服系统、传动机构、床身、导轨、溜板、割炬升降总成、气路系统组成,还可根据需要配备自动调高系统、点火系统、划线系统、冷却系统等。下面主要针对数控系统、伺服系统、传动机构以及气路系统进行简单介绍。

1. 数控系统

根据工作原理不同,数控系统可分为开环、半闭环和闭环控制系统。开环控制系统的计算机大多使用单板机或单片机,具有结构简单、容易调试和维修、成本低等特点,多用于简易型数控切割机。闭环控制系统的计算机大多采用 16 位以上的计算机或专用型计算机,结构复杂,调试和维修难度大,成本高,多用于中高档数控切割机。

根据适用范围的不同,数控系统可分为通用型和专用型两种。通用型数控系统适用于车床、钻床等机床中,具有结构简单、成本低等特点,不具备切割工艺需要的一些功能,如原轨迹返回、拐弯自动加减速等,对实际使用和切割质量会有一定的影响,多用于低档数控切割机。专用型数控系统早期是采用专用计算机,结构较复杂且成本高,不易推广使用;现在采用了工控机,应用切割专用控制软件和操作面板,适用于中高档数控切割机。

2. 伺服系统

伺服系统分为步进电机驱动、直流伺服、交流伺服三种。步进电机驱动具有结构简单、容易调试和维修、成本低等特点,是一种单边驱动的简易型数控切割机。直流伺服和交流伺服常用于中高档数控切割机中,可单边或双边驱动。

由于调速性能好,直流伺服在早期的产品中使用较多。随着交流调速技术的智能化,交流电机的机械性能得到了很大提高,成本也在逐步降低。此外,交流电机的免维护性、高效率和高可靠性等特点,使得交流伺服在数控机床中有取代直流伺服的趋势。

3. 传动机构

数控切割机的传动机构按驱动方式可分为有摩擦传动、齿轮传动、滚珠丝杠传动三种方式。

(1)单边摩擦驱动方式

这种驱动方式具有结构简单、制造成本低、操作方便等优点。缺点是驱动速度较低,一般最高为 2 m/min,切割中累积误差较大,现在已较少使用。

(2)单边齿轮齿条驱动方式

该方式是在单边摩擦驱动方式的基础上发展起来的,保留了单边摩擦驱动方式的优点,提高了驱动速度,最高可达 12 m/min,切割精度也较高,基本达到使用要求。采用这种驱动方式的数控切割机,轨距一般不超过 5 m,可用于气体火焰切割和等离子弧切割。

(3)双边齿轮齿条驱动方式

这种驱动方式的结构和控制系统都较复杂,在机器运行过程中,要求双边必须严格同步。采用该驱动方式的数控切割机,一般都具有较全面的功能和较高的性能。驱动速度通常为 6~12 m/min,最高可达 48 m/min,运行平稳且切割精度和质量都很高,广泛应用于气体火焰切割、等离子弧切割、激光切割以及水射流切割。

(4)滚珠丝杠传动

这种传动方式多用于精细等离子和激光切割机中,运用该方法可得到很高的机械性能和切割精度。

4.气路系统

气路系统主要由气体胶管、调压阀、电磁阀、回火防止器等组成,按种类可分为氧气、燃气、空气等。

6.3.3 数控切割设备的选择

数控切割机是一种高精度的自动化设备,价格比较昂贵,选择时应综合考虑各方面的因素,下面主要从数控切割机的生产能力、轨距以及辅助功能进行简单介绍。

1.数控切割机的生产能力

主要是根据切割机的生产能力进行选择,数控切割机的生产能力可用单位时间内能切割的切口长度和钢板的吨数两种方法来表示。

由于切割工件的复杂程度、工件厚度以及切割速度的不同,要准确计算出切割线总长度非常困难,采用单位时间内切割钢板的吨数来衡量切割机的生产能力较为方便。

单位时间内切割钢板吨数的计算公式为:

$$W = St \tag{6.3}$$

式中　W——年生产量,t;

　　　S——每小时生产量,t/h;

　　　t——年工作小时数,h。

此外,选用优质快速割嘴、高纯度的液态氧以及切割经过除锈处理的钢板等都可提高切割速度,采用液态氧切割,其速度比普通氧提高 10%~15%,进而提高切割机的生产能力。

2.轨距

轨距即两条导轨之间的距离,轨距的选择可参考如下公式:

$$S = bn + d + c \tag{6.4}$$

式中　b——钢板宽度,m;

n——钢板张数；
d——横向无效行程，m；
c——两张板之间的距离（一般取 0.1～0.3m），m。

3. 数控切割机的辅助功能

(1) 自动点火系统

数控火焰切割机一般都配备自动点火装置，分为手动和自动两种方式，且每把割炬都配置一个点火枪。

(2) 强预热和强穿孔能力

火焰切割机最好有强预热和强穿孔功能，从而可以缩短预热时间和穿孔时间。

(3) 压缩空气或水喷淋系统

为了避免火焰切割钢板时热变形引起的零件尺寸误差增大现象，配置有压缩空气或水喷淋系统，一般每把割炬配置一个。

(4) 割炬自动调高系统

为了保证切割质量，必须使割嘴与钢板之间的距离在整个切割过程中保持恒定，这就要求配备一个可靠的割炬自动调高系统。常见的有电感式（接触和非接触两种）、电阻式、空气反馈式、电容式、电弧电压式等自动调高系统。其中电容式割炬自动调高系统常被火焰切割、等离子弧切割和激光切割所采用，而弧压式调高系统目前基本上只用于等离子弧切割中。

(5) 自动加减速功能

为了保证重定位时机器运行的稳定性和切割过程中拐弯处的切割质量，必须配备自动加减速功能。

(6) 任意点返回功能

该功能分为最近点返回和原轨迹返回两种，常用于切割过程中发生意外中断并采取措施后能从断点处继续切割，这是数控切割机必须具备的功能之一。

(7) 划线和标记

根据需要选择几把喷粉划线枪或冲打标记枪，其作用是对零件编程进行检验和对后道工序进行标记。

(8) 切割过程屏幕跟踪显示

该功能可帮助操作人员实时了解切割加工情况，并对加工过程进行全程跟踪。

(9) 故障诊断与显示

该功能可帮助操作者在发生故障时迅速了解故障点或故障原因。

此外，数控切割机的辅助功能还包括割缝补偿、切割长度累计、割炬自动回转、坐标变换以及比例缩放等，随着技术的发展，数控切割机的辅助功能将会越来越多。

6.4 激光切割

6.4.1 激光切割方法及原理

激光切割是利用高能量密度的激光束作为"切割工具"对材料进行热切割的一种加工

方法。从1967年A.B.Sullivan等首次提出并实现用吹氧法进行金属的气体激光切割,到1971年首次将激光切割应用到工业领域中切割包装用夹板后,激光切割这种新型切割方法越来越引起国内外学者的重视。随着激光切割设备的不断改进、完善和激光切割工艺的发展,激光切割已经可以实现各种金属和非金属板材以及众多复杂零件的切割,是汽车、航空、国防等领域应用最为广泛的一种激光加工技术。

根据激光在切割过程中的不同作用,可以将激光切割分为四类,即激光汽化切割、激光熔化切割、激光氧气切割和划片与控制断裂。

1. 激光汽化切割

被切材料在高能量密度激光束的作用下,表面温度迅速升高,短时间内就可达到材料的沸点,使材料开始汽化,形成蒸汽。这些蒸汽的喷出速度很快,在蒸汽喷出的同时,在材料上形成切口。由于材料的汽化热一般很大,激光汽化切割需要很大的功率和功率密度。

激光汽化切割多用于极薄的金属材料和在激光束作用下不会熔化直接汽化的非金属材料,如木材、塑料等的切割。

2. 激光熔化切割

与激光深熔焊类似,激光熔化切割是利用激光将金属材料加热熔化,然后通过与光束同轴的喷嘴喷吹惰性气体(Ar、He等),依靠气体压力将液态金属排出,形成切口。与激光汽化切割相比,这种方法不需要使金属完全汽化,所需能量只有汽化切割的1/10。

激光熔化切割主要用于一些不易氧化的材料或活性金属的切割,如不锈钢、铝钛合金等。

3. 激光氧气切割

与氧-乙炔火焰切割类似,激光氧气切割是利用激光作为预热热源,用氧气等活性气体作为切割气体。喷吹出的活性气体一方面与切割金属发生氧化反应并放出大量的氧化热;另一方面把熔融的氧化物和熔化物从反应区吹出,在金属中形成切口。由于切割金属发生氧化反应产生了大量的热,所以激光氧气切割所需要的激光功率只有激光熔化切割的1/2,而切割速度则远远大于激光熔化切割和汽化切割。

激光氧气切割主要用于能氧化材料的切割,如各种铁基合金、钛及铝合金等。

4. 划片与控制断裂

与金刚石切割玻璃类似,激光划片就是将金刚石换作高能量密度的激光在脆性材料表面扫描,使材料受热蒸发出一条小槽口或一系列的小孔,施加一定的压力后,脆性材料沿槽口裂开。激光划片用的激光器一般是Q开关激光器(YAG激光器的一种)和CO_2激光器。

控制断裂的原理与激光划片类似,不同的是控制断裂不需要激光划片那样的外加应力的作用使材料断开,而是依靠激光加热所产生的局部热应力使材料沿着小缺口脆断。

6.4.2 激光切割特点

激光切割与其他切割方式相比,具有以下特点。

1. 切割质量好

由于激光光斑直径非常小,激光切割切口窄,切割普通低碳钢时,切口宽度可小到0.1~0.2 mm,从而大大节省加工材料。切割后工件表面光洁、粗糙度值低,低碳钢切割面的粗糙度仅十几微米,因此激光切割可作为最后一道工序,无需机械加工,加工件可直接使用。材料经过激光切割后,热影响区宽度非常小,切口附近材料的性能几乎不受影响,并且变形小,切割精度高,切缝的几何形状好。激光切割后,切缝两边几乎平行,并与板的表面垂直,切缝横截面形状呈较规则的长方形,切割零件的精度可达到 ± 0.05 mm。表 6.7 给出了激光、等离子及氧 – 乙炔切割方法的比较。

表 6.7 激光、等离子和氧 – 乙炔切割方法比较

切割方法	切缝宽度/mm	热影响区宽度/mm	切缝形态	切割速度	设备费用
激光切割	0.2~0.3	0.04~0.06	平行	快	高
等离子切割	3.0~4.0	0.5~1.0	楔形且倾斜	快	中
氧 – 乙炔切割	0.9~1.2	0.6~1.2	比较平行	慢	低

注:切割材料为 6.2 mm 厚的低碳钢板。

2. 切割效率高

一台激光切割机上可以同时配有数台数控工作台,整个切割过程可全部实现数控(CNC)操作,能够切割任意形状的零件,根据零件的不同既可进行二维切割,又可实现三维切割。

激光切割速度非常快,用 1 200 W 功率的激光切割机切割 2 mm 厚的低碳钢板,切割速度可达 6 m/min;切割 5 mm 厚的丙烯树脂板,切割速度可达 12 m/min。用激光切割时,加工工件不需要装夹固定,这样既节省了工装夹具,又节省了上下料的辅助时间。

3. 非接触式切割

激光切割时,导出激光的喷嘴与工件没有直接接触,不存在工具的磨损问题。与机械切割方法不同,加工不同的零件时,激光切割只需要改变激光器的输出参数,不需要更换任何"刀具"。另外,激光切割噪声低、振动小、污染小。

4. 切割材料种类多

利用激光切割的材料种类广泛,包括金属、非金属、金属基和非金属基复合材料、木材、塑料、纤维等。由于材料本身的热物理性能以及对激光吸收率的不同,不同材料表现出不同的激光切割适应性。

5. 激光切割的缺点

受激光器功率及设备体积的限制,目前激光切割主要用于中、小厚度(< 30 mm)的板材,对大厚度板材的切割还有一定的困难。此外,激光切割设备费用高,一次性投资大。

6.4.3 激光切割设备

激光切割设备主要由激光器、导光系统、控制系统、工件装夹及运动系统、激光切割头等主要部件和光学元件的冷却系统、光学系统的保护装置、过程与质量的监控系统、工件上下料装置、安全装置等外围设备组成。激光切割大都采用 CO_2 激光器来进行,图 6.9 给出了激光切割设备的组成示意图。激光器产生的激光经由导光系统导向工作台;控制系统用于控制激光器的操作运行、传递操作信息、收集实时操作的信息并对操作过程进行调节,同时与工件装夹与运动系统结合完成对工件的切割。

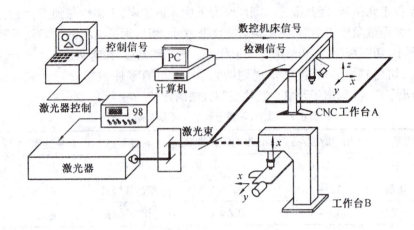

图 6.9 激光切割设备的组成示意图

激光切割头主要包括枪体、聚焦透镜和辅助气体喷嘴等零件,图 6.10 为典型的激光切割头的结构示意图。激光切割时,切割头必须满足以下要求:第一,切割头能够喷出足够的气流;第二,切割头内气体的喷射方向必须和反射镜的光轴同轴;第三,切割头的焦距能够方便调节;第四,切割过程中,确保金属蒸气和切割金属的飞溅不会损伤反射镜。

6.4.4 激光切割工艺参数

影响激光切割过程的主要因素有激光功率、辅助气体的种类和压力、透镜的焦距和离焦量、光束质量、喷嘴、切割速度等。

1. 激光功率

激光切割时所需要的激光功率是由材料的性质和切割类型决定的。表面反射率高、导热性好、熔点高的材料,需要较大的激光功率和功率密度。

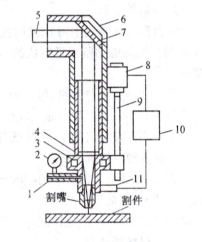

图 6.10 激光切割头的结构
1—氧气进气口;2—压力表;3—透镜冷却水套;
4—聚焦透镜;5—激光束;6—反射冷却水套;
7—反射镜;8—伺服电动机;9—滚珠丝杆;10—放大控制及驱动电器;11—位置传感器

采用不同切割方法切割同种材料时,所用功率也不同。汽化切割所需激光功率最大,熔化切割次之,氧气切割最小。一般而言,随激光功率增大,所能切割材料的厚度也增加,切口宽度虽然也增加但变化不大。

2. 辅助气体的种类和压力

目前常用的辅助气体主要有 O_2 和 $O_2 + N_2$ 的混合气体或双层气流。切割低碳钢采用氧气做辅助气体时较多,在切割过程中,一方面气体与切割金属反应放热,提供一部分切割能量,同时靠气体吹除反应物;另一方面气体对材料又有冷却作用,会从切割区带走一部分能量。因此气体对切割质量的影响是两方面的。

3.透镜的焦距和离焦量

激光光斑大小与聚焦透镜的焦距成正比,短焦距的透镜虽然可以得到较小的光斑,但焦深(若某横截面上光束的功率密度为焦点处的 1/2,则这一截面与焦点的距离称为焦深)很小。切割薄板时宜采用较小的焦深,这样光斑直径小,功率密度高,切割速度快;切割较厚钢板时,应采用焦深大的光束,从而可获得垂直度较好的切割面。

离焦量对切口宽度和切割深度影响较大,一般情况下,当焦点位于材料表面下方约 1/3 板厚处,切割深度最大,切口宽度最小。

4.光束质量

激光切割要求激光器输出光束的模式为基模(又称高斯模),这样经过聚焦后就可获得很小的光斑和较高的功率密度,切口的宽度也很小,与激光光斑直径几乎相等。

5.喷嘴

喷嘴是影响激光切割质量和效率的一个重要参数,不同的切割机采用的喷嘴也不同,图 6.11 为几种常用喷嘴的示意图。激光切割一般采用同轴(光轴与气流同心)喷嘴,若光轴与气流不同轴,则在切割时易产生大量飞溅。此外,喷嘴到工件表面的距离对切割质量也有影响,为了保证切割过程的稳定性,一般控制喷嘴顶端到工件表面的距离在 0.5~2.0 mm 左右,并保持不变。

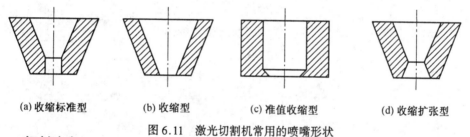

(a) 收缩标准型　　(b) 收缩型　　(c) 准值收缩型　　(d) 收缩扩张型

图 6.11　激光切割机常用的喷嘴形状

6.切割速度

切割速度对切口表面的粗糙度有很大影响。研究表明,切口表面粗糙度与切割速度之间的关系呈 U 形变化,如图 6.12 所示。一般情况下,对于不同材料的板厚,不同的切割气体压力,有一个最佳切割速度,在这个速度下切割,切口表面粗糙度值最小,这个最佳值大约为最大切割速度的 80%。

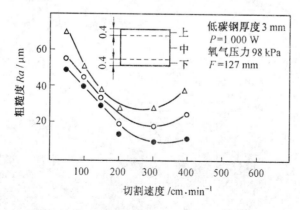

图 6.12　切口表面粗糙度与切割速度之间的关系

思 考 题

1. 简述碳弧气刨与切割原理及特点。
2. 碳弧气刨与切割工艺主要的应用范围有哪些？
3. 简述等离子弧切割原理及特点"
4. 简述空气等离子弧切割主要应用范围及原因。
5. 影响等离子弧切割质量的因素主要有哪些方面？
6. 简述数控切割的原理及特点。
7. 简述数控切割设备的组成。
8. 简述激光切割的原理及特点。
9. 激光切割机常用的喷嘴形状有哪几种？
10. 简述激光切割过程的影响因素。

第7章 碳钢低合金结构钢的焊接

7.1 金属材料的焊接性

7.1.1 金属的焊接性

焊接性是指金属材料在一定的焊接工艺(如焊接方法、焊接工艺参数、焊接材料、预热后热等)条件下,能否适应焊接加工,而形成完整的优质焊接接头的难易程度,并且该接头具备一定使用性能。焊接性包括工艺焊接性和使用焊接性。

所谓工艺焊接性是指在一定的焊接工艺条件下,获得完整、无工艺缺陷的优质焊接接头的能力;所谓使用焊接性是指在技术要求规定的使用条件下,该焊接接头安全可靠运行的能力,包括焊接接头的力学性能、耐磨性能、耐腐蚀性能、低温韧性、抗疲劳性能、持久强度等。

获得一个优质的焊接接头与金属材料、焊接材料、焊接方法、焊接工艺、冷却速度、焊接结构、使用条件等因素有关。如金属材料化学成分中的碳含量多少、其他合金元素对产生缺陷的敏感程度、合金元素之间相互作用的结果等;再如使用条件中的温度高低,载荷大小和载荷形式,在什么介质中使用等,其中材料是主要因素。

7.1.2 钢的碳当量计算及预热温度的确定

1. 碳当量计算

影响焊接性的因素很多,评定焊接性的方法也有多种,利用钢的碳当量计算分析是常用的评定方法。

所谓碳当量计算法就是将钢中的碳及其合金元素(除了硫和磷等杂质元素)的含量对出现淬硬组织、裂纹、硬化等的影响折合成碳的相当含量,来评定材料的焊接性。

国际焊接学会(ⅡW):

$$CE = C + \frac{Mn}{6} + \frac{Cu+Ni}{15} + \frac{Cr+Mo+V}{5} / \% \tag{7.1}$$

式(7.1)适用于低合金高强度钢。当 $CE \leq 0.45\%$,焊件板厚小于 25 mm 时,可以不预热。当 $CE < 0.41\%$,而且 $w(C) < 0.207\%$,焊件板厚 < 37 mm 时,可以不预热。

日本工业标准规定(JIS):

$$C_{eq} = C + \frac{Mn}{6} + \frac{Si}{24} + \frac{Ni}{40} + \frac{Cr}{5} + \frac{Mo}{4} + \frac{V}{14} / \% \tag{7.2}$$

式(7.2)适用于低合金调质钢,化学成分见表 7.1 所示。当板厚小于 25 mm,焊条电弧焊焊接线能量约在 17 kJ/cm 时,预热温度选择:

焊件 σ_b = 500 MPa, C_{eq} = 0.46% 时,可不预热;

焊件 σ_b = 600 MPa, C_{eq} = 0.52% 时,预热 75 ℃;

焊件 σ_b = 700 MPa，C_{eq} = 0.52%时，预热 100 ℃；

焊件 σ_b = 800 MPa，C_{eq} = 0.62%时，预热 100 ℃。

这些参数都可作为参考，当焊接环境温度较低、钢结构比较复杂、结构拘束度较大时，可根据产品具体实验结果确定预热温度。

表 7.1　低合金调质钢化学成分

名称	化学成分(质量分数)/%								
	C	Si	Mn	Cu	Ni	Cr	Mo	V	B
小于等于	0.2 或 0.18	0.55	1.5	0.5	2.5	1.25	0.7	0.1	0.006

2. 预热温度的确定

焊件中含碳量越高碳当量越高，产生冷裂的倾向也越高。为了防止冷裂，对于含碳量高碳当量高的焊件，焊前都要进行预热。预热温度不宜过高也不宜过低，过高一是浪费能源二是焊接时易产生粗大的组织；过低起不到防止冷裂的作用。为了弥补碳当量公式的不足，通过实验在公式中增加对冷裂影响较大的熔敷金属扩散氢[H]含量、焊件板厚(δ)或拘束度(R)等，建立起冷裂纹敏感性判据如下：

$$P_C = P_{cm} + \frac{[H]}{60} + \frac{\delta}{600} \tag{7.3}$$

$$P_{HT} = P_{cm} + 0.088\lg[\lambda H_D] + \frac{R}{400\,000} \tag{7.4}$$

$$P_H = P_{cm} + 0.075\lg[H] + \frac{R}{4 \times 10^5} \tag{7.5}$$

式中　[H]——熔敷金属中的扩散氢含量，mL/100 g；

　　　δ——焊件的板厚，mm；

　　　R——拘束度，N/mm·mm；

　　　H'_D——有效扩散氢，mL/100 g；

　　　λ——有效系数($H'_D = \lambda[H]$，低氢焊条 λ = 0.6，酸性焊条 λ = 0.48)；

　　　$P_{cm} = C + \frac{Si}{30} + \frac{Mn + Cu + Cr}{20} + \frac{Ni}{60} + \frac{Mo}{15} + \frac{V}{10} + 5B$，此公式适用于 $w(C) \leqslant 0.17\%$；

　　　σ_b = 400～900 MPa 的低合金高强钢。

求出以上的冷裂敏感性判据，建立低合金高强钢预热温度经验公式：

$$T_0(℃) = 1\,440 P_C - 392 \tag{7.6}$$

$$T_0(℃) = 1\,400 P_{HT} - 330 \tag{7.7}$$

$$T_0(℃) = 1\,660 P_H - 408 \tag{7.8}$$

根据国产低合金钢建立的预热温度的计算公式如下：

$$T_0(℃) = -214 + 324 P_{cm} + 17.7[H] + 0.14\sigma_b + 4.73\delta \tag{7.9}$$

式中　[H]——熔敷金属中的扩散氢含量(GB 3695—1983)，mL/100 g；

　　　σ_b——被焊金属的抗拉强度，MPa；

　　　δ——板厚，mm。

部分低合金高强钢碳当量及允许的最大硬度，如表 7.2 所示。

表7.2 部分低合金高强钢的碳当量及允许的最大硬度

钢种	相当国产钢	σ_s/MPa	σ_b/MPa	H_{max}/HV 非调质	H_{max}/HV 调质	P_{cm} 非调质	CE(ⅡW) 非调质
HW36	16Mn	≥343	519~637	390	—	0.2485	0.4150
HW40	15MnV	≥392	559~676	400	—	0.2413	0.3993
HW45	15MnVN	≥441	588~706	410	380(正火)	0.3091	0.4943
HW50	14MnMoV	≥480	608~725	420	390(正火)	0.285	0.5117
HW56	18MnMoNb	≥549	666~804	—	420(正火)	0.3356	0.5782

7.2 低碳钢低合金钢的焊接

7.2.1 选择焊条的原则

第2章介绍了现行国家标准根据用途(牌号)将焊条分为10大类,而各大类焊条按主要性能的不同又可分为若干小类,各类焊条应用范围又有所不同,正确选用焊条对焊接质量、生产率、产品成本都有很大影响。

对于碳钢、低合金钢首先从钢材的力学性能、化学成分、结构的刚度和拘束度大小、结构的工作条件等要求出发,根据现有焊接设备情况,以确保结构的使用安全为前提,综合考虑选用焊条。

1.熔敷金属与焊件的抗拉强度基本相等

碳钢和低合金钢一般用于制造受力构件,主要在大气环境下使用,无耐高温、耐酸、耐碱等特殊性能要求,所以选择焊条时主要考虑熔敷金属的抗拉强度不低于被焊构件的抗拉强度即可。如焊件为Q345A钢,其抗拉强度大于等于490 MPa,则焊条应选用E50系列的。

2.焊条药皮类型的选择

焊条药皮类型的选择主要取决于焊接结构的重要性、复杂程度、板厚、对焊缝抗裂性能的要求、载荷性质、使用温度等。对于要求塑性好,冲击韧度和抗裂性能高,低温性能好的焊缝,应选用碱性焊条。

3.抗拉强度不相等钢材焊条的选择

低碳钢、低合金钢的焊接或不同强度等级的低合金钢的焊接,一般选用与较低强度等级钢材等强度的焊条。

4.一般钢结构焊条的选择

当焊接结构不太重要,焊缝质量要求较低时,应按焊工劳动条件、焊接生产率及设备等条件来选择。一般来说,在保证质量的前提下,应尽可能选用酸性焊条。

7.2.2 低碳钢低合金结构钢的焊接

1.焊前准备

开坡口可采用机械方法、火焰茄割或碳弧气刨。对强度级别高的钢材、厚度较大、重要的结构,最好不采用火焰切割,应采用机械加工,而且加工的坡口精度要高。碳弧气刨所开的坡口应仔细清除余碳。

焊前仔细清除坡口两侧20mm范围内的水分、油、锈及其他脏物。

2. 焊条的选用

(1)低碳钢焊接焊条的选用

碳钢是以铁为基本成分,以碳为主要合金元素的铁碳合金,此外还含有少量提高钢材力学性能的 Mn、Si 等元素,以及有害的 S、P、O_2 等元素。

碳钢的焊接性主要取决于钢中含碳量的多少,其次是 S、P、O_2 等杂质的含量和形态。正常情况下焊接采用的碳钢中,含碳量少,碳当量也小,产生焊接裂纹的倾向小,焊接性能良好,焊接时一般不需要特殊的工艺措施。结构一般在室温无腐蚀介质下服役,所以选择焊条一般按焊缝金属与结构材料等强度原则选择焊条,表 7.3 是低碳钢焊接焊条选用。实际工作中由于结构和钢材质量的不同,可根据以下具体情况选择。

表7.3 碳钢焊条的选用

钢 号	焊条型号的选用		施焊条件
	板厚较薄的一般钢结构	钢中 S、P、O_2 等杂质的含量在上限,压力容器和在低温及动载荷或交变载荷下工作的结构等	
Q235 Q255	E4303、E4301、E4313、E4320	E4316、E4315	一般不预热
Q275	E4316、E4315	E5016、E5015	厚板结构预热150℃以上
08、10、15、20	E4303、E4301、E4320、E4311	E4316、E4315(E5016、E5015)	一般不预热
25	E4316、E4315	E5016、E5015	厚板结构预热150℃以上
20g、22g	E4303、E4301	E4316、E4315(E5016、E5015)	一般不预热
20R	E4303、E4301	E4316、E4315(E5016、E5015)	一般不预热

①钢材中 S、P 等杂质多时焊条的选用。如果钢材中的 S、P 等杂质含量较高,同时含碳量也高,在焊缝受到一定拘束拉应力的情况下很容易产生结晶裂纹。为了避免结晶裂纹的产生,应优先选用低氢型焊条 E5015、E5016、E4315、E4316 或高氧化钛型 E4322 焊条以及超低碳焊接材料。

②大刚度钢结构的焊条选用。板厚大于 25 mm、T 形接头角焊缝焊角大于 8 mm、重要结构、受力大的焊缝应选用低氢型焊条。

③压力容器的焊条选用。对于压力容器和在低温及动载荷或交变载荷下工作的结构,工作日间断加热、冷却的容器和管道,应选用 E5015、E5016、E4315、E4316 或 E4328 低氢型焊条。

④酸性焊条的选用。焊缝受力小或受压焊缝,联系焊缝,不要求密封性能和质量高的焊缝,坡口表面有油污、氧化皮,但因条件所限难以清理时,应选用抗气孔能力强的酸性焊条,如 E4303。

⑤特殊要求的选用。对于厚板和焊接量大的焊缝可选择铁粉焊条,如 E4327、E4328 等。向下焊可选用 E5048 焊条。

(2)低合金钢焊接焊条的选用

①选用低氢型焊条的条件。低合金高强钢中除了碳以外,还含有小于 5% 的合金元素。若含碳量相同,其碳当量比低碳钢大,产生焊接裂纹的倾向要高于低碳钢。对于钢板厚度较厚、结构拘束度大、易产生冷裂、焊缝中扩散氢含量高、在环境温度较低条件下进行施焊、焊后不进行热处理的重要结构,宜选用低氢型焊条。

②焊缝与母材力学性能基本相同的条件。焊缝的力学性能应与母材基本相同,不要求化学成分一致,为降低焊接应力的影响,要求焊条应具有优良的塑性、韧性和抗裂性能,当焊接应力较大时,焊条的优良性能可以减小焊接应力的有害作用。

③焊条强度等级可比母材强度低一级的条件。对于屈服点强度 $\sigma_s > 790$MPa 的低合金钢,当结构较复杂、冷裂很难避免、但焊缝又不是工作焊缝时,可选用焊条强度等级比母材强度低一级的焊条。

④屈服强度 $\sigma_s > 440$MPa 的低合金钢。对于屈服强度 $\sigma_s > 440$MPa 的低合金钢,在保证焊缝性能相同的条件下,应优先选交直流两用的 E5016 焊条。

⑤特殊要求。在潮湿环境中施焊时,应优选低氢或超低氢型焊条。在通风不良的环境内施焊时,应优选低尘低毒焊条。为了提高生产率,对立角焊缝应优选立向下焊条。

对于钢板厚度较厚和焊接工作量大的焊缝,优选铁粉焊条。

⑥一般结构的要求。对于一般结构在满足使用条件的前提下或焊缝质量要求不高的断续或联系焊缝(焊缝不受力),可选用工艺性能好的酸性焊条等。表 7.4 是低合金钢焊条的选用。

表 7.4 低合金钢焊条的选用

钢 号		CE/%	强度类别	焊条型号的选用	施焊条件
新钢号	旧钢号				
Q295	09MnV 09MnNb 09Mn2 12Mn	0.28 ~ 0.35	300 MPa	E4301、E4303、 E4315、E4316	一般不预热
Q345	18MnNb 12MnV 14MnNb 16Mn 16MnRE	0.31 ~ 0.39	350 MPa	E5001、E5003、E5016 – G、 E5015 – G、E5018、E5028	$\delta > 40$ mm 预热 100 ℃
Q390	15MnV 15MnTi 16MnNb 15MnVCu	0.38 ~ 0.42	400 MPa	E5001、E5003、E5016 – G、 E5015 – G、E5018、E5028 E5515 – G、E5516 – G	$\delta > 32$ mm 预热 100 ~ 150 ℃
Q420	14MnVTiRE 15MnVN 15MnVNCu	0.41 ~ 0.43	450 MPa	E5016 – G、E5015 – G	预热 150 ℃以上

上述原则是选择焊条时要考虑的问题,有些原则必须遵守,有些需要根据具体情况、具体结构、具体使用条件而定,决不能贪图一时便宜选择不符合原则的焊条,否则,焊缝质量得不到保证或结构发生事故造成的经济损失,将难以预料。

(3)焊条烘干工艺

焊条选定后,焊接前必须按照焊条包装上规定的温度与保温时间进行烘干。常用的酸、碱性焊条烘干工艺如表7.5所示。

表7.5 焊条烘干工艺

焊条类型	焊件强度级别 σ_b/MPa	烘干温度/℃	保温时间/h
碱性焊条	≥600	450~470	2
	440~540	400~420	2
	≤410	350~400	2
酸性焊条	≤410	150~250	1~2

3.焊条电弧焊工艺规范

低碳钢、低合金钢焊接工艺规范与板厚、坡口形式、焊接位置、接头形式、焊接层数等有关。表7.6是低碳钢、低合金钢对接接头I型、V型和X型坡口焊条电弧焊的焊接工艺规范(作为参考)。

表7.6 对接焊缝焊条电弧焊的焊接工艺规范

坡口形式	焊件厚度/mm	第一层焊缝 焊条直径/mm	第一层焊缝 焊接电流/A	其他各层 焊条直径/mm	其他各层 焊接电流/A	封底焊缝 焊条直径/mm	封底焊缝 焊接电流/A
I	2.0	2.0	55~60	—	—	2.0	55~60
	2.5~3.5	3.2	90~120	—	—	3.2	90~120
	4.0~5.0	3.2	100~130	—	—	3.2	100~130
	4.0~5.0	4.0	160~200	—	—	4.0	160~210
	4.0~5.0	5.0	200~260	—	—	5.0	220~250
Y	5.0~6.0	4.0	160~210	—	—	3.2	100~130
	5.0~6.0	4.0	160~210	—	—	4.0	180~210
	≥6.0	4.0	160~210	4.0	160~210	4.0	180~210
	≥6.0	4.0	160~210	5.0	220~280	5.0	220~260
X	≥12	4.0	160~210	4.0	160~210	—	—
	≥12	4.0	160~210	5.0	220~280	—	—

4.定位焊缝

所谓定位焊缝是指固定焊件或钢结构相对位置的焊缝。定位焊缝是正式焊缝的一部分,所以,定位焊缝的质量好与坏直接影响到正式焊缝的质量。因此,定位焊缝选用的焊条类型和强度级别应与正式焊缝一样,强度级别也可低一级;对于低碳钢、低合金钢定位焊缝,选择的焊条直径、预热温度应与正式焊缝相同,选择的焊接电流应稍大于其他各层焊缝或与其他多层焊缝一样;为了防止定位焊焊缝发生开裂,定位焊缝必须有足够的长度(一般不小于 50 mm,对于厚度较薄的焊件其长度是板厚的 4 倍以上)和厚度。

5. 特殊情况的预热和焊后热处理

强度级别较高、刚度较大、钢材中碳、硫、磷都在上限、焊接的场所环境温度较低时,对焊件应进行预热,预热温度如表 7.7 所示。

表 7.7 预热温度

环境温度 /℃	焊件厚度/mm		预热温度 /℃	备 注
	梁、柱、桁架类	导管和容器类		
<0	51~70	41~50	≥200	强度级别较高或厚度较大的焊件,焊后不能及时进行热处理的,应在 200~350℃下保温 2~6h,去氢处理
<10	31~50	31~40	100~150	
<20	—	17~30	100~150	
<30	<30	<16	不预热	

思 考 题

1. 简述金属焊接性的概念?
2. 简述碳当量公式的作用及预热温度的确定。
3. 简述低碳钢、低合金钢选择焊条的原则。
4. 选用低氢型焊条的条件有哪些?
5. 为什么对焊条进行烘干?
6. 为什么定位焊缝选用的焊条类型和强度级别应与正式焊缝一样?

第8章 焊条电弧焊焊接缺陷与检验

钢结构焊件中的缺陷不仅影响焊接接头的质量,同时又会直接影响到钢结构的安全使用。对焊接缺陷进行分析,一方面是为了找出产生缺陷的原因,从而从材料、工艺、结构、设备等方面采取有效措施防止缺陷的产生;另一方面是为了在钢结构的制造或使用过程中,正确地选择检验技术手段,及时地发现缺陷,从而定性或定量地评定钢结构的质量。

8.1 焊条电弧焊焊接缺陷

焊接缺陷有焊缝形状缺陷、焊接裂纹、夹渣与夹杂物、未熔合与未焊透、气孔、烧穿等类型。

8.1.1 焊缝形状缺陷

焊缝表面相对原设计的几何形状出现的偏差称为形状缺陷。GB6417—1986 将形状缺陷分为 19 种。通常所讲的形状缺陷主要是下面几种。

1.焊缝外形尺寸缺陷

焊缝外形尺寸缺陷是指焊缝宽窄不一、余高过高、鱼鳞纹不均匀、焊缝到母材之间过渡不圆滑等,如图 8.1 所示。

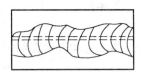

(a) 焊缝余高不均匀　　(b) 焊缝宽窄不均匀　　(c) 角焊缝不规则

图 8.1 焊缝外形尺寸缺陷

造成焊缝外形尺寸缺陷的主要原因是焊接电弧过大或过小、运条速度时快时慢,或焊件装配间隙不均匀等。

2.咬边

咬边又称咬肉,是沿焊趾的母材部位产生的沟槽或凹陷,是因钢材边缘熔化后液态金属未能补充到位而形成的。

咬边主要是由于焊接电流过大、焊接电弧过长、焊条角度不当、操作运条不正确等因素造成的。尤其在立焊、仰焊和角焊缝边缘容易产生咬边,如图 8.2 所示。

3.焊瘤

焊接过程中,熔化金属流淌到焊缝之外未熔化的母材上所形成的金属瘤称为焊瘤,如图 8.3 所示。焊瘤存在于焊缝表面,在其下面往往伴随着未熔合、未焊透等缺陷。由于焊缝填充金属的堆积,使焊缝的几何形状发生变化而造成应力集中。

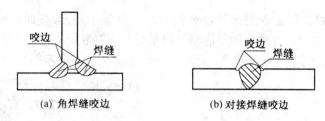

图 8.2 咬边

表面焊瘤主要是由于焊接电流和电弧电压过小,造成电弧热量低且吹力小,从而使板材不能充分熔化、熔池中的液态金属难以吹开,导致液态金属堆积而形成的,如图 8.3(a)、(b)所示。根部焊瘤主要是焊接电流和电弧电压过大导致熔池温度过高,焊缝底部的熔化金属被电弧力吹到背面形成焊瘤,如图 8.3(c)所示。

焊接时,选择合适的焊接电流和电弧电压,严格控制熔池温度,立焊时选用的焊接电流应比平焊小 10%~15%,比仰焊小 15%~20%,提高操作技能,灵活调整焊条角度,水平对接焊装配间隙不宜过大等。

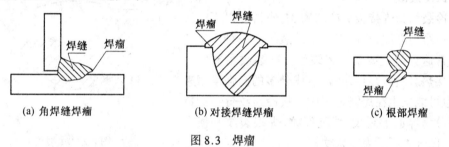

图 8.3 焊瘤

4. 凹坑

所谓凹坑是指在焊缝表面由于断弧或收弧不当在焊缝末端形成的凹陷,如图 8.4 所示。凹坑会减小焊缝的截面积。

图 8.4 焊缝凹坑

产生凹坑的原因主要是运条速度不均匀,接缝技术不过关,收弧时电弧过早离开焊缝,熔敷金属未填满弧坑。

焊接时,提高接缝操作技能,运条速度要均匀稳定,根据焊条药皮的类型和焊件的厚度,采用划圈收弧法或反复断弧收弧法等填满弧坑。

8.1.2 焊接裂纹

1. 热裂纹

焊接过程中焊缝熔合区与热影响区冷却到固相线附近的高温区形成的裂纹称为热裂纹。根据裂纹形成的机理不同,热裂纹可分为结晶裂纹、液化裂纹和高温失塑裂纹。在生产中遇到的多数为结晶裂纹。

产生结晶裂纹主要是碳钢或低合金钢中的 S、P 等杂质,焊接时形成了(Fe + FeS)、(Fe + Fe₃P)低熔点共晶,焊缝金属凝固结晶时被排挤在柱状晶晶界,并形成"液态薄膜",在焊接拉应力的作用下发生开裂,形成结晶裂纹,如图 8.5(a)所示。

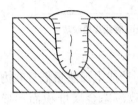 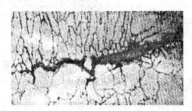

(a)结晶裂纹　　　　　　　　　　(b)近缝区液化裂纹

图 8.5　热裂纹的形态分布

液化裂纹是在焊接热循环峰值温度作用下,近缝区或多层焊层间的低熔点共晶重新熔化,在拉应力的作用下沿晶界发生开裂,如图 8.5(b)所示。

2.冷裂纹

冷裂纹指焊接接头冷却到 M_s 点温度以下时形成的一系列裂纹,延迟裂纹是冷裂纹的一种。生产中经常遇到的主要是延迟裂纹。冷裂纹主要发生在焊接热影响区,对某些合金成分多的高强度钢来说,也可能发生在焊缝金属中。按冷裂纹分布的特点可分为焊道下裂纹、焊趾裂纹、焊根裂纹和横向裂纹,图 8.6 所示为冷裂纹。

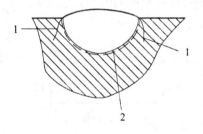

图 8.6　冷裂纹
1—焊趾裂纹;2—焊道裂纹

冷裂纹主要是焊接含碳量高或碳当量高的钢材时产生了较多的脆硬组织、焊接接头中的含氢量超过了临界扩散氢含量和焊接接头的拘束应力较大等三个方面共同作用的结果。

为防止冷裂纹的产生首先选择含碳、硫、磷、氧、氮低的高质量的钢材和低氢型焊接材料。并且焊前清理坡口两侧的油污和铁锈,焊条烘干、焊件预热、保持层间温度、焊后热处理。同时适当增加焊接线能量,减缓接头的冷却速度。焊后锤击焊缝降低应力等。

3.再热裂纹

焊件焊接后,若再次被加热(如消除应力退火、多层焊或使用过程中被加热)到一定的温度而产生的裂纹称为再热裂纹。

再热裂纹是在焊接含 Cr、Mo、V 的低合金结构钢、珠光体耐热钢、含 Nb 的奥氏体不锈钢和某些析出硬化显著的 Ni 基耐热合金时,在焊接热影响区的粗晶部位,沿粗大奥氏体晶粒边界扩展,且多半发生在咬边等应力集中处。可形成沿熔合线的纵向裂纹,亦可形成粗晶区中垂直于熔合线的网状裂纹,其断口有被氧化的颜色。

4.层状撕裂

轧制钢材在焊接带中有分层氧化物、硫化物等夹杂物时,在垂直夹层的焊接应力作用下,出现平行于轧制方向的阶梯形裂纹称层状撕裂,如图 8.7 所示。

影响层状撕裂的因素有钢板的材质、夹杂物的分布类别、焊接接头含氢量、焊接接头的形式、接头受力情况以及焊接工艺等。此外,当焊接接头中存在微裂纹、微气孔、咬边、未焊透等缺口效应时,都可能在应力作用下发展成为层状撕裂。

8.1.3 夹渣与夹杂物

1.夹渣

所谓夹渣是指焊后残留在焊缝中的焊渣。产生原因是焊接电流小,焊接速度过快,熔池温度低使熔渣流动性差,熔渣残留来不及浮出,多层焊时层间清理不彻底等,在坡口边缘及多层焊层与层之间产生夹渣,如图8.8所示。

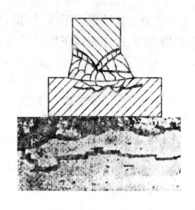

图8.7 T形接头的层状撕裂

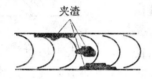

图8.8 夹渣

2.夹杂物

夹杂物是指药皮或焊剂与熔化金属进行冶金反应,焊后残留在焊缝中的非金属杂质,如氧化物、硫化物、氮化物,如图8.9所示。夹杂物产生的工艺因素与夹渣基本相同,但也与钢材和原材料的质量有关,如钢材脱氧不完全,焊接时电弧过高,空气中氮气进入焊缝,原材料含硫量偏高或硫偏析,都易形成夹杂物。

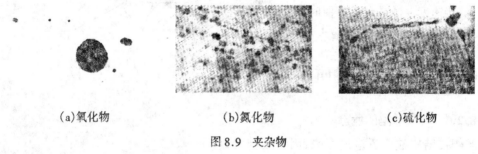

图8.9 夹杂物

8.1.4 未熔合与未焊透

1.未熔合

未熔合是指焊缝金属与母材金属之间、焊道与焊道金属之间未完全熔化结合的现象,如图8.10(a)所示。

未熔合是由于焊接电流小、焊接速度快,造成坡口表面或先焊焊道表面来不及全部熔化而形成的。此外,运条时焊条偏离焊缝中心,焊道表面存在的熔渣和高熔点氧化物未能充分熔化,造成未熔合。

2.未焊透

所谓未焊透是指焊接接头根部未完全熔透的现象,如图8.10(b)所示。

焊接工艺参数选择不当,焊接电流太小、焊接速度太快,装配间隙太窄,坡口角度太小,钝边太厚,操作时焊条角度不当,电弧太长或电弧偏吹等都会造成未焊透。

(a) 母材与焊缝、层与层之间未熔合

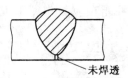
(b) 焊接接头根部未焊透

图 8.10 未熔合与未焊透

8.1.5 气孔

所谓气孔是指残留在焊缝中的空穴,如图 8.11 所示。

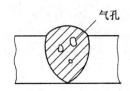
图 8.11 焊缝中的气孔

气孔不仅出现在焊缝表面,也会出现在焊缝内部。产生的原因主要是焊件焊接位置上的油污、铁锈、焊条药皮受潮后的水分,在焊接中受热分解,使熔池中溶入了较多的气体,凝固时这些气体没来得及逸出而形成气孔。引弧和焊接操作不当也会产生气孔。

8.1.6 烧穿

所谓烧穿是指熔化金属自坡口背面流出,形成穿孔的现象,如图 8.12 所示。

烧穿多发生在第一层打底焊道或薄板的对接接头中,主要是由于焊接电流太大,钝边太小、间隙太宽,焊接速度太慢或电弧停留时间太长等。在烧穿的周围常有气孔、夹渣、焊瘤未焊透等缺陷。

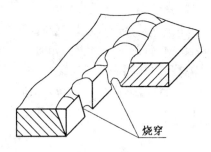
图 8.12 烧穿

8.2 焊接缺陷对质量的影响

8.2.1 焊接缺陷的危害

自焊接结构被广泛应用以来,因钢结构失效,在国内外都发生过许多破坏性事故,甚至造成重大或灾难性的事故,给人民生命和财产造成重大损失。1944 年 10 月,美国俄亥俄州煤气公司液化天然气球形罐发生连锁式爆炸造成大火,死亡 133 人,损失 680 万美元。据英国统计,1965 年压力容器在役期间发生破坏的台数共计 138 台,其中由于焊接裂纹而导致破坏的就有 118 台,约占破坏总数的 89.3%。1979 年 9 月 7 日,我国某氯气车间的液氯瓶爆炸,使 10 吨液氯外溢扩散,造成 59 人死亡,779 人中毒,直接损失 63 万元。1979 年 12 月 18 日,我国某地一煤气公司的液化气厂,一台直径为 9.2 m、容积为 400 m³ 的球形液化气储罐首先产生了长 13.5 m、宽 0.75 m 的裂缝,从裂缝中喷出的液化石油气遇上明火发生了爆炸,引起周围三个 400 m³ 的球罐、一个 50 m³ 的卧式储罐和 5 000 个民用液化气瓶先后爆炸起火,共烧掉 7 百多吨液化石油气、烧毁机动车 15 辆以及罐区内的全部建筑,死亡 33 人,受伤 53 人,直接损失达 650 万元。据美国 1982 年统计,因机械产品断裂失效造成约为 1 190 亿美元损失。经失效分析,钢结构发生破坏的主要原因之一是焊接接头存在各种不同的缺陷。若缺陷被漏检,判断不准确或对缺陷认识不足,就可能导致结构在负载时发生破坏事故。

8.2.2 焊接缺陷对质量的影响

焊接缺陷主要表现在对结构承载能力和耐腐蚀性能的影响。

由于气孔、弧坑、烧穿等缺陷的存在,减小了该部位的有效截面积,使钢结构的承载能力降低,更主要的是在缺陷的周围产生了应力集中。因此,焊接缺陷对负载强度、疲劳强度、脆性断裂以及应力腐蚀开裂都有重大影响。

焊接缺陷对材料或构件的危害性主要取决于缺陷的性质和缺陷的大小、取向及所在部位,其中危险最大的是裂纹,其次是各种缝隙性缺陷,如夹渣、未熔合、层状撕裂等。此外,尺寸较大的缺陷若与零件主要受力方向垂直,或成较大夹角且位于工件表面时,危害性也较大。

1. 焊接缺陷引起的应力集中及对应力腐蚀开裂的影响

焊接接头中如果存在各种焊接缺陷,就会使接头几何形状突变或不连续,当接头受外力作用时,导致接头中工作应力分布不均匀。根据数学计算,受到 Z 向拉应力作用的空穴类缺陷,其 Z 向应力集中系数如表 8.1 所示。

表 8.1 不同形状空穴类缺陷的应力集中系数

空穴的形状系数	相当于缺陷的形状	Z 向应力集中系数
$p_2 = \dfrac{c}{b} = 1$	纺梭状	2.05 ~ 3
$p_1 = \dfrac{b}{a} = p_2 = \dfrac{c}{b} = 1$	球状	2.05
$p_1 = \dfrac{b}{a} = 1$,c 很小	扁平状	大于 12

由表中 Z 向应力集中系数的数值不难看出,扁平状的缺陷应力集中最为严重。焊接裂纹常常呈扁平状,尤其是冷裂纹一般是穿晶,具有两端尖锐的缺口和长宽比大的特点,若加载时,会在裂纹的两端引起严重的应力集中,从而降低材料的塑性和结构的承载能力,引起结构脆断。另外,当焊缝形状不良,如平焊非圆滑过渡、角焊缝的凸度过大、焊缝余高过高、错边、角变形等焊接接头的外部缺陷,也会引起应力集中或产生附加应力。

应力腐蚀裂纹的产生主要是由材质、腐蚀介质和拉应力共同作用的结果。如果焊接结构焊缝表面有缺陷,则在腐蚀介质和拉应力的作用下,很快成核形成裂纹。另外,焊缝表面粗糙度小,结构上的死角、拐角、缺口、缝隙等都会使腐蚀介质发生沉积,介质局部浓缩,由此加快了电化学过程的进行使阳极溶解,为应力腐蚀裂纹的成长提供了方便。

应力集中对疲劳强度有重大影响,对腐蚀疲劳也有很大影响。焊接接头的腐蚀疲劳破坏,大都是从焊趾处开始,然后扩展,穿透整个截面,导致结构的破坏。因此,改善焊趾处的应力集中程度能大大提高接头抗腐蚀疲劳的能力。

2. 焊接缺陷对静载强度的影响

试验证明,圆形缺陷所引起的强度降低与缺陷造成的承载截面的减小成正比。断裂时的平均应力可近似用下式表示:

$$\sigma_f = \frac{A_j}{A_0}\sigma_b \tag{8.1}$$

式中　σ_f——断裂时的平均应力,MPa;

　　　A_j——有缺陷材料的承载截面积,mm^2;

　　　A_0——无缺陷材料的初始截面积,mm^2;

　　　σ_b——材料的强度极限,MPa。

由公式看出,断裂时的平均应力与有缺陷材料的承载截面积成正比,与初始截面积成反比。当焊缝中出现成串或密集气孔时,由于气孔的截面较大,承载截面积减小,为此断裂时需用的应力会很小,同时成串或密集气孔还伴随着焊缝力学性能的下降,使强度明显地降低。因此,成串气孔要比单个气孔危险得多。

夹渣对强度的影响与其形状和尺寸有关。单个小球状夹渣并不比同样尺寸和形状的气孔危害大,当夹渣呈连续的细条状且排列方向垂直于受力方向时,是比较危险的。裂纹、未熔合和未焊透比气孔和夹渣的危害大,它们不仅降低了结构的有效承载截面积,更重要的是产生了应力集中。尤其是裂纹,在其尖端存在着缺口效应,容易出现三向应力状态,会导致裂纹的失稳和扩展,以致造成了整个结构的断裂,所以裂纹是焊接结构中最危险的缺陷。

3. 焊接缺陷对脆性断裂的影响

脆断是一种低应力下的破坏,断裂前基本上不发生塑性变形,是一种突然发生的断裂,没有明显征兆,难以发现和加以预防,因而危险性最大。

一般认为,结构中缺陷造成的应力集中越严重,脆性断裂的危险性越大。如上所述,裂纹对脆性断裂的影响最大,其影响程度不仅与裂纹的尺寸、形状有关,而且与其所在的位置有关。如果裂纹位于高值拉应力区就容易引起低应力破坏;若位于结构的应力集中区,则更危险。

此外,错边和角变形能引起附加的弯曲应力,对结构的脆性破坏也有影响,并且角变形越大,破坏应力越低。还有焊缝中的气孔、非金属夹杂物、组织粗大、成分偏析等都会成为钢结构脆性断裂的薄弱点。

4. 焊接缺陷对疲劳强度的影响

疲劳对缺陷十分敏感,对缺陷具有高度的选择性。缺陷对于疲劳强度的影响要比静载强度大得多。例如,气孔引起的承载截面减小10%时,疲劳强度的下降可达50%。

裂纹的应力集中系数比其他焊接缺陷都大,因而对于疲劳强度的影响也较大。裂纹同气孔相比,当其所占截面积相同时,裂纹比气孔对疲劳强度的影响要大15%。当夹杂物、夹渣、气孔面积较小、数量较少时,对疲劳强度的影响不大,但当夹渣成片,并且出现尖锐边缘时,影响与裂纹基本相同。咬边的影响要比气孔、夹渣大得多,当缺陷露出表面或接近表面时,更加明显。

8.3 焊接质量检验

钢结构焊接件中的缺陷不仅影响焊接接头的质量，同时又会直接影响到钢结构的安全使用。焊接质量检验是保证钢结构焊接后产品质量的重要措施。焊接质量检验可分为非破坏性检验和破坏性检验，如表8.2所示。

表8.2 焊接质量检验分类

质量检验	检验方法	检验内容
非破坏性检验	外观检验	—
	致密性检验	气密性检验
		水压检验
		气压检验
		煤油检验
		氨渗透检验
	无损探伤检验	超声波探伤
		射线探伤
		磁粉探伤
		渗透探伤
		涡流探伤
破坏性检验	金相检验	宏观组织检验
		微观组织检验
	化学分析及检验	化学分析
		腐蚀检验
		含氢测定
	力学性能检验	拉伸检验
		弯曲检验
		硬度检验
		冲击检验
		疲劳检验
		断裂韧性检验

8.3.1 非破坏性检验

1.焊接接头外观检验

焊接接头外观检验就是借助肉眼、标准样板、测量工具或低倍放大镜等进行观察，检验焊接接头表面的质量是否达到产品技术要求的一种检验方法。

外观检验简单便利,是最常用的一种检验方法,是检验焊接接头的一个重要的内容,外观检验分类、检验内容和检验工具如表8.3所示。

表8.3 焊缝外观检验

检验分类	检验内容	检验工具
表面附着物	焊缝及周围的熔渣、飞溅物是否清理干净	—
焊缝外观尺寸	焊缝外观是否规则,对接焊缝的宽度及余高,角焊缝的焊脚尺寸、焊缝的凸凹度	直尺、标准样板、游标深度尺、千分尺、塞尺、千分表、专用量具、低倍放大镜等
焊接缺陷	气孔、焊瘤、烧穿、未焊透、咬边、焊缝外形尺寸缺陷、表面裂纹等	直尺、标准样板、游标深度尺、千分尺、塞尺、千分表、专用量具、低倍放大镜等
修复质量	补焊和返修质量按照技术要求检验	—

2.致密性检验

致密性检验是检验密闭容器、管道、器皿的密封性,如是否漏水、漏气、漏油的检验。观察焊缝的致密性,常用的方法及特点如表8.4所示。

表8.4 致密性检验方法及特点

序号	检验方法	检验过程
1	气密性检验	首先将密闭容器中通入低于容器压力的压缩空气,在容器外壁的焊缝表面涂上肥皂水,观察肥皂水是否有气泡,未出现气泡说明本容器致密性检验合格,本实验可用于小型密封容器及接管的焊缝
2	氨渗透检验	氨气有渗透能力强并能使石蕊试纸变色的性能。氨渗透检验就是在密闭容器焊缝外表面贴上石蕊试纸,再将含氨气的压缩混合气体通入容器中,保持一定时间后检查石蕊试纸是否变色,如未变色说明焊缝致密性合格
3	煤油检验	首先将密闭容器外壁的焊缝表面涂上石灰水溶液或白色粉笔末,再在焊缝的内壁涂上煤油,利用煤油黏度和表面张力小、渗透力强、能穿透极小缺陷的特点,当涂有石灰水溶液或白色粉笔末一侧没有发现油迹说明本焊缝致密性检验合格
4	水压检验	水压检验是将水灌满容器,排除容器中的空气,并施加压力,检验压力是容器工作压力的1.25~1.5倍,观察焊缝外表面有无渗水现象

3.无损探伤检验

在不破坏钢材、容器性能和结构完整性的前提下,检测焊缝有无缺陷的方法,统称为无损探伤检验。无损探伤检验有以下几种。

(1)超声波探伤

超声波探伤是利用频率高于20 kHz的超声波在焊件内部缺陷中直线传播的声学特性,判定缺陷位置、尺寸的一种无损检测方法。超声波通过材料时能量会衰减,遇到两种介质的界面时,会发生反射和折射。通过探测和分析反射声波的传播时间和波形,确定焊缝内部有无缺陷，以及获得缺陷位置和大小等，图 8.13 是不同缺陷的波形。

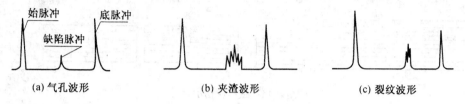

(a) 气孔波形　　　　　(b) 夹渣波形　　　　　(c) 裂纹波形

图 8.13　不同缺陷超声波形

超声波探伤可以用于钢板、管材、不同类型型材的探伤，也可以用于钢结构焊接件、铸铁件、铸钢件和锻件等的探伤，还可用于塑料、陶瓷的探伤。

超声波探伤灵敏度高，设备轻便简单，操作灵活，能较准确地判断缺陷的位置，从而多方面进行探测判定缺陷的形状及性质，并立即给出检验结果。超声波对钢板的分层，焊缝中的裂纹、夹渣、未焊透等缺陷检出率较高，对人体无伤害，检测成本低。超声波对要探测的表面要求平滑光洁，对焊缝表面只能用斜探头来探测内部缺陷，对气孔和表面光滑的缺陷，检测灵敏度低，并且不能做永久性记录。

(2)射线探伤

射线探伤是利用 X 射线或 γ 射线可穿透物质和穿透不同物质时衰减程度不同的特性，通过在胶片或荧光屏上反映的照相强度的变化，来发现内部缺陷的一种探伤方法。

射线探伤光以直线传播，不受磁场的干扰，具有很强的穿透力，可透照厚度为 300 mm 的钢板。当射线穿透不同物质时，射线强度衰减程度不同。经射线照射后，在胶片上能反映出焊缝的影像，在焊缝中显示出的深色条纹或斑点就是焊缝中的缺陷。图 8.14 显示出缺陷的形状、位置和大小与实际存在的缺陷相当。

射线照相法可用于各种压力容器、船体、管道、钢结构 T 形接头单面焊和双面焊、不同角度的角接接头、搭接接头等。

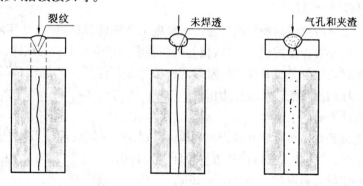

图 8.14　胶片中焊接缺陷显示

(3)磁粉探伤

磁粉探伤是利用表面或近表面存在缺陷的铁磁性材料，被磁场强烈磁化后所形成的局部漏磁场，使磁粉聚集于缺陷处，从而显示出缺陷位置和尺寸的检测方法。图 8.15 是磁粉探伤示意图。

对于断面相同、组织均匀的焊接件在外磁场作用下，磁力线在其内部是平行、均匀地

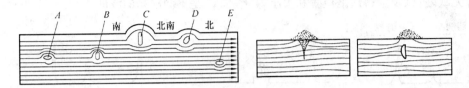

图 8.15 磁粉探伤示意图

分布的。若焊接件表面或近表面存在与磁力线方向近于垂直的缺陷时,就会明显改变磁感应线在工件内的分布,这是因为缺陷如裂纹、夹渣、气孔等一般都是非铁磁性物质,磁阻较大,磁导率远小于铁磁质的磁导率,缺陷区域不能像正常部位通过铁磁质中相应那样多的磁感应线,但磁感应线又是连续的,缺陷区域影响磁感应线,使磁力线不但在工件内产生弯曲,而且还会穿过零件的表面形成一个南北两极的磁场。该磁场是由于缺陷的存在而使铁磁质工件中的磁感应线遗漏形成的,故称为漏磁场。

铁磁性材料磁化后,在表面缺陷处会产生漏磁场。磁粉探伤就是根据缺陷处的漏磁场与磁粉的相互作用,利用磁粉来显示铁磁性材料表面或近表面缺陷,进而确定缺陷的位置、形状、大小和深度。

磁粉检验显示缺陷直观,灵敏度高,检测速度快,操作简单和成本低,广泛应用于机械、化工、航空、航天、压力容器等领域内的检验。但磁粉检测的应用也具有一定的局限性,根据磁粉检验的基本原理可知,磁粉检验只适用于检查铁磁性材料,如碳钢、合金钢等钢结构制品,无法检测非铁磁性材料。只能检测到深度一般不超过 1~2 mm 的工件表面及近表面的缺陷,不能检测到埋藏很深的内部缺陷。能用于检查与磁场方向夹角较大的缺陷,与磁场方向垂直的缺陷检验灵敏度最高。对于与磁场方向夹角小于20°或平行的缺陷检验灵敏度很低。

8.3.2 破坏性检验

破坏性检验是按照国标规定的试板尺寸和施工适用的焊接材料(或实际产品),采用不同的焊接工艺参数焊接试板,并在试板上按照要求截取不同检验的试样,检验其各种力学性能、金相组织、成分分析和腐蚀检验等。检验为制订焊接工艺规程、编制合理的焊接工艺和选择最佳的焊接工艺参数作为依据。

1. 力学性能检验

力学性能检验是用实际产品需用的钢板、焊接材料、编制的焊接工艺和选定的焊接工艺参数焊接试板,并按要求截取试样进行拉伸、弯曲(面弯、背弯、侧弯)、冲击(规定时)等检验。板材和管材对截取样顺序如图 8.16 所示。

(1)拉伸检验

拉伸检验是采用拉伸试验机将拉伸试样拉伸至断裂,通过拉伸实验可以测定焊接接头的抗拉强度、屈服强度、延伸率和断面收缩率。拉伸试样如图 8.17 所示。

拉伸检验包括焊缝金属(如图 8.16 中 5 试样)和焊接接头的检验(如图 8.16 中 1 试样)。通过对焊缝金属和焊接接头的拉伸,可以检验出焊接材料的抗拉强度值,同时也可反映出焊缝金属、熔合区和热影响区的抗拉强度值。此外,通过高温短时拉伸检验来测定

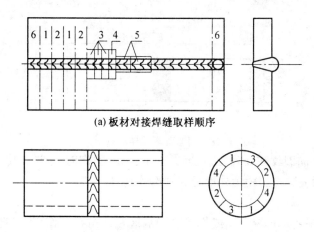

(a) 板材对接焊缝取样顺序

(b) 管材对接焊缝取样顺序

图 8.16　力学性能截取位置

1—拉伸试样；2—弯曲试样；3—冲击试样；4—硬度试样；5—焊缝拉伸试样；6—废弃

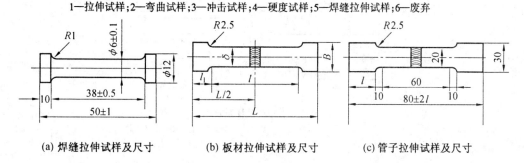

(a) 焊缝拉伸试样及尺寸　　(b) 板材拉伸试样及尺寸　　(c) 管子拉伸试样及尺寸

图 8.17　拉伸试样及尺寸

耐热钢焊接接头高温条件下的瞬时抗拉强度。在拉伸检验试样断裂后，也可以检验出焊缝和焊接接头的断面收缩率和延伸率。以下几种抗拉强度值均为合格。

第一，拉伸断裂强度高于产品图样设计规定值；第二，拉伸断裂强度高于钢材标准规定的最低抗拉强度；第三，拉伸断裂强度高于两种钢材标准规定的最低抗拉强度中的较低值；第四，拉伸断裂强度高于技术文件和图样规定选用室温强度，低于钢材焊缝的抗拉强度。

如果抗拉强度低于以上规定的值，应通过调整焊接材料或焊接工艺、焊接工艺参数重新进行焊接检验。

(2) 弯曲检验

不同焊接材料或不同焊接工艺：不同焊接工艺参数，对焊接接头的各个区域组织和性能会产生不同的影响，通过对规定的标准试样，按照规定的弯轴直径、支座间距离、弯曲角，在室温下进行弯曲，观察试样拉伸面的裂纹情况，测定对接接头的致密性和塑性。面弯和背弯试样如图 8.18 所示。

弯曲检验包括面弯、背弯和侧弯三种（侧弯检验用于试板厚度较大时），根据不同的金属材料选用不同的角度，如碳素钢和奥氏体不锈钢双面焊弯曲角为 180°，碳素钢和奥氏体不锈钢单面焊弯曲角为 100°，铬钼钢和铬钼钒钢弯曲角为 50° 等。弯曲后如果拉伸面上有

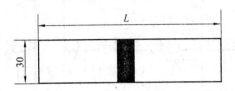

图 8.18 面弯背弯试样示意图

长度大于 3 mm 的纵向裂纹或缺陷,或长度大于 1.5 mm 的横向(沿试样宽度方向)裂纹或缺陷时为不合格(除去试样的棱角先期开裂的部分)。

(3)冲击检验

冲击检验是用来测定焊缝金属或焊接热影响区在冲击载荷作用下,抵抗破坏的能力(断裂韧性),也可测定脆性转变温度。冲击检验标准试样有夏比 U 型缺口试样和夏比 V 型缺口试样两种,习惯上前者称为梅氏试样。两种试样的尺寸如图 8.19 所示。

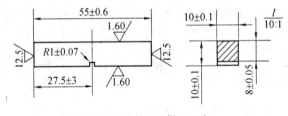

(a)夏比 U 形缺口试样及尺寸

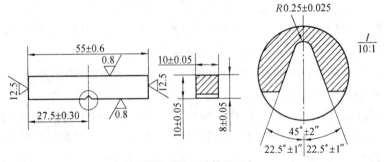

(b)夏比 V 形缺口试样及尺寸

图 8.19 冲击试样及尺寸

冲击试样缺口可以开在焊缝上、热影响区或熔合区,在技术文件或图样没有要求的情况下,冲击试样缺口轴线一律垂直于焊缝表面。冲击检验温度有室温冲击检验和低温冲击检验,低温冲击检验温度一般为 15 ~ -192℃,通常选取 0℃、-20℃、-40℃、-60℃等。

(4)硬度检验

硬度检验有布氏硬度(HB)、洛氏硬度(HR)、维氏硬度(HV)、显微硬度等。通过硬度检验可以分别测得焊缝金属、熔合区、热影响区和焊件本身的硬度。同时硬度值的大小也为确定焊接工艺参数和制订焊接工艺提供参考依据。

2.金相检验

金相检验分为宏观金相检验和微观金相检验。宏观金相检验是借助肉眼或低倍放大镜,观察制备好的试样熔池的熔深、焊缝的结晶方向、焊缝的形状尺寸、焊接缺陷等。微观金相检验是借助电子显微镜、扫描电子显微镜、X射线衍射仪等观察鉴别组织结构和形态、晶粒大小、夹杂大小及数量、各种缺陷等。

3. 化学成分检验

在外界高能激发下,不同金属原子有确定的辐射能,借助各种光谱分析仪检验焊缝金属和钢材的化学成分,检验其成分是否符合国家标准的范围。对于碳素钢常分析的元素有碳、硅、锰、硫、磷。合金结构钢和不锈钢常分析的元素除碳素钢检验的元素外,还有镍、铬、钛、铌、钼、钒等。

4. 腐蚀检验

不同的金属材料有不同的耐蚀性能。金属材料通过采用不同的焊接材料、不同的焊接线能量和焊接工艺焊接后,其耐腐蚀性也会发生变化。金属材料的腐蚀有总体腐蚀、晶间腐蚀、刀状腐蚀、点腐蚀、应力腐蚀、海水腐蚀、气体腐蚀等。

腐蚀检验的目的是在确定的各种焊接条件下,检验焊接接头的耐腐蚀性能,估计焊接接头的使用寿命,为选择工艺参数和编制焊接工艺提供参考依据。

腐蚀检验的方法根据产品使用性能而定,不锈钢常做的检验有焊缝的晶间腐蚀、刀状腐蚀、热影响区的敏化腐蚀等。

思 考 题

1. 焊接缺陷有几种?产生的原因及危害最大的缺陷是哪种?
2. 未焊透、裂纹、气孔和夹杂在胶片中显示的形状、位置和大小有什么不同?
3. 应力集中对使用性能有什么影响?
4. 焊接缺陷对焊接接头的静载强度、脆性断裂、疲劳强度等有什么影响?
5. 简述射线和超声波探伤的基本原理。
6. 拉伸可以检验哪几个力学性能?

第9章 钢结构焊接应力与变形

钢结构是由多种型材和板材组合焊接而成,熔化焊接是一个局部不均匀加热过程。当焊接电弧进行加热时,钢结构的局部随温度的升高而膨胀变形,由于变形受到周边金属的限制,冷却后导致钢结构产生了应力和变形。

9.1 应力与变形

9.1.1 应力的概念

物体受到外力作用或加热,引起物体内部之间相互作用的力,称为内力。单位截面积上的内力称为应力。

引起金属材料内力的原因有工作应力和内应力。工作应力是指外力施加给构件的力,工作应力的产生与消失和外力有关。当构件有外力时构件内部即存在工作应力,相反同时消失;内应力是指在没有外力的条件下平衡于物体内部的应力,在物体内部构成平衡的力系。图9.1是一个既无外力又无内应力的封闭金属框架。

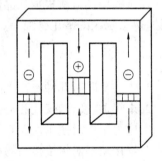

图9.1 封闭金属框架

如果只对框架中心杆件加热,而两侧杆件保持原始温度。若两侧无杆件时,中心杆件随加热温度的升高而伸长,而实际中心杆件是受到两侧杆件和封闭框架的限制,不能自由伸长,因此中心杆件实际是受压而产生压应力。按照作用力与反作用力原理判断,两侧杆件受到中心杆件的反作用受拉而产生拉应力。压应力和拉应力是在没有外力作用下产生的,其在框架中互相平衡,由此构成了内应力。

如果加热时产生的内应力大于材料的弹性极限,中间杆件就会产生压缩塑性变形。当温度恢复到原始温度,若杆件能自由收缩,那么中间杆件的长度必然要比原来的短,这个差值就是中心杆件的压缩塑性变形量;若杆件不能自由收缩,中间杆件就会产生内应力,这种内应力是温度稳定后产生在物体中的,故称残余应力。

9.1.2 变形的概念

在外力或温度等因素的作用下,引起物体的形状和尺寸发生变化,这种变化称为物体的变形。图9.2(a)所示金属杆件一端固定另一端自由状态加热时,其杆件变形规律为:

$$\Delta L_T = \alpha L_0 (T - T_0) \tag{9.1}$$

式中　　ΔL_T——自由变形量,mm;
　　　　L_0——原长,mm;

α—— 金属材料的线膨胀系数;
T—— 加热的温度,℃;
T_0—— 原始温度,℃。

当原始温度为 T_0、原始长度为 L_0,温度由 T_0 升高到 T 时,杆件的伸长量为 ΔL_T。而自由变形率 ε_T,即单位长度上的自由变形量用下式计算:

$$\varepsilon_T = \frac{\Delta L_T}{L_0} = \alpha(T - T_0) \tag{9.2}$$

如果杆件加热时受到阻碍(非自由变形),使其不能完全自由地变形,只能部分地表现出来,如图9.2(b)所示。能够表现出来的部分变形,称为外观变形,用 ΔL_e 表示。未表现出来的部分变形称为内部变形,用 ΔL 表示,其变形量如下:

$$\Delta L = \Delta L_T - \Delta L_e \tag{9.3}$$

外观变形率用 ε_e 表示,计算公式为:

$$\varepsilon_e = \frac{\Delta L_e}{L_e} \tag{9.4}$$

内部变形率 ε 用下式计算:

$$\varepsilon = \frac{\Delta L}{L_0} \tag{9.5}$$

对低碳钢来说,当变形在弹性范围内时应力和应变可用虎克定律来计算:

$$\sigma = E\varepsilon = (\varepsilon_e - \varepsilon_T) \tag{9.6}$$

式中 σ—— 应力;
E—— 材料的弹性模量。

低碳钢杆件中的应力达到材料的屈服强度 σ_s 后不再升高。

9.2 应力与变形产生的原因

9.2.1 自由杆件均匀加热和冷却时的应力与变形

自由杆件加热和冷却如图9.2(a)所示,因杆件一端固定,加热时杆件长度随加热温度变化,加热伸长多少,冷却后缩短多少,杆件尺寸没有变化,所以杆件没有残余应力和变形。由此可知焊件采取整体预热可减少残余应力。

图9.2 金属杆件的变形

9.2.2 受绝对刚性约束杆件均匀加热和冷却时的应力与变形

绝对刚性约束是指杆件加热和冷却时两端都进行牢固连接,加热冷却时杆件轴线方向从外观无法判定加热伸长和冷却后缩短,如图9.3所示。因为是绝对刚性约束,所以外

观变形率 $\varepsilon_e = 0$。

$$\varepsilon = -\alpha T \tag{9.7}$$

按照虎克定律计算此时杆件的应力为：

$$\sigma = -\alpha T E \tag{9.8}$$

对于低碳钢 $E = 2 \times 10^6$ GPa，$\alpha = 12 \times 10^{-6}/\text{℃}$

因 $\sigma_s^- = \sigma_s^+ = \sigma_s = 2\,400$ GPa，将常数代入下式：

图9.3 杆件刚性固定

$$T_s = \frac{\sigma_{s\text{压}}}{\alpha E} = \frac{\sigma_s}{\alpha E} = 100\,\text{℃} \tag{9.9}$$

式中　（-）——表示杆件受压；
　　　（+）——表示杆件受拉；
　　　σ_s^-——材料受压的屈服极限，MPa；
　　　σ_s^+——材料受拉的屈服极限，MPa；
　　　T_s——材料屈服时的温度，℃。

结果说明，完全刚性约束条件下，加热到100℃左右时，低碳钢杆件内的应力就可以达到材料的屈服极限，加热温度大于100℃时杆件内产生塑性变形，小于100℃时杆件内产生弹性变形。

根据这一估算可以看出，当加热温度 $T < T_s$ 时，低碳钢杆件内只有弹性变形存在，随着加热温度的升高，产生的弹性变形率 ε_s^- 越大，压应力 σ^- 也越大。冷却时随着温度的降低弹性变形率 ε_s^- 逐渐趋于零，压应力 σ^- 也逐渐趋于零，杆件恢复到原长，最后杆件内无应力和残余变形。

当加热温度 $T > T_s$ 时，低碳钢杆件产生最大的弹性变形率 ε_{sm} 的同时，又产生了塑性变形率 ε_p，而且随着加热温度 T 的提高，最大的弹性变形率 ε_{sm} 逐渐减小，塑性变形率 ε_p 逐渐增加。

对于低碳钢来说，当加热温度 $T \geq 600\,\text{℃}$ 时，弹性变形率 ε_{sm} 等于零，如图9.4所示，内部变形率 $\varepsilon = \varepsilon_p$（塑性变形率），也就是说加热温度大于等于600℃时，杆件内只产生塑性变形，无弹性变形。冷却后，温度恢复到原始温度，杆件产生了压缩量为 ΔL_e。

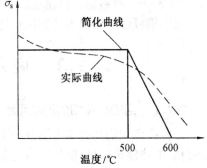

图9.4 低碳钢 σ_s 与温度的关系

9.2.3 低碳钢板条一侧非对称加热时的应力与变形

在实际的钢结构焊接和切割中，基本是在板件或型材的边缘加热。图9.5(a)中的电阻丝在低碳钢板条的一侧加热，在板条中产生相对于截面中心不对称的温度场。加热时的应力和变形可用计算方法或测量得出。假设该板条由若干个互不相连的窄板条组成，加热平衡时，就会出现放置电阻丝端伸出最长，而另一端尺寸几乎不变。但实际上板条是整体，电阻丝加热部位不可能单独伸长，而是保持平面，按内应力构成平衡力系判断，加热时两侧受压中间受拉，受压的面积等于受拉的面积。整个平板产生伸长并向左发生弯曲变形,如图 9.5(b)所示。

冷却时,如果加热温度小于500℃,板条不产生压缩塑性变形,冷却后板条不缩短、无变形;如果加热温度大于600℃,板条一侧除产生了弹性变形外,也产生了塑性变形,冷却后,两侧受拉,中间受压,产生缩短并向右的弯曲变形,如图 9.5(c)所示。

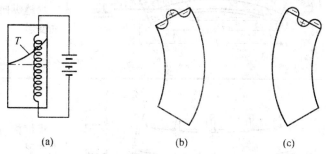

图 9.5 板条一侧非对称加热时的应力与变形

9.3 常见的焊接变形及产生原因

9.3.1 焊接变形

由于焊接是一种局部加热的工艺过程,焊件局部被加热产生膨胀,受到周边冷金属的约束不能自由伸长,产生了压缩塑性变形,冷却时这部分金属不能自由收缩,就会产生残存在构件内部的应力,称焊接残余应力。焊后引起的焊接构件形状、尺寸的变化称为焊接变形。

钢结构焊接后出现变形的类型和大小与结构的材料、板厚、形状、焊缝在结构上的位置,以及采用的焊接顺序、焊接电流大小、焊接方法等有关。按焊接残余变形的外观形态来分有收缩变形、角变形、弯曲变形、波浪变形和扭曲变形五种基本类型,如表 9.1 所示。

表 9.1 焊接变形类型

	变形名称	变形示意图	说 明
整体变形	纵向收缩变形		沿焊缝轴线方向尺寸的缩短
	横向收缩变形		垂直于焊缝轴线方向尺寸的缩短

续表 9.1 焊接变形类型

变形名称		变 形 示 意 图	说　明
整体变形	弯曲变形		焊缝纵向收缩引起的弯曲变形
			焊缝横向收缩引起的弯曲变形
	扭曲变形		纵向焊缝的横向收缩不均匀或焊接顺序不合理等使 H 型钢绕自身轴线扭转
局部变形	角变形		构件的平面围绕焊缝产生的角位移
	错边变形		两焊件的热膨胀不一致，引起长度方向和厚度方向上的错边
	波浪变形		加热中产生的压缩残余应力，使薄板发生波浪变形或失稳

9.3.2 焊接变形的原因及影响因素

1. 纵向收缩变形及影响因素

纵向收缩变形是平行于焊缝轴线方向所发生的焊件整体缩短现象。对于一个焊件，如果整体加热伸长多少，冷却后又会恢复到原长。实际焊件是在局部加热，而且焊接接头处加热温度远远大于600℃。因此，焊件加热伸长时必然受到周围金属的限制，所以产生了压缩塑性变形，冷却后焊件纵向必然会缩短。

影响纵向收缩变形的因素有焊接层数、焊接方法、焊接线能量、焊接顺序以及材料的热物理参数等。

2. 横向收缩变形及影响因素

横向收缩变形是指垂直于焊缝轴线方向所发生的焊件整体缩短现象。横向收缩与纵向收缩产生的原因基本相同。

影响焊件横向收缩变形的因素有线能量、接头形式、装配间隙、板厚、焊接方法以及焊件的刚度等。

试验证明，平板堆焊横向变形量的大小与焊接线能量和板厚有关。随着线能量的提高，横向收缩变形量增加，随着板厚的增加，横向收缩变形量减少。

3. 挠曲变形（弯曲变形）

挠曲变形是焊接细长工字钢梁、桁架、柱、管道等焊件时容易产生的一种变形。引起挠曲变形的原因有焊缝的纵向和横向收缩。

(1) 纵向收缩引起的挠曲变形

当焊缝中心线与焊接结构截面的中性轴不重合、焊缝在焊件上的分布不对称和焊接顺序不合理时，纵向收缩力在焊件中性轴两侧引起的变形不能相互抵消，焊件除了引起收缩变形外，同时还会产生挠曲变形。而且随着焊缝尺寸的增大，钢结构产生的挠曲变形量也增大。图9.6为板边堆焊焊缝纵向收缩引起的挠曲变形情况。

(2) 横向收缩引起的挠曲变形

钢结构上的焊缝分布不均匀，在其横向收缩和纵向收缩时都会产生焊件的挠曲变形，图9.7为工字梁在中心线以上对称分布着五条筋板。在焊接筋板的短焊缝时，横向收缩使工字梁产生了挠曲变形，其原因是工字梁上的小筋板均匀布置在中性轴以上，在焊接筋板与翼板之间以及筋板与腹板之间的焊缝时，产生的横向收缩力均处于中性轴的上侧，由此引起工字梁的下挠。

影响挠曲变形的因素主要有钢结构的截面形状和尺寸大小等。

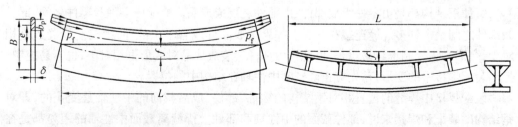

图9.6 挠曲变形　　　　　　　图9.7 横向收缩引起工字梁挠曲变形

4. 扭曲变形

焊件如果装配质量不好、强行装配,焊接时未放平或钢板本身不平,焊接后易产生扭曲变形。焊接 H 型钢一般均在专用胎具中进行,所以产生扭曲变形主要是纵向焊缝的横向收缩不均匀,或焊接顺序以及方向不合理等造成的。

影响扭曲变形的因素除了钢结构的尺寸大小之外,最主要的是钢结构的截面形状。如截面封闭型的比截面不封闭型的钢结构抗扭刚性好。

5. 角变形

角变形在焊接中是常见的一种变形,主要发生在堆焊、搭接接头焊、对接接头焊和 T 形接头焊中。

在堆焊时,焊缝及其周围温度明显高于焊缝背面,因此,板材堆焊表面金属受热膨胀产生压缩塑性变形,冷却后产生了角变形。角变形大小与板材厚度和熔深有关。

影响对接接头角变形的因素有坡口形式、坡口角度和焊接顺序等。坡口截面形状不对称的焊缝,其角变形较大,采用截面形状对称的坡口代替不对称的坡口有利于减小角变形。坡口角度越大,填充焊缝金属量越大,沿板厚横向收缩量越不均匀,角变形越大。

6. 波浪变形

焊接加热中产生的纵向和横向压应力,使薄板失去稳定而发生波浪变形。另一种是由角焊缝的横向收缩引起的角变形造成的波浪变形。

9.4 控制焊接变形的措施

9.4.1 选择合理的焊接线能量

一般来讲,线能量越大,对焊件输入的热量越多,焊件的变形也越大。采用加热面积小、能量集中的焊接方法,用多层焊代替单层单道焊,用断续焊、退焊、跳焊等代替连续焊,在保证焊缝质量的前提下,焊接线能量尽量选的小一些(尤其是薄板和易淬火钢)等措施,可减少对焊件的热量输入,将变形控制在最小范围。如采用二氧化碳气体保护焊来代替焊条电弧焊,除铸铁和薄板低碳钢结构件外尽量不采用气焊等。

此外,应严格控制焊角尺寸,不得随意超差。焊接中焊接速度要均匀,焊缝宽窄要一致,否则会使焊接输入的热量不均匀,变形增大。

9.4.2 选择合理的装配焊接顺序

1. 正确判断中性轴

每种钢结构都是由零件组成部件、由部件装配成成品。装配中零件和零件之间、部件和部件之间是由许多焊缝连接在一起。如果把成品分成若干个部件,则应使焊缝数量相对少,变形容易控制也容易矫正,由此再由部件组装成成品时变形也相对小,也容易控制。控制装配焊接中的变形,首先应正确判断中性轴在结构中的位置。

装配焊接中焊缝的位置相对钢结构的零件、部件、成品截面的中性轴是变化的,即对钢结构的装配和焊接来说,部件截面的中性轴和部件上焊缝离截面中性轴的距离都是在变化的,因此每装配一件和焊接一条焊缝,都会对钢结构的变形有不同的影响。但在各种可能的装配焊接顺序中,总可以找到一个引起焊接变形最小的方案。为了控制和减小焊接变形应采用对称焊和非对称焊。

2. 对称焊

前面已说明,钢结构中焊缝相对中性轴呈对称分布,如果不采用合理的焊接顺序会产生较大变形。钢结构中很多焊件、部件是对称的,在实际生产中各条焊缝的焊接顺序总是有先有后,所以,在焊接过程中随着焊缝数量的增多,焊件的刚度不断增加,先焊的焊缝容易使焊件产生变形,最后焊的焊缝则影响较小,因此,虽然焊缝对称,但随意安排焊接顺序,焊后也会产生变形。为防止对称焊缝的变形,对于对称的焊缝采用对称焊抵消焊接变形。为了减少大型工字梁在焊接腹板和加强筋时可能产生的挠曲变形,最好由2～4名焊工按合理的焊接顺序同时进行焊接。如为防止扭曲变形,由四名焊工对称地从焊缝中间开始向两侧同时焊接。

有时由于产品结构的特点,不可能做到同时进行对称焊接,出现类似情况时,允许焊缝焊接有先有后,但在焊接顺序上尽可能做到对称焊接。图9.8是工字梁采用焊条电弧焊腹板与翼板两层对称焊接顺序。焊接中采用分段退焊,每段长1 m左右。

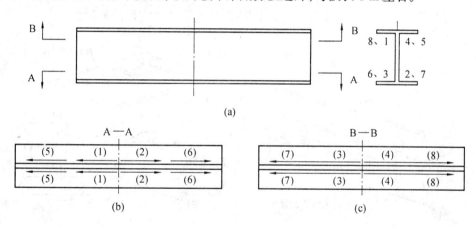

图9.8 工字梁对称焊接顺序

3. 非对称焊缝

非对称焊缝应先焊焊缝少的一侧,后焊焊缝多的一侧,因为焊缝多的一侧所造成的变形可以抵消焊缝少的一侧的变形,使总体变形减小。图9.9(a)是压力机的压型上模结构。由图中看出,以中性轴为界,上部焊缝的数量多于下部,属于不对称焊缝,压型上模会产生挠曲变形,如图9.9(b)所示。为了解决挠曲变形,首先将压型上模整体装配。焊接时,由两名焊工对称地先焊图中焊缝少的一侧1和1′,如图9.9(c)所示,焊后会产生上拱变形。再将压型上模翻转图9.9(d)、(e)位置,分别焊接2、2′和3、3′的焊缝。由于下部四条焊缝产生的变形与上部焊缝产生的变形相反,变形基本相互抵消。

9.4.3 刚性固定

刚性固定是指将焊件强制固定,焊接中焊件不能因变形移动,用强制手段减少变形的一种方法。常用的刚性固定法有胎具固定法、卡具固定法、局部增加刚性法等。图9.10是卡具固定法焊接T形梁的示意图。图9.11是局部增加刚性法的示意图,焊接前可采用

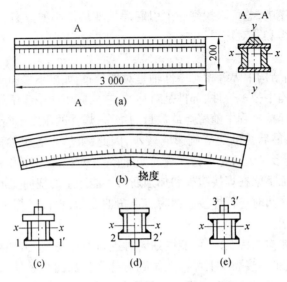

图9.9 压型上模结构及焊接顺序

临时支撑加固件、拉杆等,增加焊件局部的刚度,以达到减小变形的目的。

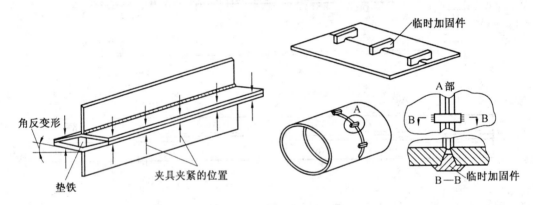

图9.10 T形梁的组焊　　　　图9.11 局部增加刚性法

9.4.4 散热法

散热法又称强制冷却法,就是利用冷水或传热快的金属,在焊接部位将焊接过程中产生的热量迅速传走,减小焊缝及其附近受热区的受热程度,达到减小焊接变形的目的。图9.12是用紫铜垫板中钻孔通水来散热。

采用散热法控制变形比较麻烦,一般不宜采用,尤其是淬火倾向高的钢材。

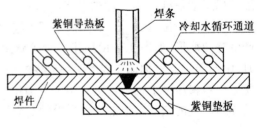

图9.12 散热法

9.4.5 反变形

根据焊接生产中已经发生的变形规律,在焊前或未装配时,先将焊件人为地制作成一个变形,使其与焊件的变形方向相反、变形量相等。

图 9.13 是工字钢对接焊反变形的示意图。图 9.13(a)是实际焊接后翼板产生的变形量,图 9.13(b)是根据焊接产生的变形量对翼板进行预变形,图 9.13(c)是点固焊后按照焊接顺序焊接工字钢。图 9.13(d)是焊接后使其产生的反变形量与预先测试的结果基本一样,焊后变形量可基本相互抵消。这是一种最常用也是最基本的反变形方法。

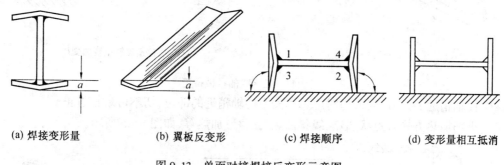

(a) 焊接变形量　　(b) 翼板反变形　　(c) 焊接顺序　　(d) 变形量相互抵消

图 9.13　单面对接焊接反变形示意图

9.5　焊接变形矫正

9.5.1　冷加工矫正

1. 锤击矫正

锤击矫正就是利用手锤或风锤等工具,锤击变形件受拉的焊缝金属及周围,使其产生塑性伸长,抵消焊缝的部分收缩量,使焊件的变形减小。采用手锤锤击力量有限,所以只对一些薄板、变形小、细长的焊件可采用手工矫正。如薄板产生的波浪变形、角变形、挠曲变形等。对于中厚钢板或型钢组成的钢结构,可采用风锤锤击。锤击后焊件表面会留下永久的锤击痕迹,所以矫正多层焊变形时,里层可采用锤击,而表层尽量不采用。

2. 机械矫正

机械矫正是利用机械力使焊件缩短的部位产生拉伸塑性变形,使缩短的部位产生伸长,达到焊件的技术要求。图 9.14(a)是工字钢焊后产生了挠曲变形用千斤顶矫正的示意图。常用的矫正设备有摩擦压力机、千斤顶、油压机,专用工具等。图 9.14(b)是用拉紧器矫正工字钢焊后产生的挠曲变形。

9.5.2　火焰矫正法

所谓火焰矫正法是利用助燃气体与可燃气体混合(如氧 – 乙炔)燃烧放出的热量,对变形件的局部进行加热,使之产生压缩塑性变形,使伸长的部位冷却后局部缩短,利用收缩产生的变形抵消焊接引起的变形。

根据火焰矫正使焊件局部产生压缩塑性变形的原理,采用气焊炬或气割炬对确定的位置进行加热。加热位置的选择应根据具体的钢结构变形种类和截面形状来确定,如工字钢产生上挠,选择加热位置一般与原变形位置相反。矫正也遵循杠杆定律,火焰离中性轴越远,矫正力越大。由此确定加热点时首先要看焊件变形大小,变形大时加热点应选择

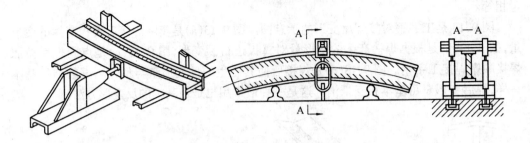

(a) 用千斤顶矫正挠曲变形　　　　　(b) 用拉紧器矫正挠曲变形

图 9.14　工字梁的机械矫正

离中性轴稍远的地方,变形小时应选择离中性轴稍近的部位,切不可矫枉过正。

火焰加热方式有点状加热、线状加热、三角形加热等,如图 9.15 所示。

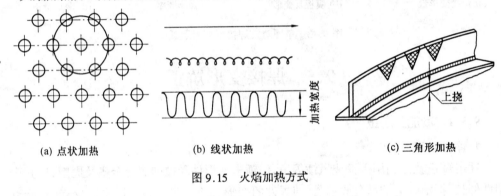

(a) 点状加热　　　　　(b) 线状加热　　　　　(c) 三角形加热

图 9.15　火焰加热方式

思 考 题

1. 什么叫应力和变形?
2. 焊接变形形成的原因及影响因素是什么?
3. 控制焊接变形有哪些措施?
4. 简述变形的矫正方法及原理。

第10章 焊接安全基本知识

10.1 概 述

焊接生产车间常用的设备主要有行车、剪板机、刨边机、卷板机、电焊机和压力机等,设备都接入220 V或380 V的电源,操作中的危害一方面来自机械性损伤,另一方面电焊机芯与外壳接触造成漏电。

气焊气割使用氧–乙炔、氧–氢气、氧–石油气、氧–天然气、氧–丙烷等易燃易爆气体,如果使用不当,都会引起火灾甚至爆炸。

焊接过程中产生一些有害气体、金属蒸气、烟尘、电弧光的辐射、高温金属液飞溅等,会染成尘肺、慢性中毒、灼伤、烫伤、烧伤、电光性眼疾、皮肤病等。

工作环境方面,有的焊工在几十米高空作业,有的在地面以下几十米作业,有的还在容器中作业甚至在水中作业等。如果操作或使用不当,随时都会给焊接工人身体带来不利影响,给国家和人民的财产造成损失。

党和政府历来对焊工和焊接技术人员的安全和健康非常重视。所以钢结构制造企业应将安全健康放在首位,全方位地制订安全和卫生防护制度及措施,明确规定焊工、焊接技术人员在上岗前,必须经过必要的焊接安全与卫生防护培训教育,加强焊接安全与卫生防护研究和管理,在焊工和焊接技术人员的思想上建立起安全生产、生产必须安全的理念,从行动上重视安全与卫生的重要性,增强责任感,熟悉安全和卫生的规章制度,掌握安全生产守则及规程,对避免事故的发生和不应有的经济损失有着十分重要的意义。

10.2 预防触电

电对人体的伤害有电击和电伤两种。电击是指电流通过人体内部,破坏心脏、肺部及神经系统的功能。通常所说的触电事故基本上是指电击,绝大部分触电死亡事故是电击造成的。

电流对人体的伤害程度,与流经人体的电流强度、持续时间及途径、电流的频率、人体的健康状况等有关。

一般当人体通过0.05 A电流时,就有生命危险。在1秒钟时间内0.1 A电流通过人体就足以使人致命。

10.2.1 焊接触电原因

焊接时触电事故可能发生于多种情况,但不外乎直接电击和间接电击两类。

1. 直接电击

直接电击是指直接触及焊接设备正常运行的带电体,靠近高压电网或电器设备所发生的电击。发生直接电击的主要原因有：在更换焊条和操作中，手或身体某部位接触到焊条、焊钳或其他带电部分，而脚或身体其他部分对地和金属结构之间又无绝缘保护；在接线或调节焊接设备时，手或身体碰到接线柱、极板、裸露的线头等带电体；在登高焊接时触及或靠近高压网路引起的电击事故等。

2．间接电击

间接电击是指触及意外带电体所发生的电击。意外带电体是指由于绝缘损坏或电气设备发生故障而导致意外带电的导体，如焊机外壳、损坏电缆等。发生间接电击的主要原因有：焊接设备由于受潮、超载运行或机械损伤等造成罩壳带电，人体碰触罩壳而触电；焊接变压器一、二次绕组间绝缘损坏时，手或身体触及二次回路的裸导体；操作过程中触及绝缘破损的电缆、开关等；由于使用厂房的金属结构、管道、轨道等作为焊接回路而发生的触电事故等。

10.2.2 触电防护措施

为了防止在焊接操作中人体触及带电体发生触电事故，可采用绝缘、屏护、间隔自动断电和个人防护等安全措施。

1．绝缘

所谓绝缘就是采用绝缘体缠绕覆盖导体隔绝电流。绝缘不仅是保护焊接设备和线路正常工作的必要条件，也是防止触电事故的重要措施。焊接设备或线路的绝缘必须与所采用的电压相符合，必须与周围环境和运行条件相适应。橡胶、胶木、瓷、石料、布等都是焊接设备和工具常用的绝缘材料，在易触电的部位必须使用绝缘材料。

2．屏护

屏护是采用遮拦、护罩、护盖、箱匣等把带电体同外界隔绝开来。对于焊接设备、工具和配电线路的带电部分，如果不便包以绝缘体或绝缘不足以保证安全时，可采用屏护措施。例如，开关电器的可动部分一般不能仅包以绝缘体，而需要屏护。

3．保持距离

间隔就是保证与带电体的距离。为了防止人体触及焊机、电缆等带电体，或车辆及其他器具碰撞带电体造成事故等，在带电体与地面之间、带电体与其他设施和设备之间均需保持一定的安全距离。在焊接设备和电缆的布设方面都应按有关规定严格执行。

4．安装安全装置

为保证正常工作，在焊接设备上安装安全自动断电装置，如装带漏电保护的空气开关、过载保护器、熔断器、漏电开关等，保护电焊机安全的同时，也是防止人体触及带电体的重要安全措施。此外，焊接设备外壳保护应采取接地或保护接零等安全措施，对有漏电的设备必须待检修后方可使用。

5．安全保护

为防止焊接操作时在意外带电体上发生事故，焊工在工作时应穿干燥的绝缘鞋、工作服和戴绝缘手套。中间休息时焊钳不得放在焊件上（尤其是存在焊钳头裸露、焊条药皮有脱落、焊条头部露出焊芯等情况），防止焊钳与焊件产生短路，并且不得在形成回路的金属板、密闭的容器上休息。

10.3 电焊工安全技术

用于焊接的电源需要满足一定的技术要求。不同的焊接方法对其电源的电压、电流等工艺性能的要求各有不同。例如,焊条电弧焊在引弧时需要供给较高的引弧电压(空载电压),而当电弧稳定燃烧时,电压应急剧下降到电弧电压(工作电压)。根据国家相关标准,弧焊电源的空载电压 U_0 规定为:弧焊变压器 $U_0 \leqslant 80$ V,弧焊整流器 $U_0 \leqslant 85$ V。我国生产的焊条电弧焊电源的空载电压为:直流电焊机的空载电压 U_0 为 45~70 V,交流电焊机的空载电压 U_0 为 60~80 V。高的空载电压,虽然有利于电弧稳定燃烧,但对焊工操作时的安全不利,所以焊条电弧焊用的焊接设备空载电压应控制在 90 V 以下,电弧电压(工作电压)为 25~40 V,焊接电流为 30~450 A。在其他有特殊要求的焊接方法中,电源的空载电压也可以相应提高,如氩弧焊、等离子弧焊时,由于保护气体对电弧的冷却作用等原因,需要较高空载电压。等离子弧焊要求电源的空载电压一般在 150~400 V 之间,工作电压在 80 V 以上。氩弧焊机采用高频振荡器,用以电离气体介质,帮助引弧,从而使电源的空载电压只有 65 V。

10.3.1 焊钳和电缆的安全要求

1. 焊钳

焊钳是用来夹持焊条和传递电流的,是焊工的主要工具。它对焊工操作的方便与安全有直接的关系,焊钳必须符合:

(1)焊钳夹持灵活可靠

焊钳应保证在任何斜度下都能夹紧焊条,而且更换焊条方便。能使焊工不必接触导电部分即可迅速更换焊条。

(2)焊钳绝缘和隔热

焊钳应有良好的绝缘和隔热能力,完整的焊钳平置在焊件上,应保证与焊件绝缘。由于电阻发热,特别是在使用较大电流或连续长时间的焊条电弧焊时,焊钳往往发热烫手,因此手柄要有良好的绝热层。

(3)焊钳质量轻

焊钳的结构应简单紧凑操作灵活方便,维修简单容易。焊钳的质量轻便,不应超过 400~700 g。

(4)焊钳与导线连接简便可靠

焊钳与导线的连接应简便可靠,接触良好,安装好的焊钳不得有裸露的电缆线。焊钳上的弹簧失效时应立即更换,钳口应保持清洁。

(5)禁止焊钳在水中浸泡

在焊接电流较大,焊接时间过长时,焊钳温度会出现过高现象。温度较高的焊钳应停止焊接,空冷后再使用,禁止将焊钳放在水中冷却。

2. 焊接电缆

焊接电缆是连接焊接设备与焊钳的绝缘导线,应满足如下要求:

(1)优良的导电能力和良好的绝缘外皮

焊接工作中,绝缘导线必须具有优良的导电能力和良好的绝缘外皮,保证工作中不发生漏电,安全可靠。

(2)绝缘套轻便柔软

外包胶皮绝缘套应轻便柔软,能任意弯曲和扭转,便于操作。如果没有电缆时,可用同样断面的硬导线代替,但在焊钳处最少要用 2~3 m 电焊软线连接,否则不便于操作。

(3)与电网连接的电源线

焊机与电力网连接的电源线,由于其电压较高,除应保证有良好的绝缘外,长度越短越好,一般以不超过 2~3 m 为宜。如确需用较长的导线时,应采取间隔的安全措施,即应离地面 2.5 m 以上沿墙用瓷瓶布设,不得将导线拖在工作现场的地面上。

(4)焊接用导线长度

焊机与焊钳连接导线的长度,应根据工作时的具体情况来确定。太长会增大电压降,太短则操作不方便,一般以 20~30 m 为宜。焊接电缆应根据焊接电流的大小和所需导线的长度,按规定选用较大的截面积,以保证导线不致过热而损坏绝缘物。焊接电缆的过度超载,是绝缘损坏的重要原因之一。

10.3.2 焊接电源使用的安全措施

1. 安设保护接地线

为了保证焊接工人人身安全,防止因操作中碰触漏电焊接设备的金属外壳,出现触电事故,所有旋转式直流电焊机、交流电焊机、硅整流式直流电焊机以及其他焊接设备的机壳,都必须接地。在电源为三相三线制或单相制系统中,应安设保护接地线;在电网为三相四线制中性点接地系统中,应安置保护性接零线。

接地装置广泛地用于自然接地极,如与大地有可靠连接的建设厂房使用的各种型材,铺设于地下的水道及管路等。必须指出,氧气管道、煤气管道、液化气管道、乙炔管道等易燃易爆气体管道,严禁作为自然接地极。

电焊机的接地装置必须定期进行检查,以保证其可靠性。移动式焊机在工作前必须接地,并且接地工作必须在接通电力线路之前做好。

2. 变压器二次端与焊件不应同时接地

接地电阻不得超过 4 Ω。自然接地极电阻超过此数时应采用人工接地极。必须指出,焊接变压器二次线圈一端接地或接零时,焊件本身则不应接地或接零。如果焊件再接地,一旦电焊回路接触不良,大的焊接电流可能会通过接地线或接零线,而将地线或零线熔断。不但使人身安全受到威胁,而且易引起火灾。为此规定,凡是在有接地(或接零)线的工件上(如机床上的部件等)进行电焊时,应将焊件上的接地线暂时拆除,焊完后再恢复。在焊接与大地紧密相连的工件(如水道管路、房屋立柱等)上进行焊接时,如果焊件本身接地电阻小于 4 Ω,则应将电焊机二次线圈一端的接地线(或接零线)的接头暂时解开,焊完后再恢复。总之,变压器二次端与焊件不应同时存在接地(或接零)装置。

3. 焊接设备绝缘良好

焊接设备绕组或线包引出线穿过设备外壳时应设绝缘板。如直接引出时,应采用绝缘套管加强。穿过设备外壳的铜螺栓接线柱,应加设绝缘套和垫圈,并应用防护盖将它盖好。有插销孔分接头的焊机,插销孔的导体应隐蔽在绝缘板之内。

4.焊接设备应在额定值内使用

焊接设备应按照设备的工作负荷进行使用,应严格遵守设计规定,不得随意超长时间超载运行,防止绝缘线过早老化或烧毁焊接设备。焊接设备的安装、修理和检查必须由电工进行,焊工不得自己拆修设备。

5.焊接设备应保持干燥清洁

焊接设备应放置在干燥和通风的地方,如放在室外时,必须有防雨雪的遮护装置,以防止降低或损坏焊接设备的绝缘部分而发生漏电。焊机放置点周围应保持整齐清洁。

10.3.3 安全操作

1.先检查再使用

焊接工作前应先检查焊接设备和工具是否安全,如焊机外壳的接地,焊机各接线点接触是否良好,焊接电缆的绝缘有无损坏等。

2.正确使用电源

改变焊机焊头、更换焊件需要改接二次回线、转移工作地点、更换保险丝、焊机发生故障需检修等,应切断电源开关才能进行。

启动和关闭电源时应戴好干燥的皮手套,脸部一侧对闸刀,用眼睛的余光观察闸刀推拉情况,避免发生电弧火花灼伤脸部。

3.保证绝缘

更换焊条时焊工应戴上绝缘手套。对于空载电压和工作电压较高的焊接操作,以及在潮湿工作场地操作时,应在工作台附近地面铺上橡胶垫子。特别是在夏天,由于身体出汗后衣服潮湿,勿靠在焊件和工作台上,避免触电。

4.更换焊条

为避免焊工在更换焊条时接触二次回线的带电体造成触电事故,更换焊条时应戴好绝缘手套,并且身体不得与焊件接触。

5.特殊环境的专门防护措施

在容积小的舱室(如油槽、气柜等化工设备、管道和锅炉等)、金属结构以及其他狭小工作场所焊接时,触电的危险性最大,必须采取专门的防护措施。可采用橡皮垫或其他绝缘衬垫,并戴皮手套、穿胶底鞋等,以保障焊工身体与焊件间绝缘。绝不允许采用简易无绝缘外壳的电焊钳。

6.焊工的个人防护

焊工应加强个人的防护意识,焊接中穿戴好工作服、绝缘手套、绝缘套鞋及绝缘垫或板等,绝不在不安全的场合下工作。

10.4 防弧光辐射、焊接烟尘、有毒气体及噪声

焊接发生的有害因素与所采用的工艺方法、工艺规范以及焊接材料(焊条、焊丝、保护气体和焊剂等)有关,大体可分为弧光辐射、有毒气体、粉尘、高频电磁场、射线和噪声等六类。

10.4.1 弧光辐射的危害及防护措施

1. 弧光辐射的危害

焊接弧光辐射主要包括紫外线、红外线和可见光线,这些是由物体加热而产生的,属于热线谱。光辐射作用到人体上,被体内组织吸收,引起组织的热作用、光化学作用或电离作用,致使人体组织发生急性或慢性的损伤。

适量的紫外线对人体健康是有益的,但焊接电弧产生的强烈紫外线的过度照射,对人体健康有一定的危害,主要是造成对皮肤和眼睛的损害。

皮肤受强烈紫外线作用时可引起弥漫性红斑,有时出现小水泡、渗出液和浮肿,有烧灼感,发痒。

紫外线过度照射引起眼睛的急性角膜炎,称为电光性眼炎。波长较短的紫外线,尤其是 320 nm 以下的紫外线,能损害结膜和角膜,有时甚至侵及虹膜和视网膜。

红外线对人体的危害主要是引起组织的热作用。波长较长的红外线可被皮肤表面吸收,使人产生热的感觉;短波红外线可被人体组织吸收,使血液和深部组织加热,产生灼伤。眼部受到强烈的红外线辐射,立即感到强烈的灼伤和灼痛,发生闪光幻觉。长期接触可能造成红外线白内障,视力减退,严重时能导致失明。此外还会造成视网膜灼伤。

焊接电弧的可见光线的光度,比人眼正常承受的光度大约大一万倍。当受到照射时眼睛疼痛,看不清东西,通常叫电焊"晃眼",在短时间内失去劳动能力。

2. 产生的原因

工位与工位之间工作距离间隔太小,在操作过程中容易受临近弧光的照射;技术不熟练,在点燃电弧前尚未戴好面罩,或熄弧前过早揭开面罩;辅助工在辅助焊接时,配合不协调,在焊工点燃电弧时尚未做好保护(如戴护镜,偏头,闭眼等)而受到弧光照射;防护镜片破损漏光;工作地点照明不足,看不清焊缝,以致先点火后戴面罩,以及其他路过人员突然受强光照射等。

3. 防护措施

(1)穿戴防护服装

为了预防皮肤受到电弧辐射的伤害,工作中焊工应穿合身灰色或白色的帆布工作服,或反射弧光照射的防护工作服,袖口扎紧,帆布或皮手套套在袖口外面。上衣不准扎在裤腰内,以免焊接火花灼伤皮肤。

(2)戴滤光镜片的面罩

焊接时,焊工必须使用镶有特制的滤光镜片的面罩,防止弧光对眼睛的伤害。使用面罩上应镶有吸收式的过滤镜片,过滤镜片的选择应按照焊接电流的强度和焊工个人的具体情况来决定。这种面罩既可以透过它观察电弧,又可以吸收紫外线、红外线和较强的可见光,起保护皮肤和眼睛的作用。

(3)禁止直接观看弧光

绝对禁止在近处用眼睛直接观看弧光,也不得任意更换滤光镜片的色号。在未将面罩放到工作位置上之前不许点燃电弧,在电弧熄灭之前不许拿掉面罩。

(4)设置防护屏

引弧时,焊工应注意周围工人,避免他们受弧光的伤害。为了保护焊接地点附近的工作人员,焊接工位最好有固定的焊接工作室,并备有布帘遮住工作室的门。对于临时性的焊接工作,应具备可移边的护板和屏风,在操作地点周围设置防护屏。

(5)注意电气设备的弧光灼伤眼睛

还要注意电气设备的弧光灼伤眼睛或其他部位,如焊钳上的焊条与工件短路时,如接通或拉断焊机电源时,都会发生弧光,因此不操作时焊钳应悬挂在专用焊钳架上,或放在绝缘物上。

10.4.2 焊接烟尘、有害气体的危害及防护措施

1. 烟尘的危害

焊接操作中的焊接烟尘包括"烟"和"粉尘"。焊接烟尘的成分复杂,不同焊接材料和焊接工艺的烟尘成分及其主要危害也有所不同。粉尘中的成分有铁、硅、锰等,虽然锰、铁、硅的毒性不大,但其尘粒极细(5 μm 以下),在空气中停留的时间较长,容易吸入肺内。在焊接烟尘浓度较大又没有相应的排尘措施的情况下,长期接触能引起焊工尘肺、锰中毒和"金属热"等职业性危害。

尘肺主要表现为呼吸系统症状,有气短、咳嗽、咳痰、胸闷和胸痛;部分尘肺患者还有身体无力、食欲减退、体重减轻以及神经衰弱症候群(如头疼、头晕、失眠、嗜睡、多梦、记忆力减退等)表现,同时对肺功能也有影响。

锰中毒主要表现为中枢神经系统和神经末梢的症状,能引起严重的器质性改变。锰的氧化物和锰的粉尘通过呼吸道吸入,也能经肠胃进入。锰进入肌体后在血液循环中与蛋白质相结合,以难溶的磷酸盐形式积蓄在脑、肝、肾、骨骼、淋巴结和毛发等处。

焊接金属烟尘中的氧化铁、氧化锰微粒和氟化物等物质均可引起焊工"金属热"反应。其典型症状为工作后寒战,而后发烧、倦息、口内金属味、喉痒、呼吸困难、胸痛、食欲不振、恶心,翌晨发汗后症状减轻但仍感觉疲乏无力等。

2. 烟尘的来源

(1)金属元素的蒸发

焊接火焰或电弧的温度在 3 000 ℃ 以上(弧柱的温度在 6 000 ℃ 以上),而 Fe 的沸点为 3 235 ℃、Mn 的沸点为 1 900 ℃、Si 的沸点为 2 600 ℃、Cr 的沸点为 2 200 ℃ 等,在如此高的温度下各种金属元素必然会产生蒸发、冷凝,成为金属烟尘。在气焊铝、镁、铜等有色金属及其他合金时,除了这些有毒金属蒸气外,焊粉还散发出燃烧物,黄铜、铅的焊接过程中都能散发有毒蒸气。

(2)金属氧化物的蒸发

在电弧高温作用下分解的氧能对弧区内的液体金属和焊接材料熔化时蒸发的金属粉尘起氧化作用,生成氧化铁、氧化钙、二氧化硅等。液体金属的氧化物除了可能给焊缝造成夹渣等缺陷外,还会向操作现场蒸发和扩散。

(3)矿石、铁合金、化工原料的蒸发

酸性或碱性焊条药皮中都不同程度含有矿产化工原料和金属元素,如大理石($CaCO_3$)、石英(SiO_2)、钛白粉(TiO_2)、锰铁、硅铁、纯碱(Na_2CO_3)、萤石(CaF_2)以及水玻璃等。焊接时金属元素蒸发氧化,变成各种有毒物质,以气溶胶状态溢出,如三氧化二铁、氧

化锰、二氧化硅、硅酸盐、氟化钠、氟化钙、氧化铬和氧化镍等。

焊接金属烟尘的成分及浓度主要取决于焊接工艺、焊接材料以及焊接规范。如焊铝时可产生铝粉尘、焊铜时可产生铜和氧化锌粉尘。焊接电流强度越大,粉尘浓度越高。

3. 有毒气体的危害

(1) 臭氧危害

空气中的氧在短波紫外线作用下,大量地被破坏,生成臭氧(O_3),其化学反应过程为:

$$2O_2 + 2O \xrightarrow{\text{短波紫外线}} 2O_3 \tag{10.1}$$

臭氧对人体的危害主要是对呼吸道及肺有强烈刺激作用。臭氧浓度超过一定限度时,往往引起咳嗽、胸闷、食欲不振、疲劳无力、头晕、全身疼痛等。严重时,特别是在密闭容器内焊接而又通风不良时,还可引起支气管炎。

(2) 氮氧化物的危害

氮氧化物是由于电弧高温作用下,引起空气中氮、氧分子分解,重新结合而形成的。氮氧化物的种类主要有氧化亚氮(N_2O)、一氧化氮(NO)、二氧化氮(NO_2)、三氧化二氮(N_2O_3)、四氧化二氮(N_2O_4)及五氧化二氮(N_2O_5)等。

氮氧化物也属于具有刺激性的有毒气体,其毒性比臭氧小,氮氧化物对人体肺组织产生强烈的刺激及腐蚀作用,可增加毛细血管及肺泡壁的通透性,引起肺水肿。慢性中毒时引起头痛、头晕、食欲不振、倦怠无力、体重下降等。

(3) 一氧化碳的危害

一氧化碳是一种窒息气体,它对人体的毒性作用是使氧在体内的运输或组织利用氧的功能发生障碍,造成组织缺氧,表现出缺氧的一系列症状和体征。一氧化碳可使人出现头疼、头晕、面色苍白、四肢无力、体重下降、全身不适等。轻度中毒时有头疼、眩晕、恶心、呕吐、全身无力、两腿发软,以至有昏厥感。中度中毒时除上述症状加重外,脉搏增快、不能行动、容易进入昏迷状态;严重中毒可发生突然昏倒,迅速进入昏迷状态,并可能发生脑水肿、肺水肿、心肌损害、心律紊乱等症状。

(4) 氟化氢

氟化氢为无色气体,能迅速被呼吸道黏膜吸收,亦可经皮肤吸收而对全身产生毒性作用。吸入较高浓度的氟及氟化物气体或蒸气,可立即产生咽喉、鼻和呼吸道黏膜的刺激症状,引起鼻腔和黏膜充血、干燥、鼻腔溃疡等。严重时可发生支气管炎、肺炎。长期接触氟化氢(5~7年以上)可发生骨质病变,大多数表现为骨质增厚(即骨质硬化),以脊柱、骨盆等躯干为显著,亦可向四肢长骨发展。

4. 防护措施

焊接场地保持长期通风,保持良好的工作环境,是防止焊接烟尘和毒气对身体危害的重要措施。通风方式要做到全面通风换气、局部送风或排风和自然通风等。

(1) 全面通风

全面通风包括全面自然通风和全面机械通风。全面自然通风是通过厂房侧窗、天窗进行自然对流换气。全面机械通风是在焊接厂房墙壁上,安装数台换气扇或轴流式风机通过管道、净化装置等,使厂房内进行全面通风换气。虽然全面通风的设备投资大、运转费高,但不能立即降低局部烟雾浓度,通风效果不显著,只能作为次要措施,而局部送风是应首先考虑的。

(2)局部送风

局部送风是指使用电风扇直接吹散焊接烟尘和有毒气体的通风方法。在焊接场地安装小型排气扇,随时排走焊接产生新的烟尘和有毒气体,降低其焊接场地周围的浓度。这种方法是各种类型的通风措施之一,使用效果良好、方便灵活、购置设备费用也较少。

但这种方法只是暂时地将焊接区附近及操作地带的有害物质吹走,对操作地带的粉尘和有毒气体起到了一定的稀释作用,却污染了整个厂房内的空气。此外,焊工前胸和腹部受电弧热辐射作用,后背受冷风吹袭,容易得关节炎、腰腿痛和感冒等疾病。所以这种方法一般用于夏季或不宜采用。

还有局部排气,要根据不同的焊接方法、工作场所和焊件等,选择不同类型的排烟罩。

(3)自然通风

充分利用厂房自然通风的条件,正确调整焊接厂房的窗户和天窗,保持焊接工段长期通风。

(4)采用无毒或毒性小的焊条

采用无毒或毒性小的焊条代替毒性大的焊条,是预防职业性危害比较合理的措施。例如能采用酸性焊条的焊缝,不采用碱性焊条;能采用联系焊缝,绝不使用工作焊缝;研制新型无毒、无尘、无烟焊条等,对消除和减少焊条电弧焊的职业性危害有重要意义。

(5)采用单面焊双面成形技术

合理的设计焊接容器,减少和消除容器内部的焊缝,尽可能采用单面焊双面成形技术,以减少或避免在容器内部施焊的机会,减轻对操作者的危害。

(6)推广机械化自动化焊接

焊接工艺实行机械化、自动化,不仅降低了劳动强度并且可以大大减少焊工接触产生性毒物的机会,是消除焊接职业性危害的根本措施。例如,采用自动电弧焊代替手工操作,就可以消除强烈的弧光、有毒气体和粉尘的危害。

工业机械手是实现焊接过程全面自动化的重要途径,工业机械手在焊接过程中的应用,将可以从根本上消除焊接有毒气体和粉尘对焊工的直接危害。

10.4.3 噪声的危害及防护措施

1.噪声的危害

焊接工段噪声来自多方面,如等离子弧焊、切割、喷涂、无齿锯切割、碳弧气刨、铁锤敲击金属等。噪声能引起病人血压升高、心动过速、厌倦和烦躁,长期在噪声环境中工作,会引起听觉障碍等。

2.噪声的防护措施

(1)选择低噪声焊接工艺

等离子弧焊接工艺属低噪声焊接工艺,等离子弧焊产生的噪声强度和工作气体的种类、流量等与工作参数的选择有关。因此,在保证焊接工序正常进行,保证焊接质量符合要求的前提下,选择一种低噪声的焊接工艺。

(2)焊枪喷出口装设消声器

当气体流量和气体压力一定,气体出口直径越小产生的噪音越大。焊接时在尽量采用小的气体流量和气体压力时,在焊枪喷出口部位安装小型消声器。

(3)使用隔音耳罩或隔音耳塞

为加强个人防护,使用隔音耳罩或隔音耳塞等个人防护器。耳罩的隔音能优于耳塞,但造价较高,体积较大,戴用稍有不便。

(4)使噪声迅速散失

为尽量减少噪声源,将噪声大的加工设备放在比较大的工作场所,使噪声迅速散失。

(5)采用吸声或隔声材料

在房屋结构和设备周围部分采用石棉等吸声或隔声材料,对采用密闭罩施焊者,在屏蔽上衬以消声材料等。

10.5 气焊(气割)的安全知识

除了掌握气焊(气割)章节中已经讲述的相关安全知识外,还应注意以下问题。

1.持证上岗

气焊(气割)工种属于特殊工种,使用的乙炔、液化石油气、天然气、氢气等都是易燃易爆气体,氧气瓶、乙炔瓶、液化石油气瓶等都属于压力容器。在焊补燃料容器和管道时,还会遇到许多易燃易爆气体及各种压力容器,在使用明火的情况下,如果设备和安全装置有故障或者操作人员违反安全操作规程等,都有可能造成爆炸和火灾事故。因此,上岗前气焊(气割)工人必须经过生产实践和相关知识的培训,经考核取得劳动部门颁发的特种作业操作合格证后,方可上岗操作。

2.掌握设备和气体的特点

使用气焊(气割)设备前,应完全掌握气焊(气割)设备的结构,易燃易爆气体的性质,使用方法,以及安全使用等有关知识。

3.使用乙炔瓶注意事项

溶解乙炔瓶使用时,只能直立不能横放(最好放置在焊接的支架上防止碰倒),防止丙酮流出引起火灾或爆炸。此外,乙炔瓶不能受剧烈震动或撞击,避免瓶内多孔性填料下沉,因下沉量超过 150 mL 时,便有爆炸的危险性。此外,乙炔瓶应安置在周围温度低于 30~40 ℃ 的环境中。

4.气焊(气割)场地无杂物

气焊(气割)前要检查操作环境,估计可能会出现的不安全因素。场地周围不得有易燃、易爆的杂物和气体(尤其是高空作业周围和地面的环境)。对不便清理的必须采用石棉瓦或不宜燃烧的物品进行覆盖和隔离。操作中如发现问题,应停止工作,及时研究处理。

5.使用劳动保护用品

气焊(气割)中,操作人员必须穿戴好劳动保护用品。进行高空作业时,登高工具(如脚手架等)要安全可靠,气体管道应绑紧在固定的地方,不应缠绕在身上或搭在肩上。必须佩戴标准的安全带安全帽,并将安全带固定牢靠,必要时设置安全网。

6.在设备或容器内的安全知识

在设备或容器内气焊(气割)时,内部要通风良好,不断向内部送入新鲜空气,但不得使用纯氧气作为通风源,并且要派专人监护。要切断与容器接触的电源、蒸气管道、水管、压力管道等,并且挂出安民告示。设备或容器内如有污物时,应清理干净后方能进行内部气焊(气割)。

焊(割)枪要随人进出,不得放在设备上或容器内部。在内部气焊(气割)要带好口罩,减少烟尘对操作者的侵害。

7.易燃易爆管道气焊(气割)的安全知识

在储存过易燃、易爆及有害物品的容器或管道上气焊或气割时,即便内部有极少量的残气、残液在气焊(气割)中也会发生蒸发变成蒸气,与空气混合后能引起强烈的爆炸。因此,必须彻底清洗后或敞开容器上部所有的孔和口,将容器内装满水,必要时,采用强制换气通风,佩戴隔离式呼吸面具等方能气焊(气割)。严禁在带压的容器或管道上气焊和气割。

8.气焊(气割)工件的搬运

气焊或气割后的工件待完全冷却后才能搬运或使用,避免因焊件温度过高烫伤或遇上易燃物质引起大火。

9.气管和焊枪(割枪)的存放

工作完毕应将氧气瓶、可燃气体瓶的减压阀和阀门关好,并将焊枪(割枪)、气体管线与气瓶拆卸开,放尽可燃气体和氧气管中的余气,方可将焊枪(割枪)气体管线放入工具箱。

10.最后清理场地

工作完毕彻底清理场地,全面检查气焊(气割)作业面及周围有无烟雾或燃烧的物品,确保安全,方可离开现场。

思 考 题

1. 直接和间接电击的主要原因有哪些?
2. 防止触电的措施有哪些?
3. 对焊接使用的焊钳和电缆有哪些要求?
4. 如何正确使用焊接电源?
5. 如何做到安全操作?
6. 防止弧光、烟尘和有害气体的措施有哪些?
7. 容器内部气焊(气割)安全措施有哪些?
8. 简述高空作业时的安全措施。

参 考 文 献

[1] 陈铮,周飞,王国凡.材料连接原理[M].哈尔滨:哈尔滨工业大学出版社,2001.
[2] 李亚江.焊接材料的选用[M].北京:化学工业出版社,2004.
[3] 张子荣,时炜.简明焊接材料选用手册[M].北京:机械工业出版社,2004.
[4] 吴树雄,尹士科.焊丝选用指南[M].北京:化学工业出版社,2002.
[5] 尹士科.焊接材料实用基础知识[M].北京:化学工业出版社,2004.
[6] 薛迪甘.焊接概论[M].北京:机械工业出版社,1987.
[7] 中国机械工程学会焊接分会,哈尔滨焊接研究所,大庆油田焊接研究与培训中心.焊工手册[M].3版.北京:机械工业出版社,2002.
[8] 刘森.简明焊工技术手册[M].北京:金盾出版社,2006.
[9] 张仁武.焊接工程手册[M].太原:山西科学技术出版社,2005.
[10] 英若采.焊接生产基础[M].北京:机械工业出版社,1966.
[11] 王国凡.材料成形与失效[M].北京:化学工业出版社,2002.
[12] 郑应国.焊工工艺学[M].北京:中国劳动出版社,1987.
[13] 梁桂芳.切割技术手册[M].北京:机械工业出版社,1997.
[14] 李亚江.切割技术及应用[M].北京:化学工业出版社,2004.
[15] 李亚江,王娟,等.焊接与切割操作技能[M].北京:化学工业出版社,2005.
[16] 邹增大.焊接材料、工艺及设备手册[M].北京:化学工业出版社,2001.
[17] 王彪,张兰.数控加工技术[M].北京:北京大学出版社,2006.
[18] 李志远,等.先进连接方法[M].北京:机械工业出版社,2000.
[19] 雷玉成,于治水.焊接成形技术[M].北京:化学工业出版社,2004.
[20] 王国凡,等.钢结构连接方法及工艺[M].北京:化学工业出版社,2005.
[21] 王国凡,等.多框架的焊接工艺及变形控制[J].焊接技术,2001(4):45-47.
[22] 张文钺.焊接冶金学(基本原理)[M].北京:机械工业出版社,2004.
[23] 崔明铎,等.制造工艺基础[M].哈尔滨:哈尔滨工业大学出版社,2004.
[24] 王国凡,等.钢结构焊接制造[M].北京:化学工业出版社,2004.
[25] 王国凡,等.钢结构检验与验收[M].北京:化学工业出版社,2005.
[26] 姜焕中.电弧焊及电渣焊[M].北京:机械工业出版社,1988.
[27] 田锡唐.焊接结构[M].北京:机械工业出版社,1982.